QINHEFENGYUN　QINHELIUYUDECHENGTANGXINYANG

沁河风韵系列丛书　　主编 | 行　龙

沁河流域的成汤信仰

郭俊红 | 著

山西出版传媒集团　山西人民出版社

图书在版编目（ＣＩＰ）数据

沁河流域的成汤信仰／郭俊红著．—太原：山西
人民出版社，2016.6
（沁河风韵系列丛书／行龙主编）
ISBN 978－7－203－09598－9

Ⅰ.①沁… Ⅱ.①郭… Ⅲ.①商汤（约前1670～前
1587）–信仰–研究–阳城县 Ⅳ.①B933

中国版本图书馆 CIP 数据核字（2016）第 101268 号

沁河流域的成汤信仰

丛书主编：行 龙
著 者：郭俊红
责任编辑：李 鑫

出 版 者：山西出版传媒集团·山西人民出版社
地 址：太原市建设南路 21 号
邮 编：030012
发行营销：0351—4922220 4955996 4956039 4922127（传真）
天猫官网：http：//sxrmcbs. tmall. com 电话：0351—4922159
E － mail：sxskcb@163. com 发行部
sxskcb@126. com 总编室
网 址：www. sxskcb. com

经 销 者：山西出版传媒集团·山西人民出版社
承 印 者：山西出版传媒集团·山西新华印业有限公司

开 本：720mm×1010mm 1/16
印 张：16.5
字 数：240 千字
印 数：1—1600 册
版 次：2016 年 6 月 第 1 版
印 次：2016 年 6 月 第 1 次印刷
书 号：ISBN 978－7－203－09598－9
定 价：50.00 元

风韵是那前代流传至今的风尚和韵致。

沁河是山西的一条母亲河。

沁河流域有其特有的风尚和韵致，

那悠久而深厚的历史文化传统至今依然风韵犹存。

这里是中华传统文明的孵化地，

这里是草原文化与中原文化交流的过渡带，

这里有闻名于世的北方城堡，

这里有相当丰厚的煤铁资源，

这里有山水环绕的地理环境，

这里更有那独特而深厚的历史文化风貌。

由此，我们组成"沁河风韵"学术工作坊，

由此，我们从校园和图书馆走向田野与社会，

走向风光无限、风韵犹存的沁河流域。

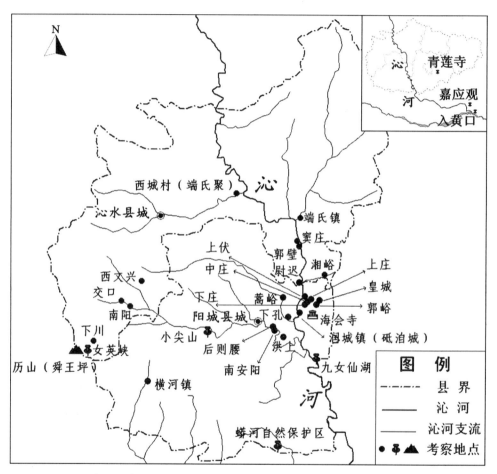

"沁河风韵学术工作坊"集体考察地点一览图（山西大学中国社会史研究中心　李嘎绘制）

三晋文化传承与保护协同创新中心

沁河风韵 学术工作坊

一个多学科融合的平台
一个众教授聚首的场域

第一场

鸣锣开张：

走向沁河流域

主讲人：行龙

中国社会史研究中心 教授

时间：2014 年 6 月 20 日晚 7：30
地点：山西大学中国社会史研究中心（鉴知楼）

"沁河风韵学术工作坊" 海报

田野考察

会议讨论

总　序

行　龙

　　"沁河风韵"系列丛书就要付梓了。我作为这套丛书的作者之一，同时作为这个团队的一分子，乐意受诸位作者之托写下一点感想，权且充序，既就教于作者诸位，也就教于读者大众。

　　"沁河风韵"是一套31本的系列丛书，又是一个学术团队的集体成果。31本著作，一律聚焦沁河流域，涉及历史、文化、政治、经济、生态、旅游、城镇、教育、灾害、民俗、考古、方言、艺术、体育等多方面，林林总总，蔚为大观。可以说，这是迄今有关沁河流域学术研究最具规模的成果展现，也是一次集中多学科专家学者比肩而事、"协同创新"的具体实践。

　　说到"协同创新"，是要费一点笔墨的。带有学究式的"协同创新"概念大意是这样：协同创新是创新资源和要素的有效汇聚，通过突破创新主体间的壁垒，充分释放彼此间人才、信息、技术等创新活力而实现深度合作。用我的话来说，就是大家集中精力干一件事情。教育部2011年《高等学校创新能力提升计划》（简称"2011计划"）提出，要探索适应于不同需求的协同创新模式，营造有利于协同创新的环境和氛围。具体做法上又提出"四个面向"：面向科学前沿、面向文化传承、面向行业产业、面向区域发展。

　　在这样一个背景之下，2014年春天，山西大学成立了"八大协同创新中心"，其中一个是由我主持的"三晋文化传承与保护协同创新中心"。在2013年11月山西大学与晋城市人民政府签署战略合作协议的基础上，在征求校内外多位专家学者意见的基础上，我们提出了集中校内外多学科同人对沁河流域进行集体考察研究的计划，"沁河风韵学术工作坊"由此诞生。

风韵是那前代流传至今的风尚和韵致。词有流风余韵，风韵犹存。

沁河是山西境内仅次于汾河的第二条大河，也是山西的一条母亲河。沁河流域有其特有的风尚和韵致：这里是中华传统文明的孵化器；这里是草原文化与中原文化交流的过渡带；这里有闻名于世的"北方城堡"；这里有相当丰厚的煤铁资源；这里有山水环绕的地理环境；这里更有那独特而丰厚的历史文化风貌。

横穿山西中部盆地的汾河流域以晋商大院那样的符号已为世人所熟识，太行山间的沁河流域却似乎是"养在深闺人不识"。与时俱进，与日俱新，沁河流域在滚滚前行的社会大潮中也在波涛翻涌。由此，我们注目沁河流域，我们走向沁河流域。

以"学术工作坊"的形式对沁河流域进行考察和研究，是由我自以为是、擅作主张提出来的。2014年6月20日，一个周五的晚上，我在中国社会史研究中心学术报告厅作了题为"鸣锣开张：走向沁河流域"的报告。在事先张贴的海报上，我特意提醒在左上角印上两行小字"一个多学科融合的平台，一个众教授聚首的场域"，其实就是工作坊的运行模式。

"工作坊"（workshop）是一个来自西方的概念，用中国话来讲就是我们传统上的"手工业作坊"。一个多人参与的场域和过程，大家在这个场域和过程中互相对话沟通，共同思考，调查分析，也就是众人的集体研究。工作坊最可借鉴的是三个依次递进的操作模式：首先是共同分享基本资料。通过这样一个分享，大家有了共同的话题和话语可供讨论，进而凝聚共识；其次是小组提案设计。就是分专题进行讨论，参与者和专业工作者互相交流意见；最后是全体表达意见。就是大家一起讨论即将发表的成果，将个体和小组的意见提交到更大的平台上进行交流。在6月20日的报告中，"学术工作坊"的操作模式得到与会诸位学者的首肯，同时我简单介绍了为什么是"沁河流域",为什么是沁河流域中游沁水—阳城段,沁水—阳城段有什么特征等问题,既是一个"抛砖引玉",又是一个"鸣锣开张"。

在集体走进沁河流域之前,我们特别强调做足案头工作,就是希望大家首先从文献中了解和认识沁河流域,结合自己的专业特长初步确定选题,以便在下一步的田野工作中尽量做到有的放矢。为此,我们专门请校图书馆的同志将馆藏有关沁河流域的文献集中在一个小区域,意在大家"共同分享基本资料",诸位开始埋头找文献、读资料,校图书馆和各院系及研究所的资料室里,出现了工作坊同人伏案苦读和沉思的身影。我们还特意邀请对沁河流域素有研究的资深专家、文学院沁水籍教授田同旭作了题为"沁水古村落漫谈"的学术报告;邀请中国社会史研究中心阳城籍教授张俊峰作了题为"阳城古村落历史文化刍议"的报告。经过这样一个40天左右"兵马未动,粮草先行"的过程,诸位都有了一种"才下眉头,又上心头"的感觉。

2014年7月29日,正值学校放暑假的时机,也是酷暑已经来临的时节,山西大学"沁河风韵学术工作坊"一行30多人开赴晋城市,下午在参加晋城市主持的简短的学术考察活动启动仪式后,又马不停蹄地赶赴沁水县,开始了为期10余天的集体田野考察活动。

"赤日炎炎似火烧,野田禾稻半枯焦。"虽是酷暑难耐的伏天,但"沁河风韵学术工作坊"的同人还是带着如火的热情走进了沁河流域。脑子里装满了沁河流域的有关信息,迈着大步行走在风光无限的沁河流域,图书馆文献中的文字被田野考察的实情实景顿时激活,大家普遍感到这次集体田野考察的重要和必要。从沁河流域的"北方城堡"窦庄、郭壁、湘峪、皇城、郭峪、砥洎城,到富有沁河流域区域特色的普通村庄下川、南阳、尉迟、三庄、下孔、洪上、后则腰;从沁水县城、阳城县城、古侯国国都端氏城,到山水秀丽的历山风景区、人才辈出的海会寺、香火缭绕的小尖山、气势壮阔的沁河入黄处;从舜帝庙、成汤庙、关帝庙、真武庙、河神庙，到土窑洞、石屋、四合院、十三院；从植桑、养蚕、缫丝、抄纸、制铁，到习俗、传说、方言、生态、旅游、壁画、建筑、武备；沁河流域的城镇乡村，桩桩件件，几乎都成为工作坊的同人们入眼入心、切磋讨论的对象。大家忘记了炎热，忘记了疲劳，忘记了口渴，忘记了腿酸，看到的只是沁河流域的历史与现实，想到的只是沁河流域的文献与田野。我真的被大家的工作热情所感染，60多岁的张明远、上官铁梁教授一点不让年轻人，他们一天也没有掉队；沁水县沁河文化研究会的王扎根老先生，不顾年老腿疾，一路为大家讲解，一次也没有落下；女同志们各个被伏天的热火烤脱了一层皮；年轻一点的小伙子们则争着帮同伴拎东西；摄影师麻林森和戴师傅在每次考察结束时总会"姗姗来迟"，因为他们不仅有拍不完的实景，还要拖着重重的器材！多少同人吃上"藿香正气胶囊"也难逃中暑，我也不幸"中招"，最严重的是8月5日晚宿横河镇，次日起床后竟然嗓子痛得说不出话来。

何止是"日出而作，日入而息"，不停地奔走，不停地转换驻地，夜间大家仍然在进行着小组讨论和交流，似乎是生怕白天的考察收获被炙热的夏夜掠走。8月6日、7日两个晚上，从7点30分到10点多，我们又集中进行了两次带有田野考察总结性质的学术讨论会。

8月8日，满载着田野考察的收获和喜悦，"沁河风韵学术工作坊"的同人们一起回到山西大学。

10余天的田野考察既是一次集中的亲身体验，又是小组交流和"小组提案设计"的过程。为了及时推进工作进度，在山西大学新学期到来之际，8月24日，我们召开了"沁河风韵学术工作坊"选题讨论会，各位同人从不同角度对各选题进行了讨论交流，深化了对相关问题的认识，细化了具体的研究计划。我在讨论会上还就丛书的成书体例和整体风格谈了自己的想法，诸位心领神会，更加心中有数。

与此同时，相关的学术报告和分散的田野工作仍在持续进行着。为了弥补集体考察时因天气原因未能到达沁河源头的缺憾，长期关注沁河上游生态环境的上官铁梁教授及其小组专门为大家作了一场题为"沁河源头话沧桑"的学术报告。自8月27日到9月18日，我们又特意邀请三位曾被聘任为山西大学特聘教授的地方专家就沁河流域的历史文化作报告：阳城县地方志办公室主任王家胜讲"沁河流域阳城段的文化密码"；沁水县沁河文化研究会副会长王扎根讲"沁河文化研究会对沁水古村落的调查研究"；晋城市文联副主席谢红俭讲"沁河古堡和沁河文化探讨"。三位地方专家对沁河流域历史文化作了如数家珍般的讲解，他们对生于斯、长于斯、情系于斯的沁河流域的心灵体认，进一步拓宽了各选题的研究视野，同时也加深了相互之间的学术交流。

这个阶段的田野工作仍然在持续进行着，只不过由集体的考察转换为小组的或个人的考察。上官铁梁先生带领其团队先后七次对沁河流域的生态环境进行了系统考察；美术学院张明远教授带领其小组两赴沁河流域，对十座以上的庙宇壁画进行了细致考察；体育学院李金龙教授两次带领其小组到晋城市体育局、武术协会、老年体协、门球协会等单位和古城堡实地走访；政治与公共管理学院董江爱教授带领其小组到郭峪和皇城进行深度访谈；文学院卫才华教授三次带领多位学生赶去参加"太行书会"曲艺邀请赛，观看演出，实地采访鼓书艺人；历史文化学院周亚博士两次到晋城市图书馆、档案馆、博物馆搜集有关蚕桑业的资料；考古专业的年轻博士刘辉带领学生走进后则腰、东关村、韩洪村等瓷窑遗址；中国社会史研究中心人类学博士郭永平三次实地考察沁河流域民间信仰；文学院民俗学博士郭俊红三次实地考察成汤信仰；文学院方言研究教授史秀菊第一次带领学生前往沁河流域，即进行了20天的方言调查，第二次干脆将端氏镇76岁的王小能请到山西大学，进行了连续10天的语音词汇核实和民间文化语料的采集；直到2015年的11月份，摄影师麻林森还在沁河流域进行着实地实景的拍摄，如此等等，循环往复，从沁河流域到山西大学，从田野考察到文献理解，工作坊的同人们各自辛勤劳作，乐在其中。正所谓"知之者不如好之者，好之者不如乐之者"。

2015年5月初，山西人民出版社的同志开始参与"沁河风韵系列丛书"的有关讨论会，工作坊陆续邀请有关作者报告自己的写作进度，一面进行着有关书稿的学术讨论，一面逐渐完善丛书的结构和体例，完成了工作坊第三阶段"全体表达意见"的规定程序。

"沁河风韵学术工作坊"是一个集多学科专家学者于一体的学术研究团队，也是一个多学科交流融合的学术平台。按照山西大学现有的学院与研究所（中心）计，成员遍布文学院、历史文化学院、政治与公共管理学院、教育学院、体育学院、美术学院、环境与资源学院、中国社会史研究中心、城乡发展研究院、体育研究所、方言研究所等十几个单位。按照学科来计，包括文学、史学、政治、管理、教育、体育、美术、生态、旅游、民俗、方言、摄影、考古等十多个学科。有同人如此议论说，这可能是山西大学有史以来最大规模的、真正的一次学科交流与融合，应当在山西大学的校史上写上一笔。以我对山大校史的有限研究而言，这话并未言过其实。值得提到的是，工作坊同人之间的互相交流，不仅使大家取长补短，而且使青年学者的学术水平得以提升，他们就"沁河风韵"发表了重要的研究成果，甚至以此申请到国家社科基金的项目。

"沁河风韵学术工作坊"是一次文献研究与田野考察相结合的学术实践，是图书馆和校园里的知识分子走向田野与社会的一次身心体验，也可以说是我们服务社会，服务民众，脚踏实地，乐此不疲的亲尝亲试。粗略统计，自2014年7月29日"集体考察"以来，工作坊集体或分课题组对沁河流域170多个田野点进行了考察，累计有2000余人次参加了田野考察。

沁河流域那特有的风尚和韵致，那悠久而深厚的历史文化传统吸引着我们。奔腾向前的社会洪流，如火如荼的现实生活在召唤着我们。中华民族绵长的文化根基并不在我们蜗居的城市，而在那广阔无垠的城镇乡村。知识分子首先应该是文化先觉的认识者和实践者，知识的种子和花朵只有回落大地才有可能生根发芽，绚丽多彩。这就是"沁河风韵学术工作坊"同人们的一个共识，也是我们经此实践发出的心灵呼声。

"沁河风韵系列丛书"是集体合作的成果。虽然各书具体署名，"文责自负"，也难说都能达到最初设计的"兼具学术性与通俗性"的写作要求，但有一点是共同的，那就是每位作者都为此付出了艰辛的劳作，每一本书的成稿都得到了诸多方面的帮助：晋城市人民政府、沁水县人民政府、阳城县人民政府给予本次合作高度重视；我们特意聘请的六位地方专家田澍中、谢红俭、王扎根、王家胜、姚剑、乔欣，特别是王扎根和王家胜同志在田野考察和资料搜集方面提供了不厌其烦的帮助；田澍中、谢红俭、王家胜三位专家的三本著述，为本丛书增色不少；难以数计的提供口述、接受采访、填写问卷，甚至嘘寒问暖的沁河流域的单位和普通民众付出的辛劳；田同旭教授的学术指导；张俊峰、吴斗庆同志组织协调的辛勤工作；成书过程中参考引用的各位著述作者的基本工作；山西人民出版社对本丛书出版工作的大力支持，都是我们深以为谢的。

绪 言

本书从民俗学角度对遍布阳城邑内的成汤庙以及形成的成汤信仰进行综合研究。

本书主要依据典籍文献和本人对阳城成汤庙及存在于成汤庙宇内的历代重修碑、当代民众的成汤信仰活动所做的田野调查资料，对具有上千年历史的成汤信仰进行系统梳理，以民俗志的方法和形式，具体描述成汤信仰既往和当今活动的基本状况，并将成汤信仰置于中国传统文化的大背景下，对其进行初步的理论思考。

一

《墨子》载：舜渔于濩泽。古代典籍中的濩泽即现在的阳城县，因境内有濩泽大湖而得名。天宝元年，濩泽始改为今名阳城县。商朝时期此地属于畿内之地。阳城地处太行、太岳、中条三山交汇之处，属于中国农业文明发源区域，补天的女娲、开天的盘古、圣贤的唐尧、躬耕的大舜、治水的夏禹、祷雨的成汤，等等，都在这里留下了生产生活的足迹。深厚的文化积淀，使得这里的文化教育在后世一直是泽州府域内的佼佼者，赢得了"名列三城，风高五属"的美誉。文风长存，名人辈出，从隋朝实行科举制度以来，这里出过120多名进士。尤其是清初留下了"十凤齐鸣，十凤重鸣"的佳话。

文化的发达需要强大的经济支持。阳城县内丰富的物产资源为文化教育的发达提供了保障。明清时期储量丰富的煤铁资源催生了这里发达的冶铁、琉璃、陶瓷等手工业，加之便利的水路、旱路交通，使得阳城在明清时期度过了一段辉煌的岁月。明清时期的阳城，留给我们后人的记忆是经济兴盛、文化发达和民风淳朴。

但是经济富庶、文化发达并不属于所有的阳城人，这种生活更多的属于沿沁河流域生活的那些从事手工业生产经营的豪门右族，不管是从事木材贩卖的范家，还是煤铁生意的陈家，毕竟不是民众数量的大多数，仅仅是寥寥数家。对于大多数民众而言，尤其是那些依靠黄土耕作讨生活的人来说，生活还是潦倒困顿，异常艰辛的。这种艰辛不是民众的懒惰，而是与这里的生活环境息息相关。

"邑山谷八九，居民耕种石沙，不能胥匡以生，始犹筑山资朝夕，今则销铄尽矣。"地硗壤薄，旱潦皆虞。群山环立且绝壁千仞，纵使邑内有条条涓流也不足以满足民众的农耕之需，阳城民众世代过着"十年九旱"的艰难生活。

二

明朝神魔小说《封神演义》开篇首叙商朝开国君主成汤伟业："成汤乃黄帝之后也，姓子氏。初，帝喾次妃简狄祈于高禖，有玄鸟之祥，遂生契。契事唐虞为司徒，教民有功，封于商。传十三世生太乙，是为成汤。闻伊尹耕于有莘之野，而乐尧舜之道，是个大贤，即时以币帛三遣使往聘之，而不敢用，进之于天子。桀王无道，信谗逐贤，而不能用，复归之于汤。后桀王日事荒淫，杀直臣关龙逄，众庶莫敢直言。汤使人哭之。桀王怒，囚汤于夏台。后汤得释而归国。出郊，见人张网四面而祝之曰：'从天坠者，从地出者，从四方来者，皆罹吾网！'汤解其三面，止置一面，更祝曰：'欲左者左，欲右者右，欲高者高，欲下者下；不用命者乃入吾网！'汉南闻之曰：'汤德至矣！'归之者四十余国。桀恶日暴，民不聊生。伊尹乃相汤伐桀，放桀于南巢。诸侯大会，汤退而就诸侯之位，诸侯皆推汤为天子。于是汤始即位，都于亳。元年乙未，汤在位，除桀虐政，顺民所喜，远近归之。因桀无道，大旱七年，成汤祈祷桑林，天降大雨。又以庄山之金铸币，救民之命。作乐'大濩'，濩者，护也，言汤宽仁大德，能救护生民也。在位十三年而崩，寿百岁。"书本上的上古贤君成汤在阳城当地被视为神灵，成为主管一方雨泽的雨神。成汤在阳邑能由人变神与当地的自然生产条件有极大关系。民众在十年九旱的生产条件、靠天吃饭的农业生产技术下，面对干旱时，他们采取不同的巫术手段，祈祷神灵怜悯苍生，普降甘霖。因此，寻找神圣的雩祭场所，幻想出各种各样的施雨雨神，举行程序各异的祈雨仪式成了当地民众生活中的大事。古籍中商汤祷雨的记载在阳城被当地化，并演化为千年不辍的仪式，成为阳邑民众千百年来传承不息的宗教信仰活动。阳城县西南部的析城山成为历代官方或者民众举行雩祭的神圣空间，汤王成为民众信仰的神灵，汤王行宫遍布阳邑大小村落。在这里，我们置阳城是否是商汤祷雨的真实地方而不论，我们将关注点放置在这里的民众为什么愿意相信商汤在邑内的析城山祷雨并获应，并且据此还演化出奇特的雩祭习俗、生活习惯乃至社会组织。例如，当地乡村组织每年例行的春祈秋报活动，以及为祈雨而联村举办祭拜汤王的跨村社活动。每年正月过后，汤王信仰中心的析城山周边村社的社首与析城山山上的驻守道士共同商议以汤王为信仰中心举行祭拜活动。相沿成例，农历五月十二为春祷庙会，七月十五为秋报庙会。道士在汤庙设神坛念经，各社送羊拜斩，社里请戏班唱三天戏，社员家家户户献供烧香祭拜。

以祈雨为例，围绕析城山，阳城各地形成了形式各异的祈雨祷雨仪式：

1.过赛走水

"过赛走水"相传起源于康熙戊辰年，涉及县邑西南部的次营、董封、驾岭3个乡镇的12个村，每年由一个社村主办，依次为南次营、上义、侯井、谭村、董封、吉德、北次营、临涧、苏村、赛村、庄头、周壁。过赛为每年的清明前谷雨后选定吉日，主办村组织社首及队伍鸣锣开道到去年主办社事的村接回尧、舜、禹、汤、龙王五尊神像，俗称"老五神"，供奉在当地汤庙。然后社首乡老坐堂共同评比各社的民乐、供品、节目、装饰、仪队，名次列榜公布。"走水"是在过赛后社首举令旗，民乐相随，彩轿抬着"老五神"，社员穿黄衣、戴红帽、系绿带、端供品在大街小巷游行，后将老五神像及牌位摆于汤庙神坛，虔男信女许愿祈求，社里备茶饭，社员看戏三天。七月十五，以社举行秋报还愿。此俗1936年后因战乱中止，改革开放后恢复。在横河镇的横河、外郎庄、寺坪、庙河、建龙宫五村也有二月十九过赛走水、打潭习俗。

2.东乡祷雨习俗

在北留一带，祷雨的习俗多分刷天池—浇龙王—偷抹布—偷龙王—清佛爷—接碌爷等不同层次级别的形式。"刷天池"是组织十二名寡妇正午时分到西凤岭的天池祭拜、祷告、洗刷，意为洗净天池，迎接龙王雨婆。"浇龙王"是让一不满十三岁属龙的小孩扮龙王，然后一群小孩将事先在古井中打上的水浇"龙王"头，祈求下雨。"偷抹布"是让不满十三岁的毛头闺女去偷嗓门大、会骂人、好吵架的寡妇家的抹布，放在盛满水的碗里，塞进水道眼中。效果是要让寡妇大骂激起天怒，达到下雨目的。"偷龙王"是在以上办法不达成效后，组织村落壮男子黑夜赤脚到龙王庙偷回龙王塑像，然后在村里祭拜祈雨。"请佛爷"，即人们认为龙王不下雨需要请滴古寺的佛爷神灵。人们将佛像抬回郭峪汤帝庙，祭拜三至五天。仍不下雨，还要抬上佛像从汤庙—石山庙—西庵庙—西坡庙—山神庙—汤庙进行游行，俗称游五庙，接下来再祭拜三五天，如果还不下雨，社首们就会筹划"接碌爷"。"碌爷"是传说中的打场脱粒用的一石碌，因五黄六月场上打麦经常遇暴雨，当地农民在西坡庙供奉其为"碌爷神"。接碌爷往往还要到九女仙台的黑龙潭去打汪。人们参加接碌爷的活动十分踊跃，往往有十到二十多个社村参加，因为重视，接碌爷无形中成了各社村八音会大比拼。东乡的雩祭习俗在东南乡一带也流行，如天旱时偷抹布，到当地的泉水池去打汪（搅水）或刷池。

3.东南乡祷雨习俗

在东冶、台头一带也有不同形式的雩祭风俗。如东冶镇的西冶村到黑龙池、黑龙洞取水，回来后由男人抬出汤王爷像在村前空地祭拜。女人祈雨则抬上汤帝像到黄龙庙、白龙庙、黑龙庙念祷雨经。独泉村祈雨，先到当地五佛圪堆九龙洞，若无效则兴师动众抬上汤王爷銮驾，经黄龙山住石柱峰，由神坪村人管饭，第二天到沁河东岸的西龙打汪（即往水中扔石块），等蛤蟆、蛇等跳出，祈雨成功，返回住蔡节村的蛇峪庄，第三天回家。蟒河镇的石臼、台头（盘龙）、西峪三村神社（祀神组织）三年一轮，执办祈雨活动，经摩天岭到神泉山"换水"。换水祀神活动从清明前一天开始，持续四天，有上水、换水、下水、接水等程序。307人扮演九十多种角色，队列分头列、中列（四队）、尾列，预先要演习二十多天。"什物"要用蓝旗、清香、大伞、小伞、宫灯、围帐、腰旗、顶神（四尊神像）、鼓楼、神牌、提炉、老香等，不惜钱财。

　　4.水村汤庙祷雨

　　水村汤庙，由凤城镇和西河乡的水村、下芹、上芹、下李、中李、上李、王曲、峪则、郭河、阳邑、南任等村为祷雨所建，祷雨活动在各村之间轮流进行。每年四月是法定的祷雨时间，如王曲村是每年的四月初四。祷雨时，先要到崦山白龙庙请"白龙爷"，将白龙爷像接回供奉在庙院中心（意为白龙爷受不了太阳晒，以求龙王下雨）。三天时间还要抬着木制汤帝塑像，在二十堂乐队（每队十至二十人）的助威下沿街游行，个别家户盼雨心急还要请队伍将神像抬到地块走一圈。活动结束送回"白龙爷"，有时三天未求到雨，活动还会延至七天。祷雨活动期间，在村内唱大戏。

三

　　阳城县内关于商汤祷雨的地点有两种说法：一为析城山说，一为桑林说。北宋政和六年皇帝加封析城山山神以及山上的成汤庙，并勒石成碑，析城山说逐渐占据主流，被认为是商汤祷雨的圣地。太行山内外许多的成汤庙在追溯庙宇的创修历程时都会追根溯源，与析城山成汤庙拉扯上关系，"析城山踞邑之西南，巍峨磅礴，周数百里，相传为成汤祷雨之处。

宋熙宁九年请雨有应，宣和七年命有司奂而新之，自是而汤之庙祀遍一邑焉。山之麓有聚落曰峪村，中有汤帝行宫"。

宋金元时期这里是民众祷雨的场所，更是官方举行雩祭的神圣空间。阅读古代碑刻资料可以知道，起初民众或者官方到析城山祷雨的神灵对象并不是汤王，他们只是效仿汤王到析城山这个神圣空间祷雨的行为，至于祈祷的对象则是析城山山神，《宋代敕封碑》很明确地指出："奉敕泽州阳城县析城山神诚应侯，……念析山汤尝有祷，斋戒发使矢于尔神，雨随水至，幽畅旁浃，一洗旱涣，岁用无忧。夫爵以报劳，不以人神为间也。进封尔公俾民贻事，可特封嘉润公。"后世在阳城邑内修造的汤王庙，有的直接将析城山神搬进汤庙。金泰定二年阳城县东西社新修成汤东庙，"建析城山神、高禖祠于翼室"。

宋朝时期，朝廷为了加强对地方宗教信仰的控制，采取了对地方神灵赐额加封，使其进入官方祭祀系统的政策。这一政策一方面加强了国家对地方信仰的控制，另一方面也造成很多地方信仰进入国家层面，摆脱淫祀身份，成为正祀神灵。阳城县邑以至整个泽州地区的汤王信仰就是在这种背景下进入国家正祀系统，并广建庙宇神祠的，使得"观今天下国家，都邑乡里，皆立其庙"。据元至元十七年《汤帝行宫碑记》所记，这时期的汤王行宫遍布全山西境内，还包括相接的豫北地区，仅在列的汤王行宫就有八十四座之多。

为何宋元时期乃至明清会修建如此多的汤王庙？汤王信仰为何会在晋南豫北地区蔚然成风？依笔者看来，信仰的兴盛与当地崇尚理学以及发达的村社组织有直接关系。

宋金元时期泽州地区高度发达的儒家思想深刻地影响着民众对神灵的选择以及祭祀仪制。"初，泽俗淳朴，民不知学。至宋治平中，明道程先生为令晋城三年，诸乡皆立校。暇时亲至，为正儿童所读书句读。择其秀异者，为置学舍粮具，而亲教之。去邑，经十余年，服儒服者已数百人。由是尽宋与金，泽恒号称多士。""成汤乃契之后裔，继夏而王。天锡勇智而表正万邦，圣敬日跻而式于九州，诚大有为之君，真不世出之主也。

然而适遭天旱，七年不雨，民皆饥色，野有饿殍。汤于斯也，不罪诸岁而罪诸己，不咎诸天而咎诸躬。于是斋戒沐浴，剪发断爪，素车白马，身婴白茅，以身为牲，祈祷于桑林之野，昭告于苍□之下。六事自责之言未毕，而上天滂沱之雨即降。既沾既足，于以苏天下之民；如膏如酥，有以活万方之命。"商汤舍身为民的行为与儒家思想中为民御灾捍患的祭祀原则相符，官民感其天覆之仁，为其四处建庙。赵执中在《重修汤王庙记》中就用儒家学说为民众兴建汤庙寻找依据："《礼》之所记，汤以宽治民，而除其虐，去民之灾，有功烈于民者也。迹其所记，后世宜有祀焉。观今天下国家，都邑乡里，皆立其庙。"

"泽之俗，俭而朴，尚儒学"，儒家文化的深入，使这一时期泽州域内的民间信仰多浸染儒家思想，汤王信仰也不例外。汤王自为牺牲为民祷雨的行为契合了儒家的民贵君轻、民为邦本、本固邦宁的思想，汤王有功于民的行为与儒家的民本思想相得益彰，使汤王信仰成为阳城乃至泽州域内传承千年的民间信仰，同时也使得儒家文化在泽州发扬光大，传承不止。汤王躬身祷雨的行为成为儒士争相效仿的对象，尤其是历代泽州域内的宰邑莫不以身效法，到析城山为民求雨，元朝至元年间阳城县主簿周克明带病到析城山为民祈雨，民众感其恩德，四处勒石刻碑颂扬其功德，目前仅保留下来的记载此事的碑文就有四篇。

官方这种祭祀行为扩展到民间，逐渐形成了规范的祭祀仪式。每年暮春时节，阳城邑内的乡社都会循例到析城山举行取水仪式。"每春夏交，咸斋沐奔走，拜取神池之水，用鼓乐旗舆导供行宫，曰虔岁事，秋获后各即其行宫而报赛焉。"这种仪式从宋元时期开始，循为故式，成为一种地方习俗。

明清乡绅阶层借汤庙宣扬儒家思想教化乡民，使汤王信仰日益深入阳城人骨髓。除此之外，作为汤王安身立命的汤王庙在明清时期经历的庙宇功能转化也是汤王信仰在阳邑持久不衰的主要原因。阅读明清时期的汤王庙宇的重修或者创修碑刻可以知道，明清时期，尤其是有清一代，汤王庙的主要功能并不是祈雨，而是成为乡民春祈秋报的场地，是进行村社管理的社庙。创修于道光年间的町店镇中峪村的成汤庙在其《创修碑记》中明确指出："前峪沟白家庄者，僻处偏隅，去城三十里，室不过十，人不满百，而皆以力田为务。惟社庙久缺，每于春祈秋报，无以肃昭格而荐馨香。诚有不慊于心者。……庄人咸与之谋曰：'远近村庄各有社庙，而吾庄独缺，情何以堪？惟公其图之。'……等同心协力，倡议兴修。"兴建的成汤庙成为村社处理乡社日常事务的社庙，主要担当社会协调、教化、保障的社庙功能。作为社庙的汤王庙遍布阳邑各地也就不足为奇了。

四

本书从民俗学角度对阳城成汤信仰进行专题研究。民俗学的学术传统、调查与研究方法是本书立论和开展研究的主要依据。同时，在本人的调查和研究中，还借鉴了历史学（特别是社会史）、人类学、社会学和宗教学等学科的理论观点和方法。我认为，从事研究的学者和研究的立场是有学科分工的，但是在研究方法和理论方面是没有学科界限的。

（一）本书的研究范围

钟敬文先生曾经明确指出："中华民族的传统文化可以分为三条干流。第一条是上层文化，从阶级上说，它主要是封建地主阶级所创造的和享用的文化。第二条是中层文化的干流，它主要是市民文化。第三条干流是下层文化，即由广大农民及其他劳动人民所创造和传承的文化。中、下层文化就是民俗文化，它虽然属于民族文化的一个部分，但却是重要的、不可忽视的部分。""从文化根源上讲，三层文化都发生于没有阶级时代的原始文化。它们曾是一个统一体，后来却分划了。……中国历史上上层文化的发达，不是与民俗文化无关的。"中下层民众是民俗文化的创造者和传承者，上层文化和中下层文化之间存在着同源和互动的关系。民俗学关注中下层民众生活的眼光决定了本书研究的内容。

成汤信仰体现了中华文化中的三种文化。从文化的创造者角度来看，作为成汤信仰核心内容的雩祭和春祈秋报，都是由上层统治阶级创造享用，并不断渗透到下层民众的日常生活中的。雩祭的历史十分悠久，最早应该可以追溯到商汤桑林祷雨，"昔者汤克夏而正天下，天大旱，五年不收。汤乃以身祷于桑林，……剪其发，磨其手，以身为牺牲，……雨乃大至，则汤达于鬼神之化人事之传也"。成汤祷雨之后，雩祭纳入官方祭祀系统，效仿成汤到某地举行雩祭成为上至王公贵族下至地方长官都严格遵循的礼仪。民间祭祀作为官方祭祀的扩展和延伸，也衍生出多种多样的雩祭形式。对于成汤信仰来说，民众从官方祭祀成汤的仪式中吸取了两点：一是视析城山为祷雨圣地，民众遇到天旱少雨的时候也会到析城山祷雨；二是民众到析城山祷雨不会采取官方仪式，而是演变出换水仪式，"每岁春，民相率而去厥水蓄灵也"。自宋金以来，作为民众信仰活动的取水换水仪式便一直传承延续了下来，并在明清时期发展到高峰。虽然民众的取水换水仪式与官方举行的祷雨仪式在封建规制等方面无法比拟，但是，暮春时节从四面八方汇聚到析山参加换水仪式的民众汇聚成一股势不可挡的洪流，成为明清阳邑乃至泽州域内成汤信仰的主导力量。从文化的具体传承来看，成汤信仰经历了与析城山山神纠缠到独立成为一种民间信仰的蜕变。从现存碑刻资料来看，阳城县内早期成汤信仰是依附于析城山山神崇拜的。山林、川谷、丘陵能出云，为风雨，见怪物，皆曰神。绝壁千仞，拔地通天，雄视太行太岳、俯瞰王屋砥柱的析城山在古人看来是云雨出没的地方，更是主管云雨的神仙出没的地方。因此到这里祭祀天地举行雩祭就成为理所当然的事情。但是举行祭祀的人却不是人人皆可胜任，"巫君合一"的时代主祭者是集政治统治权（王权）与精神统治权（神权）于一身的大巫，在阶级社会则是代表天命神授的君主，到天下名山大川举行雩祭成为君主宣示天下、授命于天的标志，在相当长的一个历史时期内，这种上层文化的代表性仪式在成汤信仰中占据主导。如果说在唐宋以前，民众信奉成汤还是一股潜流，那么在宋金以后，尤其是明清以后，伴随着成汤庙宇数量的增多，庙宇功能的转化，仪式活动的定型，等等，我们完全可以说，以中下层民众为主体的民间信仰已经成为成汤信仰中的主流。在成汤信仰的历史沿革中，上层文化和中下层文化的交流互动也是十分明显的，儒家思想包裹在中下层民众的信仰中，对民间信仰活动有着示范和推动的作用。

本书研究的范围和研究对象就是山野间中下层民众对成汤的信仰行为，可以说本书是关于成汤信仰的民俗学研究。阳城民众的祈雨祷雨活动，在历史上主要是以有组织的村社形式进行的，也就是说，用结社或者村社联合这种方式来维持，是阳邑成汤信仰拥有持久生命力的有效保证。

（二）本书的研究方法

研究的对象与所要解决的问题直接决定了研究的方法。本书所研究的成汤信仰，是具有悠久的发展历史，具有一定的组织形态，并且至今还在广大民众的生活中传承延续的一种民俗文化，本书的调查与研究兼具历史与现实两个方面，所采用的研究方法主要是文献学和田野作业相结合的方法。

本书以较大的篇幅对阳城成汤信仰发展演变的历史进行了梳理，在对成汤信仰转变的分析中，主要运用所能收集到的历史资料。按照钟敬文先生对于民俗学学科体系的划分，这方面的内容属于历史民俗学的研究范围，文献学的方法是历史民俗学研究的基本方法。本文中的历史文献，除典籍文献外，还注意运用了过去为人们所忽视的成汤庙宇或者山野间现存的记录民间成汤信仰活动的碑刻资料。

田野调查的研究方法最早来自于人类学，英国功能主义学派的代表人马林诺夫斯基凭借这一研究方法奠定了他现代人类学之父的学术地位。民俗学借鉴了这一研究方法，并使之成为这门学科的看家本领，是学科生存与发展的关键所在。本书是在最普遍的意义上来使用"田野作业"一词，即把田野作业看作是获取资料和印证资料的一种基本方法。在当代成汤信仰的活动调查中，我主要采用了田野作业的方法，对所调查的信仰主体采取了个案追踪，这种个案包括具体的成汤庙宇、具体村落的仪式以及具体人物的祭祀行为。在对历史上成汤信仰进行资料的获取方面，我也采用田野作业的方法，对遍布阳邑境内的有关成汤信仰的碑刻资料进行全面调查，分门别类，以期最有效、最充分地利用。

（三）资料来源

2014年七八月间，我有幸参加了"行走沁河"考察团队。冒着三伏酷暑，我们沿着沁河，行走在这些散落在沁河两岸的村落之间，蜿蜒的沁河水将两岸勾连起来，两地的自然生态环境非常接近，不分彼此，但是两地的风俗文化，尤其是民众的精神信仰生活却大相径庭，泾渭分明，沁水的舜帝庙以及舜帝崇拜，阳城的汤帝庙以及成汤信仰都给我留下了深刻的印象。伴随着十几天的行走，我一直在思索着一个问题：帝王崇拜古而有之，为什么阳邑只拜汤王？成汤庙宇遍布全国，为何阳邑数量最多、分布最广？在接下来的时间里，我把自己的大部分时间和精力都放在了对于阳邑成汤庙和成汤信仰资料的搜集与整理方面，取得了些许成果。本书的资料主要来自于以下三个方面：

1.成汤庙宇碑刻资料

所谓成汤庙宇碑刻，是指记录阳邑域内成汤庙宇创修、重修、增修、补修、扩修的碑刻。这些碑刻镌刻的时间从宋代开始，集中在明清至民国时期。

这些碑刻资料主要来源于《阳城金石志》《晋城金石志》《山右石刻丛编》和《三晋石刻大全》（阳城卷）。这些金石志中搜集了大量的有关成汤庙宇修建的碑刻资料，对确定阳邑成汤信仰范围和强度有举足轻重的作用。还有一部分碑刻资料来自于我个人在现存成汤庙内拍摄的碑刻，这些资料与已出版的碑刻资料相互结合，基本可以完全勾勒出具体成汤庙的存在历史，对某个具体仪式的历史演变也可以做到更具体细致地描述。

从碑文内容来看，这些碑刻基本可以分为功德碑与修建碑。功德碑主要记载村中某位善人义士施舍自己的产业或捐资募化，在庙宇的修建过程中发挥了举足轻重的作用，因此民众勒石纪念；所谓修建碑是指记录某座具体庙宇的修建过程的碑刻，碑刻内容主要包括倡议者、资金来源、庙宇布局，各种各样的创修、重修、增修、补修、扩修碑都属此列，这类碑刻占据碑刻数量的大多数。另外值得注意的是碑文中对于为何修建庙宇的阐述，完全可以体现当时民众的神灵观。

在具体的行文中可能会出现同一碑文多次被引用的情况，这不是重复累赘，而是与笔者不同的写作意图有关，请读者结合所引资料出现的具体语境予以解读，特此说明。

2.地方志书中的有关资料

本文使用的主要地方志文献主要包括：《泽州府志》（雍正十三年版）《阳城县志》（同治十三年版）《续阳城县志》（光绪三十四年版）。以往，我们使用地方志资料中，比较偏重于民俗直接记述的部分，对"风俗"或"民俗"部分往往青睐有加，其实地方志中的"艺文"部分更应该引起我们的重视，艺文部分会收录地方文化名人撰写的庙宇修建的文字，从中便可以分析当时民众的信仰状况和乡绅阶层对于民间信仰的态度，这些文字就成为研究那个时代民间信仰十分珍贵的资料。随着阳城政府对本县成汤文化的重视，阳城县政府出版了商汤研究的系列著作：《阳城商汤文化》《阳城史话》《商汤在阳城的传说》《阳城商汤文化》《濩泽之源——固隆古文化探源》等，这些著作也是本文主要援引的资料。另外，阳城县各村镇出版的镇志、村志也是本文援引的主要资料。

3.现出版的各种关于成汤庙宇和成汤信仰的期刊论文、书籍资料

学界对于成汤文化关注的时间并不太长，已有的很多研究多集中于探讨河南殷都范围内的成汤活动，对现存成汤庙宇的关注与研究则主要集中于对庙制规模、建筑年代考证等方面，这些文章对开阔我的视野大有裨益。对晋城和阳城域内的成汤信仰以及成汤庙予以关注主要是近些年的事情，学者多为历史学学术背景，主要借成汤庙宇和成汤信仰探讨泽州基层自治制度变迁，代表著作有杜正贞的《村社传统与明清士绅：山西泽州乡土社会的制度变迁》和姚春敏的《清代华北乡村庙宇与社会组织》。

目　录

CONTENTS

一、析山苍苍　源泉汤汤

北宋元丰七年（1084）泽州府高平人赵执中为邻县陵川县普安乡晋阳里北山成汤庙撰写重修碑文，在文章之初，赵氏用大量笔墨盛赞成汤功德，"夫王之为王也，不以土地之广狭，人民之众寡。修其道，行其义，鉴兹治乱，明乎善恶，兴天下之同利，除天下之同害。明礼义以道之，致忠信以爱之，以德行仁，以宽治民，而民之归仁也，犹水之就下，兽之走圹，然而卒有天下，其成汤之谓也"。拥有完美人格的成汤不仅获得天下，还获得后世百姓的景仰，"古之有道之君，而不可忘也"，民众在各处修建祭祀成汤的庙宇，祀事弥勤。山西域内在唐末就已出现具有祷雨功能的成汤庙。清代胡聘之修编的《山右石刻丛编》中收录有宋太平兴国四年（979）张待问撰写的《大宋国解州闻喜县姜阳乡南五保重建汤王庙碑》，碑文记载"当州顷因岁旱，是建行宫逾八十年"。据勒石时间推算，即唐昭宗乾宁五年，公元898年。

泽州[1]域内最早的成汤庙建于何时很难确定。但可以肯定的是北宋时期在当地已经掀起修建成汤庙的高潮。北宋进士刘泳于宣和元年（1119）为大阳镇重修成汤庙撰写碑文时提到，其祖在宋太祖乾德五年（967）已在大阳修建汤王殿[2]，这应该是泽州域内最早的有准确修建时间的成汤殿。应该注意的是，此处所提的是成汤殿，还不是成汤庙，至于此殿是否是本庙的正殿，由于目见材料有限，不敢妄下定论。陵川县东十里北山上也建有成汤庙，此庙不知创修时间，天圣年间（1023—1032）已被重修。如果按照中国古代建筑的重修频率来推断的话，此庙在10世纪晚期也已存在。[3]赵氏在碑文中还指出"观今天下国家，都邑乡里，皆立其庙"，说

---

[1] 此处泽州指隋开皇三年（583）设立的泽州府，历代多有变革，清雍正六年（1728）升为泽州府，领阳城、沁水、高平、陵川、凤台五县，府治凤台县，其行政范围相当于现在山西省晋城市的区域范围。本文中，凡出现泽州一词即指泽州府，即现在的晋城市范围．

[2] 刘泳：《重修汤王殿记》，晋城市地方志丛书编委会编《晋城金石志》，海潮出版社1995年版，第369页。

[3] 赵执中：《重修汤王庙记》，晋城市地方志丛书编委会编《晋城金石志》，海潮出版社1995年版，第383—384页。

明成汤庙在北宋时期数量之多，成汤信仰在当时已成为一种非常世俗化的信仰。如今泽州域内还留存有很多没有确切创修时间的成汤庙，这些庙宇中都保留着数量不等的从宋至清的重修碑。岁月失语，唯石能言，这些碑刻无声地倾诉着庙宇的兴衰荣辱。

阳城县域内最早有准确修建时间的成汤庙是寺头乡马寨村成汤庙。庙中有立于宋开宝三年（970）的石碑。另据析城山宋代敕封碑（立于1116）可知，宋神宗熙宁九年（1076）之前，析城山山巅就有成汤庙，只是此庙缺少准确的修建时间。此庙由于得到皇帝的敕封与嘉奖，在同时期的成汤庙宇中一枝独秀，影响力超过荣河成汤本庙，发展为晋豫两省成汤庙的祖庙，成为晋南豫北地区的成汤信仰中心。

1. 岁月失语，惟庙能言

雍正《泽州府志》中记载：桑林相传为商成汤祷雨处。《江邻几杂志》：洛阳北有山泉，即汤所祷雨桑林之地。有庙，即天乙之祠，俗号为圣王。今析城山俗称圣王坪，有成汤庙。泽之四境里社亦皆崇祀成汤，立庙甚众。这段话语说明宋以后泽州域内成汤庙以及成汤信仰的普及与北宋熙宁九年的析城山祷雨事件有关，至明清时期已发展成为每个里社必备的庙宇，成汤成为乡间里社民众最尊崇的神灵之一。

北宋神宗熙宁九年，天下大旱。皇帝心急如焚，听闻上古贤王商汤遇旱时曾亲临山西阳城析城山祷雨，于是派遣使臣王侁代表皇帝效仿成汤到析城山祷雨。雨随水至，甘霖普降，神宗皇帝欣喜之余，于次年（1077）加封析城山山神为"诚应侯"。徽宗大观四年（1110）七月晋境干旱，朝廷派遣使者王桓再次到析城山祷雨，"获应，阖境均浃"。六年之后，徽宗帝有感析城山祷雨灵验，加封析城山山神为"嘉润公"，并赐析城山山顶成汤庙"广渊之庙"的庙额。广渊一词来自《尚书》，是专门对汤王为民牺牲，祷雨桑林行为的赞誉之词，意为泽流后世、广大深远的意思。"析城山踞邑之西南，巍峨磅礴，周数百里，相传为成汤祷雨之处。

图1.1 析城山成汤庙旧照 王家胜提供

宋熙宁九年请雨有应，宣和七年命有司奂而新之，自是而汤之庙祀遍一邑焉。"短期内皇帝连续加封析城山山神和成汤，促使泽州域内再次掀起修建成汤庙的浪潮，且这时期的成汤庙大都建在域内名山的山巅之上。

宋金易代，金朝于1127年攻入宋都开封，取得中国北部的统治权。崇佛的金统治者尊重汉族文化，尤其是在处理民众宗教信仰生活问题上，采取宽以待人的态度，并没有压制被占区民众的精神信仰。另外金统治者还沿袭了北宋朝廷利用敕封地方神灵控制地方社会的做法，宽松的宗教政策致使成汤信仰在泽州民间社会得到持续发展并扩大其范围。尤其是金朝时期，阳城由县升为府，行政级别的抬升更有利于阳城成汤庙在数量上的扩展。泽州各地现存较早的成汤庙，它们的始建年代多集中在金代的大定（1161—1189）、泰和（1201—1208）和大安（1209—1211）年间。阳城县泽城村汤帝庙创建于皇统九年（1149），重修于泰和八年（1208）；东冶镇东冶村成汤庙创修于金大定二十三年（1183）；县城之东的下孔村成汤庙则建于泰和八年（1208）；县城西南五公里的尹庄乡南底村成汤庙建于大安元年（1209），河北镇下交村成汤庙创修于大安二年（1210）。

宋金统治者对成汤信仰的推崇，致使成汤庙成为遍布全国的神庙，这种现象同样引起元朝统治者的注意。《元史》记载：皇庆二年，京师及其周围地区发生大旱，仁宗向大臣寻求解决办法。翰林学士程矩夫向皇上进言，列举成汤大旱时，祷雨于桑林的事情，帝奖谕之。皇帝对成汤祷雨桑林事情的嘉奖于普天下的民众而言，成了奉祀汤王，广修庙宇的借口。《凤台县志》卷七在介绍本邑内的庙宇时指出本县汤王庙数量甚多，究其原因时，指出："皇庆年间大旱，诏天下立成汤庙，岁时祈祷。而泽州多山，硗确易旱，之祠独众。"成汤信仰再次借助官方的力量加深了范围和深度，并且此时的析城山成汤庙地位逐渐突出，成为太行山内外民众和泽州以及阳城地方官主持祈雨仪式的场所。元朝皇帝的加赞、朝廷的承认与推崇更加促进了成汤庙宇在全国范围内的扩充。元至元十七年（1280）年所立的《汤王行宫碑记》，共列举了晋豫两省二十二个县八十九道汤王行宫。在碑文中，行宫最多的分别是河南省河内县（二十二道）和山西省的阳城县（十一道）。在这些行宫中，分布于山西其他地方的行宫还有：翼城县□曲一道、吴棣村行宫一道、中卫村行宫一道、上卫村行宫一道、南张村行宫一道、北张村行宫一道、文（闻）喜县郝庄等行宫一道、河中府渔（虞）乡县故市镇行宫一道、沁州武乡县□□州南门街里西行宫一道、五州度行宫一道、垣曲县登坂村行宫一道、□□镇行宫一道、太原府太浴（谷）县东方村行宫一道、祁县圣王泊下村行宫一道、团白（柏）镇行宫一道、平尧（遥）县朱□村行宫一道、文水县李端镇行宫一道、□盘行宫一道；属于现在晋城市域内的有：泽州在城右厢行宫一道、左厢行宫一道、南关行宫一道、晋城县马村管周村镇行宫一道、大阳东社行宫一道、李村行宫一道、巴公镇行宫一道、沁水县在城行宫一道、土星（沃）村等行宫一道、端氏坊部行宫一道、贾封村行宫一道、高平县□桂坊南关里行宫一道、城山村行宫一道；属于阳城县的有：阳城县南右里行宫一道、东社行宫一道、西社行宫一道、泽城府底行宫一道、白涧固隆行宫一道、下交村石臼冶坊众社等行宫一道、芹捕栅村等孟津行宫一道、李安众等行宫一道、四候村众社等行宫一道、光壁管行宫一道。[1]目前阳城县留存的许多成汤庙仅知创修年代在元朝，但缺少准确的创修时间，驾岭乡吉德村、北留镇南留村、郭峪村以及城东社区的成汤庙都创修于元朝。这些庙宇的修建时间大都集中在中统（1260—1264）、延祐（1314—1320）和泰定（1324—1328）年间。

根据这些行宫的地理分布，可以看出这些行宫呈现出以析城山为中心向外逐渐递减的趋势，并且距离析城山越远的地区，修建成汤庙的数量越少，修建时间也越晚。析城山所在的阳城县以及距离析城山较近的河南河内县修建的成汤庙数量最多，时间也最集中。山西域内的沁水、晋城、高平、翼城、垣曲，河南济源等地的成汤行宫所在地也都是与阳城、析城山相接的地方，而与阳城相距较远的地区的成汤庙则没有被记入碑文。沁水土沃乡、端氏镇、嘉丰村在地理空间上与阳城非常接近，其境内的成汤庙悉数被记，而同属泽州域内的陵川县因为距离阳城较远，其域内的成汤庙则全部没有计入文中。据此可知，当时成汤庙的数量远非碑文所记数量可止。据冯俊杰考证，当时太行山内外的成汤行宫不下一百道。[2]这从前人的文献中也可得到印证，赵执中在其碑文中记载："观今天下国家，都邑乡里，皆立其庙。"[3]

冯俊杰通过对太行零祭风俗的考察指出在官方和民间的祈雨仪式中"取水"是一个重要的环节。取水仪式的地点虽各有不同，但仪式的主体过程自金代至清朝都没有太大变化。特别是，北宋时期政府派遣使者到析城山取水祷雨的行为无疑加重了析城山取水的神圣性。"四方请水以祷旱者，岁以万计。"明朝时期前往析城山取水的仪式沿袭前朝，如下，"入明世，累世营缮，邻境两河之民，每春夏交，咸斋沐奔走，拜取神池

[1] 《汤帝行宫碑记》（元至元十七年）。

[2] 冯俊杰：《析城山成汤庙与太行山零祭风俗考》，中国先秦史学会编《阳城商汤文化》，文物出版社2012年版，第35页。

[3] 赵执中：《重修汤王庙记》，晋城市地方志丛书编委会编《晋城金石志》，海潮出版社1995年版，第383—384页。

之水，用鼓乐旗舆导供行宫，曰虔岁事。秋获后，各即其行宫而报赛焉。改岁又然，循为故式"[1]。在这个仪式中，最关键的仪式步骤是要将析城山所取之水带回本村的汤王行宫，敬奉一年，次年将剩余的水送还，并重新装新水，如此年复一年。这个仪式的象征意义是将雨水带回本村。所以参加析城山汤王取水仪式的每个村社，在理论上都应该有一座汤王行宫。万历二十二年（1594），驾岭乡暖辿村在重修成汤庙的同时还重新购置取水什物，万历二十七年（1599），冬蒿峪村置办取水什物，并勒石记载。元朝时期修建的汤王行宫并不是敬祀汤帝的专祠，很多只是与其他神灵并置的神圣空间，暖辿村的成汤行宫就是将成汤与佛主[2]共置一堂，同享香火。崇祯十二年（1639），凤城荆底村创建本村大庙三教庙，将成汤与佛主共安一室，迟至康熙五十七年（1718）才将佛主移至庙侧，成为汤帝掌殿的大庙。

明末清初，每年例行的取水仪式成为各村社最为重要的祭祀活动，并且这种活动与每年春祈秋报的社祭活动逐渐重叠合一，"是邑王村，西抵析城竟七十里矣。当邑之中，古有成汤之庙，号曰成汤行宫。春于斯而乞，秋于斯而报"，在一些村镇中，成汤庙逐渐具有了"社庙"的功能，"县中各里皆有成汤庙"。延至清朝，成汤行宫作为社庙的意义更为明确，至清代阳城有些里社为了拥有专属的社庙还创修成汤庙。"前峪沟白家庄者，僻处偏隅，去城三十里，室不过十，人不满百，而皆以力田为务。惟社庙久缺，每于春祈秋报，无以肃昭格而荐馨香。诚有不慊于心者。兴旺白君，本庄之好善人也。庄人咸与之谋曰：'远近村庄各有社庙，而吾庄独缺，其何以堪？惟公其图之。'公曰：'善哉！此举吾久有此志，而未之逮也。'遂与全湖白君、兴泰白君等同心协力，倡议兴修。因

---

[1]　白胤谦：《析城山新庙碑》（勒石于清康熙六年，现存于阳城县析城山）。

[2]　在民间碑刻中，似乎有很多错别字，例如将"佛祖"写作"佛主"，但笔者没有进行详细的田野调查，不知道这两者之间的联系与具体区别，因此直接借用碑文中的写法"佛主"。

以龙王会所余钱粮十千有奇作为累积之基。自道光元年，每年秋夏按地亩捐谷与麦，营运十年。其利十倍不止。时值道光辛卯仲春，金曰是工可以兴矣。于是卜地择吉，鸠工庀材，建修正殿三楹，绘成汤神像，盖以三时稼穑以资雨泽，神曾祷雨于桑林，兆民赖之也。"[1]根据《山西通志·府州厅县考》：阳城，编户旧九十九里，今总为十都，凡七八十里。旧志记载"县中各里皆有成汤庙"。实际上，清末时期，阳城汤庙的数量已经远远超过了七八十个。清朝中叶随着煤炭资源的大量开发和利用，阳城县域内经济迅速发展和提高，除了原有的里庙之外，许多人口集中的村庄和集镇也开始修建自己的汤王庙，县境内的汤王庙数量急速膨胀，大小汤庙遍布全县各处。

就整个阳城县而言，至20世纪之前汤王庙一直呈现数量递增趋势。规模大小不一的成汤庙、成汤殿遍布山林乡间。芹池镇刘西村的社庙修建于明天顺至成化年间，庙中主祀神农炎帝，迨至清道光十一年（1831）成汤都没有进入本村的社庙之中。1831年，本村乡绅原忠相、刘文勇、刘延李等在重修社庙之时才在庙西侧创修汤王殿三楹。官方对民间仪式的政策在19世纪之前基本没有发生根本性的变化。清末，随着外敌入侵，整个国家的命运都发生了翻天覆地的变化，存于乡村社会中的各种民间庙宇的命运也渐入终结。庙宇被视为落后与封建的代表，新式知识分子、革命党、国民军等新势力要么将神庙毁掉，要么将其改为他用。这些成汤庙有的被改为乡村学校、村公所，更有甚者被作为封建迷信场所拆除，润城镇上伏村成汤庙的神像在1946年被摧毁，庙宇被改为住房、畜圈以及存放杂物的处所。1904年，朝廷颁布了新建学堂的规定，支持用庙产兴学的主张。1931年，白桑乡张庄村的成汤庙被改为小学，"诸君不惮心力，既又改设西南下厦为校之内室，至于校内一切悉皆培置。咸宜俾校舍，从此扩张，雅然可观耳"[2]。成汤庙由于遍布各村社，曾经一度被用作乡村小学的校舍。

---

[1] 闫华山：《创修碑记》（勒石于道光二十四年，现存于阳城县町店镇中峪村）。

[2] 《补修西房西看楼碑记》（白桑乡张庄村，民国二十年七月）。

被用作学校后的成汤庙神像全被拆除，神殿被改造，已变得面目全非，这造成目前阳城县内的汤帝庙内要么没有神像仅留神殿，例如河北下交的成汤庙，要么是近几年才重新塑的神像，例如润城镇中庄村成汤庙。

据相关学者研究统计，现在阳城全县还留存有成汤庙或者庙宇中有供奉成汤的殿宇建筑数量总共有274处。可以说，成汤庙虽还是"遍布全城"，但是数量较明清时期已减损过半。其中保留至今的元代汤庙有6座，元代以后修建的正祀汤王的庙宇83座，元代以后修建的配祀成汤的庙宇185座。

阳城县各乡镇成汤庙及成汤殿数量统计表

乡镇名称	数量	元以前存在庙宇	元以后存在庙宇	元以后存在殿堂
横河	16	1	1	14
驾岭	8		2	6
河北	34	1	4	29
蟒河	25		8	17
东冶	20		7	13
北留	17		7	10
润城	14		6	8
东城	4		3	1
町店	11		3	8
寺头	7		2	5
芹池	20		8	12
固隆	8	3	2	3
次营	14		6	8
演礼	10		3	7
西河	10		3	7
凤城	26	1	8	17
白桑	9		6	3
董封	21		4	17
总计	274	6	83	185

注：凤城镇东关、西关、南关拥有同一个成汤庙。

2. 祷雨济民，唯我成汤

中国民众的民间信仰，尤其是那些地方性民间信仰与底层民众的日常生活息息相关，是民众基本生活诉求的曲折表达。这些信仰集中在祖先和神明崇拜、自然地理的神圣力量、庆祝时间的更新和驱除有害力量等事物上。周越在《农民的宗教性与宗教实践》中指出：人们总是因为各种各样的困难，带着不同却简单的目的去祭拜神灵。这不仅涉及疾病和健康，还包括婚姻前景、工作调动、晋升机会、出行计划、法律诉讼、人际矛盾、寻人启事，等等。中国地方民众的宗教信仰是简单、直接、务实的，关注的是家族生存与社区的存续之道。泽州多山缺水的恶劣自然环境，使得民众的生产生活都不得不过度依赖雨水。因此与雨水相关的神灵便格外受到当地民众的青睐。上古神话传说中那些古代贤王，由于其活动经历大都与农业生产相关，因此在泽州区域内便被当做雨神加以崇拜与祭祀。尧、舜、禹、炎帝、成汤都成了民众在雨旸愆期时祈祷的雨神，其中尤以成汤最著。

"山林、川谷、丘陵能出云，为风雨，见怪物，皆曰神"[1]，人们将某些自然现象，尤其下雨，看做受到神的控制，所以他们求雨祈晴往往祭祀自然神，祭祀包括土地、山川、河流等代表自然力量的神灵。"社稷山川之神，皆有功烈于民者也……及天之三辰，民所以瞻仰也；及地之五行，所以生殖也；及九州名山川泽，所以出财用也；非是不在祀典。"[2]在众多的自然神中，山岳神崇拜占有重要地位，"望于山川，遍于群神"。"山岳则配天。物莫能两大，陈衰，此其昌乎！"[3]并且在后来的发展中，山岳崇拜又与古代帝王的巡狩制度相交，使得各山岳包含的文化与政治意义更加明显，祭祀山岳之神成为具有政治意义的仪式活动。"山

---

[1] 王文锦：《礼记译解》祭法第二十三，中华书局2001年版，第670页。

[2] 《国语·鲁语上》，上海古籍出版社1988年版，第170页。

[3] 《十三经注疏·春秋左传正义》，中华书局1980年版，第1775页。

川神祇有不举者为不敬，不敬者君削以地"[1]，在周朝时期，祭祀山神就已经有了严格的规定，宗周与诸侯祭祀的山川各不相同，"天子祭天下名山大川，五岳视三公，四渎视诸侯。诸侯祭名山大川在其地者"[2]。周王在名义上拥有天下，可以祭祀天下所有的名山大川，而诸侯只拥有自己领地内的土地，只能祭祀自己领土内的山川，而对于平民百姓而言则根本没有祭祀山川的资格与权利。在后世发展中，各名山大川不断受到来自皇帝们的赐封，例如唐代及五代各国君主向某些山神赐封官爵名号，与上古先民的山岳自然崇拜甚有关联。

官方垄断了祭祀山岳的权力，但却无法约束民众如何想象构建尊崇的神灵。民众不能私自祭祀神灵，但却可以构建出神灵来崇拜。生活于山野之中的普通民众，其生产生活皆有赖于山岳的恩赐，于是他们就想象出居住在大山深处，主管每座大山的山神，这些山神能呼风唤雨，能保佑百姓个体或者家庭平安健康，牲畜兴旺，它也能降灾降难，危害民众。山神像天地一样不好不坏，亦好亦坏，民众敬重它、恳求它、拜服于它。

泽州界内多山，崇山峻岭环列周围，阳城域内的析城山早在上古时期就已经大名鼎鼎，《尚书·禹贡》记载有"底柱、析城至于王屋"，更由于大禹亲践此处声名远扬，而且山巅之上有遇旱不涸的神池，则更加受到地方政府与普通百姓的关注与重视，并成为民众天旱祈雨的场所。"山岭有汤池，俗传旱祈雨于此。"宋初皇帝继续前朝的做法，赐封析城山神。《宋会要辑稿》记载："析城神祠在泽州阳城县，神宗熙宁十年封诚应侯。"[3]宋皇的此次加封针对析城山神缓解熙宁九年河东路大旱事件而来。四十年之后的政和六年（1116）徽宗皇帝延续嘉奖析城山神，进诚应侯为嘉润公，并在这次敕封中首次出现了对成汤的敕封，赐山巅成汤庙"广渊之庙"的庙额。宋廷的嘉奖对象非常明确，是析城山神而非成

---

[1]　王文锦：《礼记译解》王制第五，中华书局2001年版，第166页。

[2]　王文锦：《礼记译解》王制第五，中华书局2001年版，第173页。

[3]　徐松：《宋会要辑稿·礼二十》，中华书局1990年版，第810页。

图1.2　析城山成汤庙与娘娘池　王家胜提供

汤，并且赏赐程度也轻重有别，析城山神加官晋爵，而成汤庙宇只是赐予庙额。

有研究成果也证明，在宋朝之前民众信奉的神灵主要有两种，一种属自然神，另一种就是那些曾经是历史人物的神灵，即人格化的神。12至13世纪以前民间宗教的资料表明，在地方神祇体系中，能够得到官府承认的是山神，或生前即便不是皇帝也是重臣的神祇。在官方的祭祀体制内，成汤是殷商先祖，尤其在儒士看来他是上古贤王，后世官方对其祭祀应早已有之。"夫圣之制祭祀也，法施于民则祀之，以死勤事则祀之，以劳定国则祀之，能御大灾则祀之，能捍大患则祀之。"这些条件说的都是神灵生前的所作所为，帝王将相制定法规，为国死难、平定内乱或预防灾难，《礼记》列举了几类符合这些标准的神灵，包括传说中的尧舜等圣王，成汤因为民祷雨亦属此列。"余尝为儒士之时，切闻业师有云：人有立功于一时，兴利于一邦者，后世犹追而祀之。矧余有商成汤矣，于亳邑遭桀矫诬□举义旗回□桑林□万民暑渴，宏□伟烈方之一时一邦者，其啻天壤也。惟余阳城密迩亳都，沾恩尤甚，故其境内在在创建庙宇，绘塑圣像，春秋四时以享其报也。"[1]

即使贵为帝王，在进入神灵世界之后，其信仰范围也是有限的。宋朝之前的人格化神灵多属于不被朝廷承认的地方神祇，其信仰范围多局限在他们曾经生于斯、死于斯或任宦作吏于斯的范围内。古典文献中有关成汤祷雨事件的记载多提及祷雨桑林，"汤自伐桀后，大旱七年，洛川竭，使人持三足鼎，祝于山川曰：'政不节耶？使民疾耶？苞苴行耶？谗夫昌耶？宫室营耶？妇谒盛耶？何不雨之极也！'殷使卜曰：'当以人祷。'汤曰：'吾所为请雨者民也，若必以人祷，吾请自当。'遂斋戒，剪发断爪，以己为牲，祷于桑林之社，曰：'惟予小子履，敢用玄牡，告于上天后，曰：万方有罪，罪在朕躬；朕躬有罪，无及万方。无以一人之不敏，使上帝鬼神伤民之命。'言未已，而大雨，至方数千里"[2]。那些自认为桑林之地的地方就产生了成汤崇拜。阳城县内有桑林乡，此处距析城山不远，自古就被邑人认为是成汤祷雨处。"乐之作也黄帝始，黄帝、尧、舜垂衣裳而天下治，厥功懋哉。而后世除帝王庙外，春秋享祀以□□食□□□□□，苍梧独存舜塚；降而禹平水土，万世永赖，惟会稽龙门有禹庙。成汤遭大旱，其亢旸者□年□责六□□□注应处，则在我阳邑之南桑林之野，故吾阳祀汤帝者不可更扑。"[3]目前关于成汤祷雨的地点在阳城县有析城山与桑林两种说法，北宋初期成书的《太平寰宇记》在言及阳城析城山时说道："山岭有汤池，俗传旱祈雨于此。"汤祷雨析城山的说法历代不辍。明代进士李瀚在《重修正殿廊庑之记》中写道："阳城县治之南五十里，山曰析城，即《禹贡》所载者。山之巅有池，深昧不涸，人以为灵。俗传汤曾祷雨

---

[1]　《重修成汤庙碑记》（勒石于明万历三十九年，现存于阳城县西河乡中寨村）。

[2]　皇甫谧：《帝王世纪》，见王云五主编《丛书集成初编》第3701册，商务印书馆1935版，第19页。

[3]　《重修成汤大殿关圣大殿碑记》（次营镇陶河村，乾隆五十七年）。

于此，故昔人立庙其处。"但是这两地却又颇有渊源，不仅空间位置相距不远，"桑林，邑西南五十里，近析城，古桑林。传汤于此祷雨"[1]，而且桑林旁还有桑林河，此河源出析城山，"桑林水出析城山东麓……其水东流，过麻娄山北，又东经萧罗庄北……至马山麓从地涌出，注于沁河"[2]。

12世纪之前，地方诸神体系基本上由实有其人的神祇组成，这些神祇或生前为本地人氏，或到过受奉祀的地区。许多后来成为神的人生活在数百年前，曾出将入相，或君临天下。他们在农业方面有着神异的力量，应祈求下雨、阻止洪水、驱赶蝗虫、防止作物枯萎。在整个12、13世纪，离弃仕途的精英家族与未受商业革命影响的农夫，仍然崇祀着这些地方神祇。[3]至晚在宋初，阳城当地民众中就产生了成汤曾祷雨于其境内的说法，并且对这种说法深信不疑。虽然前人学者有研究指出，成汤本庙在晋南万荣县，但是根据笔者的实地调查，阳城民众基本不知道荣河汤庙的存在，更不知所谓本庙、支庙之说。[4]千百年来，阳邑当地民众只相信成汤在阳城境内祷雨，并且把这当成一种历史"事实"。结合北宋之前我国民间神祇来源，可以更加确信，阳城当地的成汤信仰或许真的与荣河汤庙没有多大关系，而是一种产生于阳城当地的原发性民间信仰，它可能更多的是与析城山山神相互影响的结果。官方宗教与民间宗教之间的一个重要区别，涉及到对山川之神的理解与献祭的方式。官方观点主张，这类神祇根本不具有人类的本源，而只是认为这些神祇的存在，一直都是自发出现的，并在持续不断的宇宙进程中一直得以维持着。这意味着，为死人的神灵举行的特别拟人化形象的仪式，并不适用于对山川诸神的献祭。但是在民间宗教中，把这些神祇与历史人物，或者是虚拟的历史人物的神祇认同起来，并相应地供奉它们。官方可以泾

[1] 《阳城县志·方舆·形胜》（同治）。

[2] 《阳城县志·方舆·山川》（同治）。

[3] ［美］韩森著、包伟民译：《变迁之神——南宋时期的民间信仰》，浙江人民出版社1999年版。

[4] 据2014年12月—2015年6月数次到阳城的实地调查所得。

渭分明地区分析城山山神与成汤贤君，但是在民间，祭拜析城山神逐渐与祭祀成汤合二为一，并且将析城山神"触石而出，肤寸而合，不崇朝而遍雨乎天下"的职能逐渐与"成汤祷雨获应"的事件相叠合，将析城山神主宰风雨雷电的职权转嫁给曾经在析城山祷雨获应的成汤，遂产生了将成汤当做雨神的成汤雨神信仰。

成汤原本只是地方性的雨神，其成为区域性，甚至全国性的神祇与宋元时期中央集权加强控制与管理地方社会有关。随着中央集权的加强，官方不仅对人世社会加强管理，而且对人的信仰世界也加强管理，中央通过敕封地方性神灵逐渐关注并插手地方民间信仰。对民间神祇进行封赐并非宋代首创，但它在宋代开始普遍化。它是宋廷一个持续性的政策。宋初记载尚少，北宋后期达到高潮，南宋一直实施不辍。韩森认为，封赐是官府的一种具有双重意义的措施：一方面官府以封赐来承认和奖励神祇，另一方面官府试图通过封赐来驾驭民间神祇的力量。一部分在官府看来灵验祥善的神祇被赐以封号，也就纳入了官府每年按时节祭祀的名册祀典，成了官府的合作者；另一部分不怎么灵验或者淫邪之神则应该被禁止。虽然封赐制度并不能阻止世俗民众信奉官府祀典之外的神祇，或者干脆创造新的神祇，但是这一制度的确加强了某些地方俗神的信仰强度和深度。回溯成汤信仰，宋朝皇帝的敕封的确对其形成以及扩展起到了推波助澜的作用。

熙宁十年，神宗皇帝敕封析城山神为诚应侯，政和六年，徽宗皇帝晋封析城山山神为嘉润公，并赐山巅之处的成汤庙庙额。这些敕封对于析城山成汤庙来说是标志性事件。对于任何一座祠庙而言，接受官方敕封并列入祀典标志着它合法合格。进入祀典之后地方官一年春秋两次前来祭祀，按儒家标准行祭礼。官府不仅为祭礼花钱，还得为它支付维修费用。"宣和七年，诏下本路漕司给省钱，命官增饬庙制，以称前代帝王之居，而致崇极之意。"[1]有宋一代，对神祇的承认采取了许多不同的非规范化的形

---

[1] 《补修广渊庙字碑记》（析城山成汤庙，清嘉庆二十四年）。

式，主要有官府分赐钱物修理祠庙、向神祇赐封官爵名号和将神祇列入祀典三种形式。对于那些散存在各地的神祠，官方对它的认可有时三方面措施并举，有时仅取其一二，并无确定的模式。析城山成汤庙尽享三种皇家敕封方式，可见当时成汤信仰在当地民众之中的威望以及朝廷对它的重视程度。自此之后，成汤神祠遍及城乡各个角落，人们向成汤祷拜，祈求下雨、盼晴、灭虫、驱盗、平叛、治病、预防瘟疫，还有科举及第，等等，祷无不应。灵应是宋朝廷敕封地方神灵的主要标准与要求，只有那些被地方民众认为灵验的神灵才有可能受到来自朝廷的敕封与承认。赐封被看做既是对神祇的回报，又是促使他们继续显灵的手段。所有列入祀典的神祇，由于通过了官府严格的圣化程序，被认为确实显灵。宋元以来，关于析城山祷雨有应的记载举不胜举，成汤被认为是当地最灵应的雨神。大观四年（1110），应祷雨有应，阳城地方官员许奉世撰写《析山谢雨文》，文章在盛赞析城山高山仰止之余，盛赞成汤作为雨神之灵应，"通判监丞为晋人有祈汤祠。于是本州雨足，翌日，平阳亦蒙大霈，越七月庚子，阖境均浃"，"惟王千载之远，眷应如响，农田膏润，良苗加秀，年成屡丰，为国上瑞，敢修故常，祇极殊贶，不任精诚欣跃拜赐之至"[1]。这次祷雨的主谋者仅是地方官员，因此其影响力远远弱于前者，很多研究者对此次事件只字不提，但我们应充分重视此次地方官员的祷雨行为。与熙宁九年的析城山祷雨不同，大观四年的这次祷雨的对象是汤王，析城山神降雨的功能逐渐隐退。

元朝时期，皇帝诏令全国广建成汤庙，成汤信仰不仅扩大其信仰范围，而且信仰强度与深度再次加强。泽州域内成汤信仰取代了许多其他神灵，尤其在举行雩祭仪式方面逐渐占据重要的地位。例如，1261年沁水土沃乡下格碑村创修圣王行宫时就利用了原来的崔府君庙遗址，"景慕二圣帝祷雨救旱之德，乃以香币粢盛瓶器，敬诣祠下，拜请圣水，果获满涌。

---

[1] 许奉世：《析山谢雨文》，引自中国先秦史学会编《阳城商汤文化》，文物出版社2012年版，第157页。

甘霖沾足，遂使岁之凶歉，忽变为丰穰。……因就墅东古迹，护国显应王之遗址，创构虞舜、成汤二帝之行宫。其正殿三楹，设二帝之圣位，东西二室，左为护国显应王之祠，右为义勇武安王之庙"[1]。崔府君信仰是唐朝乃至宋初晋东南域内非常发达的民间信仰，但延至元朝时期，其庙宇空间，已为成汤挤占，说明当时在民众中间成汤信仰的势力已超过崔府君信仰，成汤成为当地最重要的神灵之一。

"岁有水旱疾疫，祷无不应。"[2]金元时期成汤在泽州域内最主要的神职功能还是祷雨。由于发生干旱的时间多集中在春夏两季，因此春夏季节举行的"取水"仪式就成为祭祀成汤最主要的方式。天旱取水既是祈雨仪式，也是祭祀成汤的仪式。"六事之责，桑林在乎其东偏。成汤之庙，立于其巅。旱焉致祷，祷则兴雨祁绵。以是取水者……奔驰而不惮乎峻山远水，崎岖跋涉之维艰。南至于南河之南，北距太原之边，东极东郡（洛阳），西抵潼关，罔不陈牲设币，为之至止而告虔……瞻言换水，鼓角齐鸣，络绎迢递，致悫以迎，孰敢纤毫玩惰，少干罪戾于其神明？"[3]"取水"仪式多为官民共同参与的集体行为，另外还有地方官员惩罚式的步祷和露祷形式，这是一种个体行为，执行者多为域内最高地方长官。这些地方长官都来自于科举考试成功者，他们一旦通过科举考试，走马上任，就要征集赋税，审理案件，管理地方学校。他们代表着皇帝，而皇帝君临天下，被认为秉有天命，每一个官员因此就对辖境之内精神安康负有全责。任职于地方的官员代表皇帝主持春秋两季的祭礼，充当国家祭祀司礼的角色。他们的职责是确保只有官府承认的祠庙才能得到庇护，并有义务为当地新的神祇向皇帝请求敕封。最后，他们还有责任保护辖区免受灾害。正由于此，官员们就去拜庙求神以祈雨求晴，驱逐瘟疫、蝗虫，追捕罪犯。

---

[1]　《创修圣王行宫之碑》，引自中国先秦史学会编《阳城商汤文化》，文物出版社2012年版，第68页。

[2]　李俊民：《析城山重修成汤庙记》，引自中国先秦史学会编《阳城商汤文化》，文物出版社2012年版，第154页。

[3]　《泽州府志》第十三册第四十卷卷《赋》，第22—23页。

图1.3　析城山未坍塌成汤庙　王家胜提供

泽州域内步祷为民请雨者的代表是监州忽都帖木儿，阳城域内最有代表者是主簿周克明，二人在任期内都恰逢干旱无雨，都徒步到小淅（析）山或者析城山成汤庙祷雨。

至元四年（1338），阳城亢旱至极，县邑主簿周克明扶病徒步祷雨，最终获应。"县邑至析城之巅，路多□险，信宿可达。从行吏卫元善等，不堪跣足之苦，公方卧病初起，形□□瘵，免冠徒步，心无少惮。宜乎灵应之捷，昭答无间，旋归之日，雨沐泥渍，左右扶持，方能跬步。往来迎送者，感叹不已。士民愧无□□，竞持币帛，出郭应劳，以旌其忠，或揭之于竿首，或承之以筐□，不可胜纪。公皆却之，以供祭享之用。"[1]

元朝时期，析城山成汤庙跃然成为晋南豫北、太行山内外的成汤信

---

[1]　卫元：《汤庙祷雨感应碑记》，引自中国先秦史学会编《阳城商汤文化》，文物出版社2012年版，第147页。

仰中心，但析城山山远路艰，即使是阳城县发生旱灾，监长和令尹也以各种借口推脱不愿到析城山祷雨。于是泽州府长官在州治凤台县附近就近选择一座与析城山山貌地势相近的大山作为举行雩祭的场所。治北的司马山位于析城山东，山巅亦建有汤庙，被时人认为是析城山的支派余脉，于是成为州府官员举行祈雨的地方。此山遂被更名为"小析城山"，也被称为"小浙山"。至正十一年（1361），泽州发生大旱，监州忽都帖木儿下车之始，就到州北小浙山汤庙祷雨，"□□□州治东北，有山浙城，山之幽邃，汤宫在焉。且者旱虐请水，每祷辄应。公等以戎事□□□□，宜恪慎乃职，吾独躬请焉"！"乃免冠徒跣，自输香楮，从皂吏一二，敬谒宇下。精意恳切，□□□动厥神。须臾灵液瓶降，首戴以归，遂奠于五龙之祠，而致敬焉。甫及祠，阴云四合，其□□□滂霆阖境沾足。越宿而又大作。是则万汇咸苏，群情胥悦。"[1]从元朝起，小析城山就代替阳城西南部巍峨的析城山成为州府官员的祷雨圣地，也是晋豫两省周围民众的取水之地。康熙十九年（1680）暮春时节泽州大阳社循例到小浙山取水，举行祈祷风调雨顺的丰年仪式。

明立国后儒学倍受尊崇，一些儒士执握政柄，朝廷各方面政策无不受到儒学影响。在以恢复三代宗法为职志的儒士看来，兴起于民间的各种神灵信仰，也即所谓"淫祀"，严重干扰了朝廷权威，扰乱了民众思维，必须严予排斥，以定国家信仰于一尊。因此，兴于民间的一些神灵，势必受到正统派儒者的排斥，他们试图利用传统礼法，倡导"正论"，以抵消民间宗教的广泛影响。成汤虽属地方性民间信仰，但由于其贵为帝王的身份，为民祷雨的圣迹都非常合乎儒家祭祀规范，于是在明朝时期成汤信仰不仅没有收到压制，反倒发展更为强劲。"尝谓汤王尊神聪明正直，阴宰一方福善，庇民显应于彰。故省郡州县莫不墙垣万仞，俎豆秋□，所以妥

---

[1]　白惟中：《监州忽都帖木儿祷雨获应记》，引自中国先秦史学会编《阳城商汤文化》，文物出版社2012年版，第179页。

灵佑神，昭其大典也。"[1]"古之生有功德于民者没则其馨香以祀之。盖其贻泽难忘，其答报之心自不容己也。"[2]

作为地方神灵的成汤，由于前朝的敕封以及成汤本人的完美人格在明初禁毁地方神灵的运动中逃过一劫，被当地民众继续虔诚地供奉着。《大明会典》卷八十一中规定了官方和民间的不同祭祀对象："止令有司各立坛庙，祭社稷、风云雷雨、山川、城隍、孔子、旗纛及厉。庶人祭里社、乡厉及祖父母父母并得祀灶。余俱禁止凡进祀册。"《大明会典》卷九十三要求地方官员："洪武元年，令郡县访求应祀神祇、名山大川、圣帝明王、忠臣烈士、凡有功于国家及惠爱在民者，具实以闻，著于祀典，有司岁时致祭。洪武二年，令有司时祀祀典神祇。其不在祀典而尝有功德于民，事迹昭著者，虽不祭，其祠宇禁人毁撤。"明朝官方对神祇祭祀的规定完全来自于儒家对神灵祭祀的标准，成汤生前死后的所作所为都合乎明朝官方的祭祀规则。"成汤乃契之后裔，继夏而王。天锡勇智而表正万邦，圣敬日跻而式于九州，诚大有为之君，真不世出之主也。然而适遭天旱，七年不雨，民皆饥色，野有饿殍。汤于斯也，不罪诸岁而罪诸己，不咎诸天而咎诸躬。于是斋戒沐浴，剪发断爪，素车白马，身婴白茅，以身为牲，祈祷于桑林之野，昭告于苍□之下。六事自责之言未毕，而上天滂沱之雨即降。既沾既足，于以苏天下之民；如膏如酥，有以活万方之命。"[3]成汤信仰不仅没有被压制禁毁，反而由于地方乡绅的倡导，成汤作为爱民贤君的形象更加深入人心，受到社会各阶层民众的拥戴与敬奉。

《大明会典》卷九十四记载："凡各处乡村人民，每里一百户内，立坛一所，祀五土五谷之神。专为祈祷雨旸时若，五谷丰登。每岁一户轮当会首。常川洁净坛场。遇春秋二社，预期率办祭物。至日，约聚祭祀。其

[1] 《重修汤帝庙原告记》（勒石于乾隆元年，现存于阳城县蟒河镇孔池村）。

[2] 《补修龙牛王殿并东栅旁碑记》（勒石于道光十八年，现存于阳城县蟒河镇桑林村）。

[3] 此处引文在于说明汤王舍身的行为符合儒家的祭祀原则。

祭用一羊、一豕，酒果香烛随用。祭毕，就行会饮。会中先令一人读抑强扶弱之誓。其词曰：凡我同里之人，各遵守礼法。毋恃力凌弱。违者先共制之，然后经官。或贫无可赡，周给其家。三年不立，不使与会。其婚姻丧葬有乏，随力相助。如不从众及犯奸盗诈伪，一切非为之人并不许入会。读誓词毕，长幼以次就坐，尽欢而退。务在恭敬神明，和睦乡里，以厚风俗。"与宋朝廷通过敕封地方神灵进而控制地方社会不同，明朝廷通过恢复以百户为单位的社区祭祀"社神"进而控制地方民众生活与民众信仰。在这种大背景的影响下，成汤信仰也悄然发生了变化，逐渐由功能单一的雨神向全能的社神转变。至晚在明末，成汤逐渐取代原有的土地神成为阳城区域内的社神。原本作为社神的土地神在阳城当地仅是成汤属下的配祀神，成汤成为当地信奉的社神，掌管一方民众的所有生产生活需求，成为里社主庙，"若不修庙，村无其主"。清朝时期阳城县邑内的成汤庙大都具有了社庙的功能，成汤由原来单纯的雨神转变为全能的社神。每年春秋季节以及天旱祈雨时，里社都会抬着成汤神像举行盛大的赛会活动，"里社时日不一。祀诸神祇，谓之赛社，竞为丰腆盛集，倡优搬演杂剧，弦管箫鼓，沉酣达曙，如鲁人猎较久则难变。"通过每年例行操办这些仪式活动，成汤信仰达到了鼎盛。清朝末期，有很多关于民众不堪举行迎神赛会活动重负的记载。"结社祀神，狃于糜（靡）费而又苦乐不均，乡村则祈报纷繁，措资尚摊于各户，城关则指明供应，倒囊偏苦于数人"，"堪叹比邻供社事，田园鬻尽典衣裳"。邑侯项龙章针对此事专门有禁，略云："阳邑庙社迎神换水，借用珠翠，结为楼阁以相炫耀，设宴肆席，挟妓微优以为恭敬，捉当社头，小则典卖，大则倾家，目击时艰，极口劝论，须知聪明正直之神，不歆邪色，淫声之享，各宜猛省，毋得糜（靡）费，务期积，诚敬以格神明云云。"[1]这些有识之士要求限制赛社，正风化俗的呼声从侧面正好印证了作为社神的成汤信仰在此时的兴盛与发达。

---

[1]　《阳城县志》（同治）。

这种信仰一直持续到20世纪30年代，1930年凤城镇上孔村还为汤王置办出巡銮驾，指出："每于春拜秋报之际，莫不曰，无銮驾以镇神威。"河北镇下交村最后举行春祈秋报仪式也是在1936年。

成汤信仰真正遭到压制，进而消失是在新中国成立之后。共产党执政之后推行无神论，视这些民间信仰为封建残余，不论是成汤庙宇还是抬着成汤神像举行的巡游仪式都停止于人民政权建立之后。"上伏村社在清末有二十余户。其中有于友直、栗树德……每年三户，轮流主持春祈、秋报、取水、祈雨、看护庄稼、发收社仓、冬季巡更等事。有了民事纠纷，要求说理的就到大庙打钟，庙祝（看庙的，俗称庙倌）就通知值年社首，由值年社首定时到庙中调处。有一方不服调处可以上告。各在社户是父死子继，代代相传。隔多年也整顿一次，把死绝了的或所谓办了坏事的除名。民国年间，里社仍继续存在。1941年还新增了于润钰（子敬）、赵成英、赵佩璋等十户。人民政权成立后才停止活动。"[1]明清两代繁极一时的成汤春秋二祭活动停止了，但阳邑各社举行祭祀活动的日期却被保留下来，改头换面为物资交流大会，丰富着各地乡村民众的日常生活。

在整个泽州域内，成汤被视为智识卓越、泽被一方的杰出历史人物。他在死后仍发挥着巨大的影响力，并继续保佑那些敬拜他的民众。民众认为成汤有求必应，十分灵验，不仅成为人们所敬拜的神灵，而且拥有超越人的能力，人们还在这些域内的大山之中为其修建庙宇。他的事迹和故事被画在庙宇的墙壁上，或者通过民间故事和戏曲口口相传，成为传承千年的地方民间神灵。

3. 屹立千年，庙中翘楚

析城山成汤庙　析城山是阳城县域内最主要的山脉，历代志书中都对其有详细记载与介绍。康熙年间《阳城县志》记载，析城山，县西南七十

---

[1]　栗守田：《上伏村志》（当地编印），第81页。

图1.4　析城山地质公园

里。晁氏曰草木分析曰析，山峰四面如城。《水经注》曰："析城山在濩泽南，山甚高，上平坦，中有二泉，东浊西清，左右不生草木，周原濯濯约四十里环崖林木丛茂，小竹细筍被于山渚，豢笼拔□奇为嶚苍。相传为成汤祷雨处，上有成汤庙，二泉亢旱不渴，与济渎通。故每岁数百里外咸虔祷以祈有年。八景曰析城乔木。……"同治年间撰修的《阳城县志》中关于析城山的介绍与前者有较大变化，在山名由来、皇帝敕封析城山山神以及成汤庙等方面都有涉及。"析城山在县西南七十里，名见《禹贡》。山峰四面如城，有东西南北四门分析，故曰析城，周四十余里。《太平寰宇记》记云山顶有汤王池，相传成汤祷雨处，池四岸生龙须草，今则祷雨辄应。每仲春数百里外皆来汤祠祷取神水归以祈有年。宋神宗熙宁中封山神为诚应侯，徽宗政和中榜汤祠曰广渊之庙，加封山神为嘉润公，山东有龙洞，深不可测，曾有人入其中行度二三里闻水声奔激，骇而出。《旧志》：析城乔木为八景之一，今乔木已无，而草颇肥美。道光中平阳营马争牧，前令徐璐恐害民稼禁之。山产胭粉花，每仲夏娇艳非常，又有文石形具各状，□□□□毫发。"[1]

析城山山名最早见于《禹贡》，距离阳城县城七十里。关于其山名来源主要有两种说法：一种以元代吴澄为代表，认为其山四面有门，故曰析城，另一种则认为是因为山高风大，致使山上草木分析，有草无木。其实这两种说法没有孰对孰错之分，因为它们都来源于对析城山山貌特点的准确观察与描述。析城山周围四十里山山相连，此起彼伏。山身巍峨磅礴，绝壁千仞，但山顶地势平坦，并且还有两眼泉水，常年不涸，被周围民众认为是神水。唐魏王泰作《括地志》开始提出成汤祷雨于此的观点，宋乐史撰《太平寰宇记》时沿袭这种说法，将析城山巅之上的水池称为汤池，并在汤池附近修建有成汤庙。到底是先修建有成汤庙才有成汤祷雨析城山的说法，还是先有此说法然后才修建有成汤庙，因为时间久远，无从稽考。但这时期的成汤庙默默无闻，可能只是当地民众修建的一座一般性质

图1.5　析城山　张小丁摄

[1]　《阳城县志》（同治）。

图1.6　新开的到达析城山的公路

的祠庙，与其他神庙并无不同。

自古以来，向山岳求雨就成为惯例。对于阳城当地民众而言，析城山是天旱祷雨，举行雩祭的圣地。熙宁九年神宗皇帝派遣使者到析城山祷雨时亦是向析城山神祈雨，"析山，汤尝有祷，斋戒发使矢于尔神，雨随水至，幽畅旁浃，一洗旱沴，岁用无忧"。在祈雨获应之后，析城山神受到皇帝的不断加封。而成汤庙也受到皇帝敕封，被赐予"广渊之庙"的庙额。这次加封成为析城山成汤庙步入辉煌的标志性事件。大观四年（1110），山西域内发生大旱，泽州以及阳城县的地方官员到析城山为民祈雨。政和六年，皇帝再次有感析城山山神的灵应，将析城山山神由"侯"提升为"公"，赐名"嘉润公"。宣和七年，皇帝专门下拨专项资金对析城山山神庙和成汤庙进行修缮维护。此次工程主要是扩建成汤庙，按照帝王之居的规模对成汤庙加以修缮，以达到"称前代帝王之居"的规模。经过这次由官方倡导的维修之后，析城山山上的庙宇发展为一群规模宏大的庙宇建筑群，据碑刻记载，此时析城山的庙宇殿阁多达二百余楹，

图1.7　析城山上的胭粉花　张小丁摄

这是析城山成汤庙最显赫的时候。在宋朝，无论是官方还是民间，到析城山祷雨已经成为一种惯例，汤王成为民众或者官方效仿的对象，人们效仿汤王到神圣的析城山，向析城山山神祷雨，希冀能祷雨成功，解救旱情。

金世宗大定年间，析城山上的庙宇被毁，但因为缺少资料，具体的被灾原因无从得知。但从留存的金元碑刻可知，在金元时期这里的确已经发展成为太行山内外最重要的雩祭场所。金代进士李俊民，系泽州当地人，才高八斗，不愿与异族统治者合作，因此其大半生都流连于泽州域内的山水之间，撰写了大量的庙宇碑记，对我们后人研究金元时期泽州地区的民间信仰留下了丰富的资料。关于析城山祷雨，李俊民撰写了四篇祷雨文，分别是《冯裕之析城山祈水设醮青词》《又汤庙祈雨文》《丘和叔析城山祈请圣水表》《冯裕之析城山祈请圣水表》，透过这些请水表的内容，可以发现金元时期析城山成汤庙的庙宇地位已经超出了其他庙宇，成为官方天旱祷雨的专祀场所。元顺帝至元四年（1338）阳城大旱，主簿周克明亲往析城山祷雨获应，阳城县城乡各处纷纷为他树碑立传。阳城县民在数篇

图1.8　成汤庙内的残碑

碑记中表现出来的对于不履行祈雨义务的官员的愤恨，对诚心步祷的官员的赞颂，让人感叹民心如镜之余，也表现出他们对于析城山祈雨的重视。"四方请水以祷旱者，岁以万计。"

明朝时期，析城山汤庙延续前代功能，仍然是官方和民间举行雩祭的场所，天旱到析城山取水形成习俗，"每春夏交，咸斋沐奔走，拜取神池之水，用鼓乐旗舆导供行宫，曰虔岁事。秋获后各即其行宫而报赛焉，改岁又然，循为故式"。被灾之后的析城山成汤庙虽没有恢复到宋金时期的辉煌，但其作为成汤庙宇以及信仰中心的地位却延续下来，明朝时期很多地方在创修成汤庙的时候都会特意强调与析城山或者析城山成汤庙的关联。"近析城村落，无不饰庙貌肃豆□陈牲设醴洁诚以祭祀者。"

明末清初，析城山成汤庙也逐渐向附近村社的社庙转化并成为这些里社共同拥有的社庙，每年的社祭由析城山成汤庙驻庙道士与周围劝头、龛宨、紫院、南门、青龙、黑龙、生掌、王甲、老洞、麻地、翁沟、南峪、护驾、碑岭、蛇宨、暖汕、水头、毕家等十二大社、五小社的社首和析城

图1.9　塌毁的析城山成汤庙（局部）　张小丁摄

山十二个羊场负责人共同协商。

　　析城山成汤庙的报赛活动由周围大小十七个社联合举办，一年有两次，时间主要在五月十二和七月十五。在众多的村社中，南峪村的地位要高人一等。在当地，南峪被认为是汤王的娘家，社首首先将该村汤王阁内的汤王木雕像化妆打扮，着人将汤王像抬入村中汤王庙内，设神坛诵经文。社员家家献供烧香祭拜，社里还要请戏班唱大戏三天。五月十二正日，社员抬着放置有汤王像的神轿巡游，然后抬至析城山成汤庙，驻庙道士将抬来的汤王像迎接进装饰好的正殿神坛，给汤王神像穿上金黄蟒袍。各社依次轮流奉上供品，烧香许愿，道士敲磬念经。十二个羊场要各自捐出一只羊，将羊送至马刨渠庙拜斩，再将羊捆着四蹄放上供桌，道士举刀口念咒语，哪只羊不动弹，说明山神愿意受领，杀后送汤庙神坛作献供，其他赶回放牧。期间，灯笼香火，昼夜通明，香烟缭绕，热闹非凡。社祭结束后，脱下汤王神像身穿的蟒袍，交给下届主持庙会的社首保管，汤王木雕像由道士送回南峪汤王阁楼上。

　　秋季举行的社事比春天还要隆重。七月十五秋报之日，驻庙道士提前向各社敬财三百六十道，各社首通知取神水时许愿的社员前来秋报。社员捐钱纳粮，社里做下丰盛供品，社首领着村里的吹鼓手和社员来到析城山，在汤庙献供、还愿、烧香、磕头祭拜后，于下午返回本社。

　　析城山成汤庙在明清都是由驻庙道士和周围里社共同协商管理，每年春祈秋报举行的大型社祭活动也是联合举办，两者相安无事，成汤庙也香火不断，一直是阳邑民众祷雨祈求风调雨顺的信仰中心。后各社社首与驻庙道士之间各自为政，借举行社事贪污民财，"卖儿贴妞礼空王，只羡浮图百天强。辛苦比邻供社事，田园已鬻典衣裳"。析城山的社祭不仅日渐消沉，而且成汤庙的香火也日渐减少，成汤庙也日益萎靡，现在的析城山成汤庙早已人去庙空，成为一堆废墟。此处再也难觅当日圣山的威严与气势，也再无皇家敕封的气派与气场。

图1.10　析城山成汤庙

河北镇下交村成汤庙　下交村位于析城山东北脚下，属于析城山的支脉，其名称由来也与析城山有关。析城山发源的南北两条河流，从东向西蜿蜒流至下交这个地方，在此汇合，因此取名下交。也有传说是汤王当年到析城山祷雨在此下马，徒步登山，后世无论官员还是普通百姓到析城山祷雨都必须在此下马下轿徒步登山，因此取名"下轿"，后讹传为"下交"。下交村名无论来自于两河的交汇还是文官下轿效仿汤王徒步登山祷雨，都有意透露出当地与析城山的亲缘关系。"是以县治西南，去城七十余里，有山曰析城。草木分析，山峰如城，即《禹贡》所载之名山也。世传王尝祷雨于斯，故立其庙像。民岁取水以禳旱，其来远矣。其山之东北有下交，……亦析城之余支远脉伏而显者也。王之行宫在焉。"

下交村成汤庙是阳邑内修建较早的成汤庙之一。据前代碑文记载，下交村成汤庙创修于金大安二年（1210），因此庙内的有些建筑还留有金代建筑风格。明末清初是下交成汤庙的辉煌时期。此庙原来仅有成汤、黄龙、关王三殿；明成化年间，当地士绅次第兴建了广禅侯殿、佛

图1.11　下交成汤庙庙门　张小丁摄

殿、白龙殿、太尉殿，使庙宇的规模大大扩展；嘉靖年间成汤庙连同各个祠堂共有五十余间房屋。庙内除了正殿主祀成汤之外，还有许多配殿：东北配殿祀黄龙、佛主[1]；西北配殿祀关王；正东祀白龙、太尉；正西祀牛王、子孙奶奶和土地爷。现在的成汤庙还保留有明清时期的建筑风格，坐北朝南，一进两院。前院狭窄，内院开阔，由主殿、献庭、耳殿、舞楼、山门等建筑构成。

下交村在明清时期是一个山水奇秀、人口稠密、经济繁荣、文化发达、民风淳朴的宜居之地。下交成汤庙自金代创修以来能代代维修，留存至今，着实有赖于明清时期下交村在当地的经济以及文化地位，尤其是生活在此地的原、孙、鱼三大家族为成汤庙的历次修缮劳心费力。

"乡之故事，月朔望向率祀于庙。神山因祀，乃举爵长跪而谋诸众，众喧然许诺，已而自具酒肴，约会首一十六人，且告之曰：'欲兴兹役，厥工匪细，财力之费，我固先之。如难独济，何责分尔辈，尔克胜乎？'众慨然任之，遂定约，分乡人为十二甲，作二木牌，书众名其上，一挨督馈饷，一挨督供役。神山遂即东廊而居，寒暑昼夜，食息咸在。是非有大故不去，身家之务不暇顾，若弃之然。先自出白金十两以鸠工。"

"经始其事，首及正殿即汤庙，即汤庙旧直堂三间，今易为四。转角出口斗拱，四面通额梁、石柱。旧门窗，皆木板为之者，今易以棂花亮格十二扇。留后门，为将来建寝室。端其材木瓦石，各壮大精丽，愈于昔数倍。虽云重修，实则创建。时嘉靖丁亥春也。是后连值岁凶，人有饿殍流离者，神山犹经营不辍。……神山为是役也，时遇收获，亲谒人之家，而募其粟，多寡因贫富。工以力分，用以材致，罔弗取。当时或用广而寡不继，役急而来者缓，神山即谒其人长跪，其人必且报且前，心亦感劝。神山口出己有以济之，躬执劳以率之，昼夜呼号，鸣金以督众。众相谓曰：'原公不惟屡出其有，且素不习劳，加之年逾七口，乃能历履勤苦若是，

---

[1]　依原碑文，写做"佛主"。

吾属可自私其财，自爱其力哉。'故家虽弗瞻，农务方收，亦莫不委屈迁就，求以应之，且心悦诚服，惟恐或后，曾无一人作匿者。"[1]

通过这次重修，不仅扩大了下交村成汤庙的庙制规模，而且总理社事的原应轸创立了一套将整个村分为十二甲的修缮庙宇制度，分甲捐钱、派工。原氏这次建庙制度改革在一定程度上效仿了明代国家的里甲制度，并且将这套制度延续下来，在本村的修庙和祭祀活动中起着重要的作用。清代下交村社逐渐脱离了对社首个人权威的依赖，树立了制度的权威。此后，社首的制度也随之固定化，每届社首由三名总理社首和十二名各甲的主事即分理社首共同组成。下交成汤庙能完好地保留至今，某种意义上说也得益于这种制度的确立。

以原应轸为代表的地方乡绅为修建成汤庙殚心竭虑，代表了明清地方乡绅对当地风俗以及乡村秩序如何建构的思考。原应轸的好朋友对他建庙的深层含义似乎有所体悟："文璧（原应轸的字）建楼之意，岂为诣事邀福之举，尤有深意存焉。其心以为，林下之士，苟图以诗酒为乐，几近于晋之放达，于时何益哉！然假庙享帝之余，为彦芳诱善之计，与乡人萃于庙庭，共享神惠，必曰耕读事神，诚善事也。尝闻'作善降之以祥，作不善降之以殃'，使善者有所勉，不善者知所戒，而表正劝惩之典寓焉。"[2]在原氏看来，崇祀汤帝无论是对于士绅还是普通民众都是一种"诱善之计"，这里的成汤信仰、祭祀仪式较他处增添了更强的教化意义，起着敦风化俗的功能。他们希望借修建庙宇祭祀圣帝的事，作为诱导俊士良才行善的办法。村民会集于庙庭，共同设宴酬报神恩，必定要谈论耕种、读书、祀奉神灵，在乡间酬神谢神、饮宴聚会的时候，就将行善积德、表彰功劳、惩罚罪恶的儒家思想渗透到村民的思想意识之中，兴仁义、讲谦让，这也是改良风俗的一种辅助手段。其实，前代这些树碑立传者早已料到我们这些后人会看到并驻足于这些碑刻前，他们也同样把希望寄托在我们身上，他们希望我们看到的不是

---

[1] 李瀚：《重修正殿廊庑之记》（明嘉靖十五年）。

[2] 王玹：《重修乐楼之记》（明嘉靖十五年）。

冰冷的石碑，而是前人创修维修神庙的不易，他们希望我们读完这些碑刻之后，能薪火相传，加入到修缮庙宇的行列中去——"后之视今，亦无异今之视昔，因泐石以候后之再新者"。

下交成汤庙山门门楣上书写有"桑林遗泽"的庙额，特此说明此成汤庙与析城山成汤祷雨的关系。[1]可以说，此庙最早也是当地举行祈雨仪式的地方，这种风俗延续至今。祈雨的时间不固定，随天旱情况而定，祈雨的人员经费由各里甲均摊，参加者身穿蓝色大袍、黑领褂，头戴柳条帽，鞭炮、铳开道，从汤庙东门出，香炉顶桌引路，后接宫灯数盏，近百名手举黄白黑三色龙旗的旗手紧随其后，旗手后面是坐在八抬神轿中的汤王，黄罗伞罩紧跟在后。祈雨队伍沿着起龙凤、吴神岭、史家岭、天岭、白土坪，蜿蜒至南坡山神庙，回归村内成汤庙祭拜。一般游汤王之后不出三天必有雨露降临。所以下交村的祈雨非常灵验，远近闻名。

下交成汤庙，比游汤王祈雨更隆重的仪式是一年一度的换水仪式，这种仪式属于春祈秋报的社祭仪式。阳邑内的汤庙在明清时期叠加了一项功能，即承担了村社社庙的功能，成为村民春祈秋报的场所。"凡遇春报秋祈之期，邑中父老子弟相率而饮蜡于其下。"春祈的仪式就是"换水"，最后一次"换水"仪式发生在1936年。换水又名取水。参加换水仪式者，无论是作为组织者的社首还是作为参与者的普通民众都衣着清代服装。三

图1.12　下交成汤庙大门牌匾　张小丁摄

[1]　《重修乐楼之记》（勒石于明嘉靖十五年，现存于阳城县河北镇下交村）。

月初，社首头戴礼帽，身着旗袍，组织各村甲出人、出资，"老社"为大头，有程序有组织地进行。每次都要有几百人参加。

队伍前面有铳、鞭炮开道，有奉炉（香炉，要十三岁的孩童手捧），顶桌（敦厚之人头顶方桌，上有三牲、茶果等各种祭品）各一，宫灯二十余盏，黄罗伞十余个，百余人高举三色（黄、白、黑）龙旗，三十余人抬着钟鼓楼（内有汤王像），八人身背盛水的木箱（箱里装有盛水的小口径瓷瓶），前、中、后有三支乐队，浩浩荡荡地到析城山圪雷洞，拜神取水，瓶中插上龙须草，鞭炮齐鸣，大铳震天，回到村内成汤庙。社首理事及村内的头面人物前去神坛（神圪堆）请神回庙，方可开始拜祭酬谢。村民要把新换的水放于东禅房，旧水送到村南阁前"井龙王庙"的古井中。古井位于南阁戏台上，相传此井不记流年，水深水旺。一切完毕之后，由老社开办十二桌酒席酬谢，唱戏三天。

图1.13　下交成汤庙东华门　张小丁摄

图1.14　下交成汤庙戏台　张小丁摄

润城镇上伏村成汤庙　上伏村成汤庙位于县城东北十三公里处的润城镇上伏村中部，亦是本村的社庙，被民众俗称为"大庙"、"主庙"。它与村内的文庙、武庙相互串通，形成一组规模庞大的神祀建筑群，俗称"三庙五院十六殿"。与其他地方的汤庙不同，上伏村成汤庙经历了一个"李代桃僵"的过程。现在村中的成汤庙建庙时间不详，元至元十三年（1276）已被重修，说明此庙的创修年代应早于元代。此庙最早并不是祀奉成汤的庙宇，其主祭神是孔子。"方言谓里社为大庙，所以别群庙也。吾里大庙，其中室画孔子像，其始莫详。"康熙初年村人韩苏在撰写《上佛里大庙兴造碑》中提及本村大庙主祀神与其他地方的不同，其他地方里社者坛而祀土谷者也，而本社则以孔子主之。

上伏村大庙的主祀神虽不是成汤，但并不代表本村没有祭祀成汤的场所。上伏村最早的成汤庙在村西的上佛寨，"上佛寨去村百步许，右俯沁河，左控垂崖，后临绝壑，独前门一线通焉。论地利以此为最，永足以戒不虞者也，共上下平阔方圆十亩许"。金泰和五年（1205），邑人创

图1.15 上伏汤庙外观 张小丁摄

修汤帝殿三楹，盖为祷应桑林，苏民困也。乾隆壬子年（1792），沁河发大水，将上佛寨的成汤庙冲毁，民众感汤王圣德，于是将成汤神像迁往村中，神像被移至村内大庙，搁置在庙内的旁殿之中，正殿仍主祀孔子。嘉庆丙子岁（1816），村民于青田、栗承先、栗豫州等人感觉成汤贵为帝王，并且有圣德，于是同社醵金并力为募化，购邻庙之地，创建文庙，将孔子木主迁至其中，将成汤神像移至大庙主殿，"所遗正殿五楹，则奉成汤像于其中三楹，而补塑土神于左偏，移奉谷神于右偏"。此次工程历时六年，至道光壬午年（1822）年方告结束。此次工程对时人乃至后世最大的影响是神主易位，孔子从原来的社神变为主管文人文运的文神，成汤则一跃成为本村社的社神，入主大庙正殿。20世纪60年代以前，成汤大庙是全村政治、经济、文化和教育的中心，村里春祈秋报、集会议事、文艺演出等大型活动都在此举行。

上伏成汤庙在明清时期主要的功用有三：遇到天旱时举行祈雨仪式、春天举行春祈和秋天举行报赛活动。这三项仪式都属于全村的集体性活

图1.16 上伏村成汤庙山门处的门匾 张小丁摄

图1.17 上伏村成汤庙汤帝像 张小丁摄

图1.18　上伏村成汤庙的献殿及正殿　张小丁摄

动，场面大，参与人数多，形式隆重，但又各有重点，略有不同。

天旱祈雨时要先祀成汤。值年社首事先同筹办人员在一起研究、部署好活动的时间、内容及顺序。祈雨仪式举行之日，全村男人们都到村庙中，先到成汤殿前肃穆站立，听候祭奠司仪的吆喝，一项一项有序进行下列活动。

首先是全体村民行集体叩拜大礼。社首站在众人前面，代表全村男女老少及众生灵向成汤帝金身坐像敬酒、上香。正殿前乐台上摆好架势的八音会乐队同时奏响乐曲，庙院里鞭炮齐鸣。众乡亲随着社首面朝殿中成汤神像，作揖磕头。

其次，在全体参与者磕头叩拜时，司仪高声大喊："开始给成汤爷上供品！"这时几个衣着整齐的后生就从东西禅房里端出一盘盘、一筛筛的献食、献果，从拜殿两边的台阶上走来，进大殿后交给香案前的主持道人、庙官等人，由这些人把供品摆放整齐。此时乐队吹奏《小烧香》《万花灯》等曲牌，乐曲需要配合着村民的祭献行为。

第三，社首在汤帝像下的香案前诵读《祈雨祷文》，内容大概是告诉汤帝爷眼下的旱情、村人的期盼，求神赐雨，消除灾情，并许下大愿，等降下大雨，秋收之后一定酬神答谢。众人双手掌心紧贴胸口不动，默默地听，默默地祈祷。

第四，以甲为单位，或以整个姓氏家族为单位，分别来到殿内磕完头离去。准备参加下面的祈雨活动。

祭祀罢成汤之后，接下去转向祈雨活动。社首带着众人先来到成汤殿旁边的白龙殿，殿里已经摆放好供品，点燃蜡烛。社首先一人进去，给白龙爷烧香、化黄表，然后他告诉众人一起给白龙爷磕头、祈祷许愿。乐台上一阵又一阵地吹奏音乐，院里也一遍又一遍地燃放着鞭炮。社首此时当众宣布："走！游街去！"大家随着乐队走出大庙，乐队的每个成员的衣领上顺着脑后插着一杆小龙旗，对拉对打，村里的男性青壮年头顶柳条圈跟在社首后面，在村内游街。如果有人戴着草帽在街上行走，就被认为是对神的大不敬，会被别人把帽挑去。

祈雨仪式随着天旱情况而定，不固定举行。春祈秋报则是每年都例行的仪式。每年新春刚过，村里家户就会在值年社首的安排下准备供品，按照社里定下的日子集体到成汤庙举行仪式。社首先进成汤殿上香、敬酒、化表，伴随着音乐声众人在社首的带领下给成汤爷作揖磕头，向神祷告，祈求一年风调雨顺；接下来是按照家户献上供品，仪式与社首相同。春祈除了到成汤殿祭拜之外，还要举行盛大的"取水"仪式。值年社首在大庙成汤殿内焚香之后，把供桌上放的几个约五十厘米高的长颈瓶取上，到町店镇崦山白龙庙取水，白龙庙前有神池，水常年不涸，被认为是神水。到崦山白龙庙后，先到白龙祠内焚香，在神庙门外的神池里舀水把长颈瓶子灌满，恭恭敬敬地捧回，仍旧供奉在大殿的供桌上。人们认为取回神水，就可以使村内全年风调雨顺、五谷丰登。

每年的秋报也是先祀成汤帝，再祭祀庙中诸神。秋报活动比祈雨和春祈活动都要更加隆重。成汤殿开大门三天，廊檐下殿门两边摆列着赵家（上伏村的大富户）祖上得来的三十二杆广锡銮驾，乐台上摆放着看戏的座位，

图1.19　上伏成汤庙戏台　张小丁摄

图1.20　上伏村成汤庙门额　张小丁摄

这些座位一般是留给地方官员和被邀请回来的达官显贵。上祭时，在乐人的吹奏当中，人们把放在盘子里的供品从西禅房端出，走到乐台前高举，由四个穿长袍马褂的少年男子接住，往上举一举，后转，走至大殿门外。社首们在门里接住，放到供桌上敬神。秋报与春祈最大的不同还在于秋报要唱三天大戏。唱戏，名义上是给诸神唱戏酬谢，实际上人跟着沾光。这三天，村社要招待被邀请来的嘉宾，宴请邻村社首及有关人员，感谢周围村社对本村一年来的帮助。普通村民则家家通知亲戚朋友来看戏聚会。这三天，不论男女老少皆可进庙参加活动，可进殿还愿祀神。

二、峰峦表里　仰赖天雨

有学者对山西晋东南地区明清时期的民间信仰做了统计分析，总结指出，晋东南地区是全省民间信仰种类及数量最多、最丰富和最发达的区域。其实对于作者的定论还应该再增加一点，晋东南地区也是民间信仰保存最古老，变迁最少的区域。史前时代的伏羲女娲，传说时代的尧舜禹，最被官方推崇的玉皇、关羽，最接地气的龙王、二仙，无论什么样的神灵都能在泽州这片土地上生根发芽，发展壮大。宋元时期形成并持续发展的成汤信仰，由于其泽州本土的血缘关系更是深扎泽州大地，以阳城析城山为信仰中心，圆心式向外依次扩张，历元明清至现代，时至今日，有些成汤庙依然在乡村社会中发挥着积极作用。泽州区域为何会包容那么多的神灵？为何这些神灵能和平相处，共同接受民众最虔诚的供奉？在雨神谱系中，泽州地域为何会产生女娲、尧帝、炎帝、舜帝、大禹、成汤、后羿、玉皇、九仙女、二仙、城隍、关帝、山神、龙王等众多雨神？宋元时期为何成汤会以压倒性的实力超越其他雨神？明清时期为何泽州所辖的其他县域会出现域内标识性的雨神？玉皇对于陵川、炎帝对于高平、舜帝对于沁水，为何会出现这种区域选择？曾经横跨整个泽州区域的雨神成汤为何会萎缩，仅存在于阳城？诸如此类问题与泽州区域上古时期的自然生态环境变迁、重儒崇教的文化环境以及当地民众"惟灵是从"的宗教信仰观念有直接关系。

1. 县居深山，稼穑尤难

成汤信仰是宋元以后在泽州兴起并持续扩张的一种地方信仰。对于生活于斯的泽州民众而言，成汤除了是一位上古贤王之外，更是一位可以带来雨水的雨神，延至晚清更是一位可以主宰民众生活各个方面的社神。远在河南境内的帝王成汤为什么会成为泽州民众遍祀的地方神？帝王之尊的成汤在泽州域内为什么会仅屈尊为雨神？在后来的发展中为何会成为域内里社遍祀的社神？想要解答诸如这些问题，考察泽州以及阳城的自然生态环境变迁就异常重要，同时需借助泽州地方的历史文化传统，方可解答一二。

泽州位于太行山的南端，四面环山，太行、王屋、析城等山脉形成天然的屏障，将泽州与晋南盆地以及河南中原地区隔绝开来。群山相抱的泽州战略地位特别重要，自战国以来就是兵家必争之地。所谓"兵戎相构，上党一隅，尤为东向必争之地"。[1]唐朝，由于周边少数民族的兴起，泽州成为中原汉族与草原少数民族相接的缓冲地带，被认为是进攻中原的门户，唐中央在此设立军事关卡，作为制衡河朔三镇的要冲。《古上党图说》说其"东北西之隶之，惟泽独当一面，是则上党为天下之中坚，天下依上党为磐石"，并称其"屹然重云中，万夫莫越，我去则易，彼来则难。安史沦河北，尺寸不能逾太行，以昭义（军）扼其吭而不得逞尔。其他魏、齐、周、隋、梁、唐、晋、汉，互为角逐，得者昌，失者蹙，先者胜，后者覆，形胜之图，不为无据"。

泽州区域还是中国农业生产以及农业文明的发源地。何炳棣先生认为，中国农业文明不是产生于黄河流域的沿河地带，而是产生于黄土地区。除了具备滋生农业植物的黄土外，还要具有充足的水源以及相对平和稳定的空间环境。只有这些条件相兼，才有可能催生农业文明。我国的黄土分布，西起新疆、青海的一部分，涵盖甘肃、陕西、山西、河南、河北的大部分，向东延到山东、内蒙古、东三省的一部分，向南大体以秦岭、伏牛山、大别山为界，但四川亦有零星的黄土。最典型的黄土集中在甘肃东部，秦岭以北的陕西、山西西部和伏牛山以北的地区。[2]泽州地区恰好处于黄土集中区域内，并且群山环立的自然环境使这里成为闭塞隔绝的独立空间。上古时期空间的闭塞与隔绝使得这里免受外界部落之间的战争与冲突，当地民众过着相对稳定的生活，具备了农业文明产生的基础与条件。考古发现也证明了泽州有着悠久的农业文明。在沁水下川考古发现的

---

[1]　《泽州志》第九卷。

[2]　何炳棣：《黄土与中国农业的起源》，香港中文大学出版社1969年版，第13页。

图2.1　多山的自然环境

用来研磨植物种子或谷物的磨盘和可以斩断草木根茎的石镞，证明早在二万四千年至一万六千年之前就有人类在这里活动。考古学家认为，下川农业文化的出现较后裴李岗和磁山遗址要早一倍的时间，可能是中国最早出现农业的地方之一。[1]现在，泽州域内民众的食物还以最古老的农业作物小米为主。

封闭隔绝的自然空间保证了这里农业生产的持续稳定发展。从上古时期至唐，泽州地区一直属于水源充足、农业发达的区域。但唐朝时期的气候开始发生变化，这种变化给泽州地区农业生产与发展带来致命性的打击。唐末开始，整个中国北方的气候都趋向于寒冷、干燥，这个趋势至17世纪左右达到顶点。[2]与这个大时代变化相适应，泽州区域内气候不仅逐

---

[1]　杨国勇：《华夏文明研究——山西上古史新探》，中国社会科学出版社2002年版，第9页。

[2]　竺可桢：《中国近五千年来气候变迁的初步研究》，《考古学报》1972年第1期。

渐转冷，而且出现了水源缺乏的情况。气候条件的恶化，加剧了自然生态环境的进一步恶化，加上当时人口总数的增加，土地开垦速度明显加快，毁林开荒、人地相争的情况在泽州域内频频发生。研究表明，隋唐时期，太行山森林覆盖率在50%；元明已由30%降至15%以下；清代由15%降至5%左右。[1]森林面积的减少，引起土地资源大面积破坏，土壤肥力降低，水土流失成为严重问题。森林减少引起的气候环境的变化又加剧了旱灾的频发。宋金元明清时期泽州地区连遭磨难，天灾不断，水灾，尤其是旱灾相当频繁。根据方志材料统计，泽州地区在明代的二百七十六年中，共有五十七个年份发生过各种灾荒，平均每四年就发生一次，而且在明代成化以后，灾荒的记载犹多，如阳城较大规模的旱灾从有历史记载的明成化二十年（1484）到1985年间就有五十一次，春旱每四年一遇，夏旱每两年一遇，连续两年以上的旱情也有数次，如明万历十四年至十五年、清乾隆四十二年至四十三年、光绪八年至九年和十七年至十八年的旱灾，等等。洪涝灾害从有记载的元至元二十年（1283）到1985年共有四十次。[2]高平市从建国后至新世纪发生旱灾九次，平均每五年一次，[3]1986年至2003年，沁水县遭遇春旱六次，夏旱六次，秋旱四次，[4]1957年至1997年四十年间，陵川县发生特大旱灾七次，每年夹秋旱、卡脖子旱等小旱不断。[5]整个泽州域内可谓是连年遭灾，旱灾几乎成了当地民众的生活常态。行龙在《开展中国人口、资源、环境史研究》中指出："水资源的匮乏也是长期困扰山西社会发展的严重问题。山西境内河流数量有限，历史时期具有灌溉能力的仅有汾河中下游及少数支流。山区和丘陵地带，虽有一些地下

[1]　翟旺：《太行山系森林与生态简史》，山西高校联合出版社1994年版，第60页。

[2]　杜正贞：《村社传统与明清士绅——山西泽州乡土社会的制度变迁》，上海辞书出版社，第24页。

[3]　文战胜：《高平市志》，中华书局2009年版，第274页。

[4]　续文琴：《沁水县志》（1986—2003），方志出版社2006年版，第57页。

[5]　张振山：《陵川县志》，人民日报出版社1999年版，第84—85页。

泉水和山涧流水，但随气候的变化而无固定的源泉。'十年九旱'一直是相当长的历史时期内影响山西社会经济发展的重要因素，至今少数山区仍有人畜饮水困难的问题。水资源的日趋紧张，不仅与人口数量增长、土地面积增加直接有关，而且与自然灾害，尤其是旱灾的频发，以及整个生态环境的恶化有着明显的因果关联。"[1]这种由于环境恶化造成自然灾害不断的情况，泽州也莫能例外。以丹河发源地的高平市为例，按2000年人口和耕地计算，人均占有水资源量为218立方米，亩均占有水资源量为178立方米，为山西省人均、亩均占有量的百分之四十三点七和百分之七十三点六，为晋城市人均、亩均占有量的百分之二十九点一和百分之三十二点七，仅为全国人均占有量的百分之十点五，处于严重缺水界限。[2]而相对来说，属于富水区的沁水县在评价本县的水资源时也得出"资源丰富、水质较好；分布不均衡、利用较困难"的特点。[3]

泽州民众遭受灾害不仅源自环境恶化，还来自于无法利用的水资源。泽州全境内的河流并不丰富，只有沁河、丹河两条较大的河流，但这两条河流在泽州域内基本上没有发挥灌溉能力。"泽郡环山而立，居太行绝巘，据中州上游，山险而峻，水瀑而徒。"[4]沁河与丹河穿行于太行山内外，但对于居于山巅的泽州民众而言，她就像匆匆游走的行客，不肯停留半步。当进入豫北平原地区之后，像走累似的放缓脚步，慷慨地灌溉着万亩良田。无论是流经泽州的沁河还是源出泽州的丹河，就像觅得佳婿的大山姑娘，纵使娘家千般挽留也终留她不住。2014年夏，山西大学各学院的专家学者联合组团沿沁河考察，专家组人员行走至沁水和阳城境内时，连连发问，为什么水资源丰富的沁河流经域内，却让河水白白流走，而不

[1] 行龙：《开展中国人口、资源、环境史研究》，引自《走向田野与社会》，三联书店2007年版，第63页。

[2] 文战胜：《高平市志》，中华书局2009年版，第284页。

[3] 续文琴：《沁水县志》（1986—2003），方志出版社2006年版，第74页。

[4] 陈廷敬：《创修孙公岭新路碑记》，晋城市地方志丛书编委会编《晋城金石志》，海潮出版社1995年版，第660页。

能像晋南的洪洞、临汾等地对水资源有效利用呢？其实在明清时期就有当地士绅发出此种诘难，这些士绅批评当地民众因循守旧，止于创新，以致不能引进水稻种植。但如果你曾经生活在这里，或者对泽州地区整体生态环境熟悉的话，就不会发出这种疑问了。对于古代依靠人力的泽州民众来说，当地连绵不断的绝壁千仞的高山只能让他们望水兴叹，根本无法利用水资源。泽州与临汾两地不同的地貌影响了两地民众对水资源的不同利用程度。临汾处于临汾盆地之中，境内山地少，平原丘陵多，临汾地区相对平坦开阔的自然空间给予了当地民众有效利用水资源的条件。而泽州域内多山，山山相连且多为绝壁千仞，山地多石少土，灌溉技术很难推广。尤其域内高山环立，对于完全依靠人工的古代民众而言，根本不可能像平原地区民众那样利用水资源。"太行据天下脊，吾陵尤据太行之脊。地硗壤薄，旱潦皆虞广袤百余里，西北高而东南下。河流如注，势若建瓴，盖地实然也。环陵西北，山矗如列障。每遇潦降，千岩万壑奔流而汇于大河。"[1]这种高山山地为主的自然地理条件限制了当地民众有效利用水资源的可能。唐贞元年间，武少仪在《移丹河记》中就说："农凿井而饮者，则以穿壤剖石为艰，故千家之中，数井而已。绠以远引而多绝，瓶以难升而骤嬴。虽有端赐之机智，无施其巧捷；虽有管宁之仁惠，无杜其忿斗。况牛马俟乎满腹，必遵十里之河；而瓜蔬期乎给口，常望一旬之雨。朝夕劳苦，岁时饥馑，可胜道哉！"[2]

　　高山涧水不仅不能缓解民众的干旱之苦，在夏秋两季还雪上加霜，容易引起洪涝，进一步加重民众的生存痛苦。这些山间涧水流出高山，在较平缓地区相汇，形成季节性河流，它们随季节变化而波动，仅在夏季七、八、九月份才能形成流水。这种水资源，民众不但很难利用，而且还常遭

---

　　[1]　杨乾初：《重修池下镇济渎庙真泽宫碑记》，晋城市地方志丛书编委会编《晋城金石志》，海潮出版社1995年版，第796—797页。

　　[2]　武少仪：《移丹河记》，晋城市地方志丛书编委会编《晋城金石志》，海潮出版社1995年版，第345页。

图2.2　沁河　张小丁摄

其灾。"依山以居者，或不得水之利，而是蒙其害。吾泽居太行之巅。长山荒谷，水激土疏。每因积潦暴涨，冲决成渠，坏及村舍。"[1]1996年8月2日至4日，泽州域内的陵川县连降暴雨，短短三天就造成2亿元的经济损失——冲走12名人员，房屋倒塌压死6人，砸伤108人，冲走汽车两辆。全县百分之八十的村庄受灾，受灾粮田16.52万亩，成灾面积14.79万亩，其中冲毁土地3.58万亩（颗粒无收），谷子倒伏2.84万亩，玉米倒伏5.94万亩，土豆霉烂2.2万亩，葵花倒伏0.23万亩；冲毁林木3万亩；冲走、霉烂粮食3万公斤；冲走大牲畜171头，羊514只；倒塌房屋6225间，形成危房9100间，造成4184人无家可归；冲毁干线公路、乡村道路1000余公里。[2]

阳城县自古就属于泽州域内，其自然生态环境与泽州以及府域内其他县邑大体相同，甚至比泽州其他地方的自然条件更为恶劣。三晋之山自云

[1]　司昌龄：《东靳寨创修水口石防记》，晋城市地方志丛书编委会编《晋城金石志》，海潮出版社1995年版，第779页。

[2]　张振山：《陵川县志》，人民日报出版社1999年版，第85页。

中而来，其东历上党至泽州为太行；其西由河东过沁水为王屋，沁河界其间。东为太行，西为王屋，阳城适当其会。[1]阳城位于山河交汇之处，地处太岳山脉东支，中条山东北，太行山以西，沁河中游的西岸。县境南北长约54公里，东西宽约53公里。阳城县东与晋城市郊区为界，北与沁水县为邻，西南与垣曲县接壤，南与河南省济源市相连，是沟通山西、河南两省省际交流的最佳通道。

阳城是千年文化名城，古称濩泽，相传为舜渔之地，在商朝时为京畿内地。汉朝始置县，治所在今县城西15公里的泽城村，属河东郡。在唐朝，濩泽县还曾作为泽州府的府治之地。天宝元年（742），濩泽"因地处霍山亦即太岳山之南，山南为阳"之故，遂将县名改为阳城，这是"阳城"之名首次在史料中出现。天祐二年（905），复称濩泽。五代后唐同光元年（923），复易名阳城，此后沿用不更。金朝时期阳城的行政级别提升，由县升州，忽必烈中统元年（1260），又复降为县，此后的明清两朝一直是属于泽州府统辖的县邑区域。

阳城地貌最显著的特点就是山多，并且山高绝壁。《尚书·禹贡》提到阳城县内大山林立，"析城、砥柱，至于王屋"。"环阳城皆山，西南诸山为尤峻，层峦叠嶂，阁日参天，与析城、王屋相联属。"[2]全县境内山峦起伏，奇峰叠嶂，沟壑纵横，为太行、太岳、中条三山相汇之处。太行山西支伸入县境南部，以海拔1888.3米的析城山为代表，山顶平阔，面积约20平方公里，俗称圣王坪。析城山主峰向四周延伸，向南延伸的有风山岭、五斗山、大乐岭、鳌背山；向西南延伸的有小尖山、云蒙山；向东延伸的有指柱山、三盘山。北部和西部分布有牛头山、仙翁山、壑山、白龙山、黄龙山。这些山脉高度均在1000—2000米之间，最高点云蒙山山峰

---

[1]　吴绍祚：《重修阳城望禾台碑记》，晋城市地方志丛书编委会编《晋城金石志》，海潮出版社1995年版，第737页。

[2]　陈壮履：《重修千峰寺碑记》，晋城市地方志丛书编委会编《晋城金石志》，海潮出版社1995年版，第727页。

图2.3　南门周围的山　王家胜提供

海拔1951.4米，最低点三窑乡沙腰河村南沁河出界处380米。中条山东支伸入县境西南端，太岳山从北延伸县境中南部，以致清朝时期的县令曾发出"阳城，山邑耳，沁水经流，峰峦表里，无十里之坦途，百顷之平田"[1]的感慨。

历史上阳城水源丰富，应是沃土之列。史书记载"舜渔于濩泽"，说明上古时期的阳城水资源比较丰富，属于利于渔耕的膏腴之地，至今阳城还有很多村庄以水为名，如"水洞沟"、"凉水泉"、"水楼"、"临涧"，从这些村名中可以设想当年民众傍水而居的生活情景。秦汉以后，随着"辟山泽"的加剧，历山一带的植被状况恶化，泽区收缩，北魏时期濩泽河已出现断流情况。正是由于濩泽河上游水量减少，濩泽县城才于北魏兴安年间由泽城迁至车辐山（今县城），新迁的县城虽地势开阔，人烟稠密，农业发达，但容易遭受洪涝，积水成患。历史上阳城县城常常不

---

[1]　郭象升：《阳城金石记》序一。

得不凿山放水，减缓灾患。元明以来，采伐进一步加剧，占全县总面积四分之一强的濩泽流域基本变为光山秃岭，濩泽河变为季节性洪水河。原为北方水乡的濩泽，变为十年九旱的干旱之地。群山环立、山多缺水的自然生态环境加重了传统社会民众的生存痛苦与压力，"邑山谷八九，居民耕种石沙，不能胥匡以生"[1]。现在全县河流以索泉岭—三盘山为南北分水岭。分水岭以北主要有沁河、芦苇河、濩泽河，这三条河属于地表水。沁河位于县境东部，县内全长72公里，流域面积为175平方公里；芦苇河位于县境北部，县境内全长50公里，流域面积366平方公里；濩泽河位于县境中部，县境内全长57公里，流域面积845平方公里。分水岭以南有次滩、盘亭、南门、秋川、蟒河、石圈、江河、龙门等八条小河，合计流域面积380平方公里。这些河流在阳城县内交织穿梭，但是分布却极不规律，并且由于阳城多山的特点，这些水资源很难得到有效利用与开发。沁河在理论上水资源最丰富，理论蕴藏量为64 328千瓦，但是可开发量仅为24 840千瓦；芦苇河理论蕴藏量为2196千瓦，可开发量仅为90千瓦；濩泽河已经枯竭为季节性河流，根本无开发量。其次域内很多河流属于季节性河流，这些河流在夏季6至9月份水量最大。这一时期的河水不仅对缓解农业旱情无益，还极易引起洪涝灾害。阳城县6月份的洪涝频率平均十年一遇，9月份则约三年一遇，秋涝比夏涝多。从元至元二十年（1283）至1985年，县境发生洪涝达40次，占气象灾害总次数的29%。崇祯年间，李自成农民军队伍到阳城沁河一带争战，恰逢连日暴雨，引起沁河水涨，月余不能行船，灾民未得过河，农民军与明朝地主武装交战，尸山血海，年老者被杀死，年轻者被抢掳，房屋火焚，宰杀牛羊，抢去骡马，男女投河落井无数。明嘉靖三十五年（1556）与清乾隆十六年（1751）、光绪二十四年（1898）河水暴涨而造成的损失最为严重。[2]

---

[1]　王国光：《阳城县新筑砖城记》，晋城市地方志丛书编委会编《晋城金石志》，海潮出版社1995年版，第538页。

[2]　刘伯伦：《阳城县志》，海潮出版社1994年版，第85页。

从秦汉起始的滥砍乱伐以及过度使用自然资源的行为，使后世的阳城民众不得不接受自然的惩罚。他们在高山之间开凿土地，锄刨镢挖，艰难度日。张慎言在其著作中也提到阳城多山少地的生态环境，民众无法仰仗土地而生活的实际情况。"吾邑弹丸黑子，处嵚崟磈□之中，境以内，无数百亩之田平若案者。乃其人则安土重迁，事简而俗朴。余所居虎谷更甚，形如虎负嵎，里以兹受名焉。嵎前一片如掌，泊水带之。居民无百许家，强半携中人之产，走数千里外求子钱，供朝夕焉。老稚不胜负贩，则胼胝力溪嵎间砂碛之田。"[1]目前全县所有的土地中以山地为多，全县土地总面积中，海拔1000—2000米之间的山地面积约1082.4平方公里，合162.4万亩，占总土地面积的55%；海拔700—1000米之间的丘陵面积787.2平方公里，合118.1万亩，占总土地面积的40%；海拔600米左右的河谷平川面积98.4平方公里，合14.7万亩，占总土地面积的5%，全县土地总面积1968平方公里，合295.2万亩，占全省土地总面积的1.15%，全市土地总面积的20.3%。山地地势高，不仅容易遭受风灾，还无法发展水利灌溉。境内十条河流原有水面约在76平方公里以上，现洪水期只有24平方公里，常年只有10平方公里左右，枯水期不足5平方公里，能够耕作利用的仅占三分之一，另有三分之二荒山及乱石河滩难以利用。

民众种地只能靠天吃饭，而天不眷民，阳城县的降水并不稳定，年际变化大，季节变化大，区域差别大，强度变化大，最高年曾达852.2毫米，最少年只有335.2毫米，年降水量平均在659毫米。降水总量的58%集中在7、8、9三个月内。每年开春播种时节，民众总是殷殷期盼老天能降雨，"瓜蔬期乎给口，常望一旬之雨"。这种依靠雨水维持农业生产的情况一直持续到现在也没有多大改观。清同治《阳城县志》载："阳城山县，僻处陬隅之所，生既无珍异奇瑰足号于天下，且地多高岩深谷，少平畴沃野

———————

[1] 张慎言：《同阁记》，晋城市地方志丛书编委会编《晋城金石志》，海潮出版社1995年版，第582页。

以资播艺，即稼穑之利民犹难之。若其布帛财贿，宾客饮食所供，多仰于外来。"阳城的农业一直十分艰辛，这使得每年降水的多少、时机对于阳城人来说尤其重要，由此催生出当地悠久、繁杂的祈雨仪式与传统。

"砥柱相连王屋近，云山三晋占偏多"，阳城山多地少，并且受山川阻隔而不能发展灌溉系统。身处恶劣的自然环境中，是坐以待毙还是绝地逢生？阳城民众选择了后者。残酷的自然环境激发了阳城民众更多的求生欲望。传统社会中，当地民众珍惜土地，谨守本业，珍视与农业生产有关的所有东西，膜拜与农业生产有关的所有神灵。环境造就神灵。阳城乃至泽州，这种多山、缺乏可利用水资源的独特自然环境使得这里的民众只能将生产生活的希望寄托于各种各样的雨神身上，雨神信仰应运而生。由于雨水对农业生产至关重要，因此在众多的神灵中雨神数量最多，身份最丰富，地位最重要。

图2.4　晒麦子　张小丁提供

2. 程颢牧泽，崇尚理学

泽州多山地少雨水的自然生态环境需要雨神，没有任何一个地方能像此地一样，所有神灵都承担着行云布雨的职责与功能。女娲、尧帝、炎帝、舜帝、大禹、成汤、后羿、玉皇、九仙女、二仙、城隍、关帝、山神、龙王，等等，神祇在泽州都具有行云布雨的神职，众多的雨神中，尤以雨神成汤信仰流布区域最广。从宋朝起，成汤信仰在泽州域内持续扩张，与泽州地区的文化传统息息相关。

上古时期的泽州不仅诞生了中国农业文明，还是华夏文化的发源地。现在域内仍然传讲着有关炎帝教民稼穑、精卫衔枝填海、蚩尤大战炎黄、夸父追日竞跑、女娲抟土造人、后羿拉弓射日、愚公率众搬山以及尧选贤君、舜耕历山、丹朱让位、鲧禹治水、商汤祷雨等上古时期最精粹的神话传说，这些神话传说说明了当地曾经是早期中华文明的发源地。刘毓庆指出：走出上党盆地的大山，向西不到一百公里，便是尧都平阳——临汾；向西南不到一百公里，便是舜所都之蒲坂与禹所都之安邑，即夏县；向南不到一百公里，便是周之东都洛阳；向东不到一百公里，便是殷人之都城安阳。如果以上党为中心，以百余公里为半径，由西向南向东南画一个半圆，这便是司马迁所谓的"天下之中"了。[1]与泽州相接的豫北地区是商民族早期最主要的活动区域。"商族自山西西南部，逐步向东迁徙，它沿着黄河以北的山地、河谷东徙；至沼明时，迁至商水附近；相土时，其初期也居于商水附近，之后，相土又东迁于商丘。商族的发展在相土时期是一个关键时刻。由于豫北的地理环境正适宜于农业的发展，因此，商族便在这里兴盛起来，商族早期以豫北为中心，待势力日益强大后才逐渐向东、向南发展。从这一意义上说，应该承认豫北地区是商族早期活动的历

---

[1] 刘毓庆：《华夏文明之根探源——晋东南神话、历史、传说与民俗综合考察》，学苑出版社2008年版，第324页。

史舞台。"[1]学者的研究论断也得到了考古工作的印证。胡建在《山西商代考古学文化的若干问题》中指出商朝文化对山西各地域的影响——大致南北以霍太山为界，晋西南、晋南、晋东南地区是商文化最直接、间接控制地带，晋中地区是商文化与北方文化抗衡的间接控制区，吕梁山一线以及晋北地区则是北方草原文化势力范围。

泽州封闭的自然环境孵化了华夏文明，但是也制约了文明的发展。唐之前，泽州社会的各个方面应该处于相对落后的状态，但是由于其地处中原腹地，战略位置又非常重要，常年的战争争夺，使得这里形成民风彪悍、重武轻文的风尚。"泽于古为高都，据太行之脊，俯河以南、河东及温、轵、贾、上党，往来南北者，泽实为绾毂焉。固全晋以南一都会也。所隶皆严邑，岁贡赋徭二十余万，以故宦者称为信美，膻图之。然山险而风气劲悍，民良者纤俭种稼穑；猾者仰机利，博戏、椎剽，为奸郡中，豪敢通吏胥；桀黠者持上下阴事。又宗室日益滋，骄怙奢纵，贫无四民之业，率醵金聚党与，择痴富鱼肉之，至陵栎郡人士。有司者莫敢问。泽于上党，犹上党于汾阳，不得橄泽。"[2]"泽俗淳朴，民不知学。"[3]

泽州这种闭塞落后的状态持续至北宋时方有好转。北宋定都河南开封，泽州距离此地几乎只有一山之遥，置身中原的北宋朝廷也非常清楚地意识到泽州对于首都开封存亡的战略地位。尤其是北宋末年，朝廷认识到一旦与草原民族交战，泽州将是重要的后勤补给地，而如果草原民族攻陷泽州，直取京师便是指日可待。因此朝廷将其视为京畿腹地，多加控制与管理。宋真宗大中祥符八年（1015）河东转运使陈尧佐请朝廷下令责成怀庆、泽州两地官府共同维修太行山道，以利公私纲运。[4]深山之间畅通的

[1]　李民：《豫北是商族早期活动的历史舞台》，《殷都学刊》1984年第2期。
[2]　张慎言：《泽太守宾吾王使君生祠记》，晋城市地方志丛书编委会编《晋城金石志》，海潮出版社1995年版，第571页。
[3]　刘因：《泽州长官段公墓碑记》，晋城市地方志丛书编委会编《晋城金石志》，海潮出版社1995年版，第433页。
[4]　《凤台县志》卷十三（乾隆）。

道路有助于朝廷政令的传达和对地方社会的控制。北宋朝廷还利用敕封泽州地方神灵的方式加强与泽州地方势力的合作，宋廷对泽州地方的控制在北宋末年更为频繁，已经达到紧锣密鼓的地步，诸多神灵在此时得到集中敕封与晋级，即使在1127年宋都沦陷之时，徽宗还遣使加封析城山神与成汤帝。北宋国都开封被金朝攻陷、金朝入主北方之后，很多地方文人包括泽州地区的文人都采取回避政治的态度，不愿意与女真族统治者合作，转而研习儒学，但不再把考取功名作为学习儒学的唯一出路。"士大夫之子弟，苟无世禄可守，无常产可依，而欲为仰事俯育之计，莫如为儒。其才质之美，能习进士业者，上可以取科第致富贵，次可以开门教授，以受束修之奉。其不能习进士业者，上可以事笔札，伐笺简之役，次可习点读，为童蒙之师。如不能为儒，则巫医、僧道、农圃、商贾、伎术，凡可以养生而不至于辱先者，皆可为也。"[1]宋代儒者将自己的精力投放于地方社会的自治与管理。宋儒与汉儒最大的不同即在于此，汉儒专注于自己的仕途发达，更倾向于向上的社会流动与发展；而宋儒则在向上流动的同时开辟了一条教化民众的新道路。他们无意于上层政治时，就把儒学看成是教化底层民众、管理地方社会的方法与手段。兴办教育、传授儒学成为当时泽州儒者的主要生活目标。泽州儒士对地方重构的重点放在对地方文化传统的恢复与建立。在金元地方文化精英的努力下，泽州作为北方理学重镇而崛起。

今人对金代理学的研究也证明，在宋室南渡以后，北方的学术虽然衰微但是并没有灭绝，而且与南方的学术交流亦没有中断。金章宗统治时期即12世纪90年代，南宋的理学著作开始北上流入金朝统治区域内，为北方学者所了解与学习。在南北方儒者的交流中，北方产生了对后世影响极大的程朱理学。在这种学术大背景下，泽州士人对泽州理学传统积极展开建构。在泽州文人所建构的地方文化图景中，理学家程颢是一个关键性

---

[1] 《袁氏世范》卷中《子弟当习儒业》。

的人物，他被认为是为泽州带来"偃武修文"重大变化的第一人。[1]当地士绅之所以会选择程颢，是因为程氏在北宋治平四年至熙宁二年（1067—1069）间出任晋城令。作为县令的程颢政绩平平，但是作为理学家的二程在当时的学术圈却是丰碑性人物。"国氏而并称先生何？一宋师儒只程氏二昆焉尔。千载而下，闻而知之：纯诚静厚，尽性知矢，笃恭徽懿，形履实践，含章蕴道而立极，知几乘化而诣圣，振霜风而不槁，纳万物于一春。隤乎其顺，渊乎其奥，混涵汪洋，不露圭角。得颜氏之学，学者宗之，明道先生也；千载而下，闻而知之，高明正大，独造自得，穷神知化，以道自任，忧天下之不行，耻一人之不知，举世非之而学益粹，霆碎电折而志益坚，汇源委于六经，集大成于一《易》，传圣之心，续道之统，得孟氏之学，学者宗之，伊川先生也。二老归而周盛，两生去而汉杂，五精纬奎，天敷文命，两先生出焉。宋道所以昌也。初两先生师事濂溪周子，大其学而倍蓰十百之。泛澜委浸，放乎四海百年以来，君相、士夫、国庠乡校，莫不知为程氏之学，粹然一归孔孟之正，所在祠为先师，尊其道也。"[2]

程颢牧野晋城没有倡办乡学虽是历史事实，但在晋城兴办学校者却确有其人，此人就是政和年间泽州太守吴中。金进士李俊民在《重修庙学记》中引用黄廉《题秦氏书斋》赞美吴中开学教育，教化泽民的功德。"河东人物气劲豪，泽州学者如牛毛。大家子弟弄文墨，其次亦复夸弓刀。去年校射九百人，五十八人同赐袍。今年两科取进士，十子钓海登灵鳌。迩来习俗益迁善，家家门户争相高。驱儿市上买书读，宁使田闲禾不溽。我因行县饱闻见，访问终日忘勤劳。太平父老知此否？语汝盛世今难遭。欲令王民尽知教，先自乡里蒸群髦。古云将相本无种，从今着意鞭儿

---

　　[1]　杜正贞：《村社传统与明清士绅——山西泽州乡土社会的制度变迁》，上海辞书出版社，第79页。

　　[2]　郝经：《宋两先生祠堂记》，晋城市地方志丛书编委会编《晋城金石志》，海潮出版社1995年版，第429页。

曹。"[1]在当地兴办学校，开蒙学生的事情也被泽州大儒郝经记入文中，"郡之庙学旧近市。宋政和乙未太守吴中徙焉。悯其民不喜儒术，境内贡举五六十年无一人登高第者，于是聚徒养士，以东里学规教授，习俗稍变。"金元时期泽州士人为了改变当地民风，建构儒学传统，将吴中牧晋时期兴办乡学的事情移花接木至程颢身上。以郝经为首的金元泽州士人通过这种学术传统建构，的确使泽州在不久之后就发展成为理学重镇。各地学子纷纷到此求学，"泰和初，先人调官中都，好问甫成童学举业，先人思所以引而致之者，谋诸亲旧间，皆曰：濩泽风土完厚，人质直而尚义。在宋有国时，俊造辈出，见于黄鲁直季父廉行县之诗。风俗既成，益久愈盛，迄今，带经而锄者四野相望，虽闾巷细民，亦能道古今，晓文理。为子求师，莫此州为宜。"[2]"河东自唐为帝里，倚泽潞为重。五季以来，屡基王业。故其士俗直质尚义，武而少文。明道先生令泽之晋城，为保伍均役法，惠孤惸，革奸伪，亲乡闾，厚风化，立学校，语父老以先王之道，择秀俊而亲教道之，正其句读，明其义理，指授大学之序，使格物、致知、诚意、正心、修身、齐家，笃于治己而不忘仕禄，视之以三代治具，观之以礼乐。未几被儒服者数百人，达乎邻邑之高平、陵川，渐乎晋绛，被乎太原，担簦负笈而至者日夕不绝。济济洋洋有齐鲁之风焉。"[3]

吴中重视乡学，倡办学校的理念延续至金元，金末邑人段直在担任泽州长官期间延续了这种尊重理学的传统。"故当用武之际，独能以立学为先，敦劝修举，使前贤数百年之遗风不遂废坠。"[4]社会动荡中，段直还亲自延请金朝状元李俊民任教授业。刘因给段直撰写的墓志铭中就此事专

[1] 李俊民：《重修庙学记》，晋城市地方志丛书编委会编《晋城金石志》，海潮出版社1995年版，第325页。

[2] 元好问：《郝先生墓志铭》，晋城市地方志丛书编委会编《晋城金石志》，海潮出版社1995年版，第404—405页。

[3] 郝经：《宋两先生祠堂记》，晋城市地方志丛书编委会编《晋城金石志》，海潮出版社1995年版，第428—429页。

[4] 刘因：《泽州长官段公墓碑铭》，晋城市地方志丛书编委会编《晋城金石志》，海潮出版社1995年版，第434页。

有记载：“州人李俊民在金时以明经为举首，后国朝亦被累征，赐号‘庄靖先生’。盖有道之士也。是时方避地河南，隐约自处，公迎而师之。凡泽之名士散在四方者，亦必百方招延，必至而后已。故不五六年，州之学徒通经预选者，百廿有二人。”[1]经过金末元初地方长官和学者的努力，儒学在泽州渐成气象，成为与齐鲁相当的礼义之地。“泽州盛时，州试童子可二千人，上至学使者千有余人。州所隶县，如阳城试童子可千余人，州再试之，上至学使者亦六七百人。其三县高平、陵川、沁水昔号为最盛。”程朱理学在泽州地方的成功建构与传承彻底改变了当地荒蛮落后的风俗，“初，泽俗淳朴，民不知学。至宋治平中……诸乡皆立校。……经十余年，服儒服者已数百人。由是尽宋与金，泽恒号称多士”[2]。儒学兴盛不仅使参加科举的人数量大大增加，而且改变了泽州当地的民风民俗，“熙丰中，士之隽者，连收科目，而人俗以厚，魁杰忠廉，守节善道，敦行而文者，往往介出其间。迄于今，风行泽流，闻而兴起，德化之盛，犹有存焉”[3]。“吾泽之人亲被其风教，起而善良，达乎邻境，通乎大都者哉！”[4]

　　金元时期泽州成为理学重镇，不仅使理学在泽州生根发芽，民众得以驯化，还规范了他们的行为，时时事事都以儒家经典规范、约束自己的言行，这当然也包括民众选择神灵的行为。儒家经典《礼记·祭法》规定了受祀神灵的条件与标准——“夫圣王之制祭祀也，法施于民则祀之，以死勤事则祀之，以劳定国则祀之，能御大灾则祀之，能捍大患则祀之”。泽州民众时刻谨记儒家礼仪中对祭祀神灵的要求，并将这种要求内化为自己

---

[1]　刘因：《泽州长官段公墓碑铭》，晋城市地方志丛书编委会编《晋城金石志》，海潮出版社1995年版，第433页。

[2]　刘因：《泽州长官段公墓碑铭》，晋城市地方志丛书编委会编《晋城金石志》，海潮出版社1995年版，第433页。

[3]　陈廷敬：《体仁书院记》，晋城市地方志丛书编委会编《晋城金石志》，海潮出版社1995年版，第716页。

[4]　朱樟：《明道程先生祠堂记》，晋城市地方志丛书编委会编《晋城金石志》，海潮出版社1995年版，第744页。

选择神灵的标准，"世之祀神，以祈福祐者，虽南北殊好，风俗异尚，大抵取祀典所载，有功德与民者，故建立庙像，祈祭之所，然后神无怨恫，祭则受福，此今昔之所同也"。深受泽州民众崇奉的女神二仙娘娘就属此列。民众有感于她们为前线战士送粮，有功于国家，于是在域内广修庙宇，金人赵安时在《重修真泽二仙庙碑》中提到："岁时官为奉祀，勒功丰碑，至今犹存。正所谓载在祀典，有功于国于民者也。"延至今日，漫步在泽州山野之间，偶遇那些隐藏深山之中的古庙，仔细询问之后就知道即使身处僻野之地这些庙宇中供奉的也多是贤王明君，是被纳入到政府祀典之列的正神。那些不合乎儒家规范的人与物在泽州域内根本不可能有容身之处。元代宋翼就一针见血地指出成汤信仰在阳城县域内流行是儒家文化在此地扎根的结果。"阳城，汉之濩泽县也，土瘠民淳，俭而好礼，不经之祀，绝而弗尚。"

成汤是从上古时期就开始塑造并宣扬的贤王明君。"儒者以汤、武为至圣大贤也，以为全道、究义、尽美者，故列之尧舜，谓之圣王，如法则之。"[1]至两宋时期，官方宗教政策发生变化，政府插手地方宗教事务，民间神灵不断受到官方敕封，被纳入官方祭祀范畴。神灵也出现了人格化、平民化的转变，那些与民众日常生活息息相关的功能性神灵更受民众青睐，它们在某一个区域范围内受到普通民众的信奉。成汤为民祷雨的行为被儒士不断美化，并且得到民众深信不疑地认同，因此成汤被各地民众奉为雨神加以祭祀与崇拜，并历代不衰。元朝山西晋中地区祁县的成汤建庙碑文中就首先大书特书成汤为民请雨的行为合乎儒家祭祀规范，"自古圣帝明王之有天下也，泽及于生民，功施于后世，故必载在祀典，历代崇奉，报德报公之无穷□详□□□前王不忘。《大学》传曰：'君子贤其贤而亲其亲，小人乐其乐而利其利。'此以没世不忘也，其斯之谓欤夫！殷汤，三代之圣王也。奉若天命，继承道统，成功盛德，光映典坟。以至桑

---

[1] 方韬译注：《山海经》，中华书局2011年版，第276页。

林之祷，精诚格天；雀网之祝，惠及庶类。其仁民爱物之意，千古之下宛若生存。宜乎名登祀典，万世血食，普天率土，严立庙貌，岁时之致祭，民庶之祈请，永永不能忘也。"[1]元朝皇帝"诏天下立成汤庙"之后，成汤庙在泽州不断增修、重修、扩修，每每完工撰写修庙碑记或交代修庙原因时也多会提及汤王为民祷雨的行为，指出民众感其贤德是不惜物力反复为其建庙的原因。赵执中在《重修汤王庙记》中也用儒家学说为给商汤立庙进行论证，并提到："《礼》之所记，汤以宽治民，而除其虐，去民之灾，有功烈于民者也。迹其所记，后世宜有祀焉。观今天下国家，都邑乡里，皆立其庙。"

　　阳城县成汤信仰在北宋之前的存在情况因为目见材料有限不得而知。但可以肯定的是阳城县域内成汤信仰的兴盛基本上是与阳城理学的起步与繁荣同步进行的。宋元之前，阳城的文化或者教育与泽州其他县市的情况相同，基本处于停滞不前状态，甚至还要落后于同府治之内的高平、陵川等地，"阳城一邑在濩泽之西，僻处山谷，土瘠民贫，而俗朴鲁，乡闾无弦诵之声久矣"[2]。两宋乃至后来的金元时期，随着泽州理学的兴旺发达，阳城县在历任县令积极倡办县学的努力下，后来者居上，"时公卿弟子，凡民俊秀，始鼓箧入学。公每于朔望之旦，临政之暇，舍菜于庙，听讲于堂，躬自幼勉。不期年而民化之，浇风大变，狱讼日简，弦诵之声，闻耳洋溢，至于家稷契，人咎夔，皆我公之规范也"[3]。时至晚明清初之际，阳城发展为泽州人文素养最高的地区。"阳城居析城太行间，地灵人秀，科贡之贤，若原公杰，位至尚书，而血食三省；若杨公继宗，官至都

---

[1]　《祁县□□镇重修汤王庙记》（元至正二十五年）。

[2]　李聪：《阳城县尹赵侯兴学记》，晋城市地方志丛书编委会编《晋城金石志》，海潮出版社1995年版，第462—463页。

[3]　李聪：《阳城县尹赵侯兴学记》，晋城市地方志丛书编委会编《晋城金石志》，海潮出版社1995年版，第462页。

宪，而列于名臣。"[1]经过严格的儒家式训练，手握朝廷重器的阳城士子将爱民为民的成汤作为自己的道德榜样，他们以成汤为榜样，读书科考，进而光耀门楣。张慎言在其文中表达了这样的看法，"吾邑弹丸黑子，处崄巇碨□之中，境以内，无数百亩之田平若案者。乃其人则安土重迁，事简而俗朴。余所居虎谷更甚，形如虎负嵎，里以兹受名焉。嵎前一片如掌，洎水带之。居民无百许家，强半携中人之产，走数千里外求子钱，供朝夕焉。老稚不胜负贩，则胼胝力溪嵎间砂碛之田"[2]。阳城县多山少田的自然环境，迫使当地民众不能仰仗农业收入养家糊口，为了生计民众不得不从商或者从事手工业。经商发家致富之后的家庭，不是让子孙后代继承父业，而是重走传统中国社会耕读传家的老路，把子孙送进学堂，让其熟读经书，考取功名，达到光宗耀祖的目的。阳城士子的科举之路在晚明清初达到鼎盛，沿沁河流域涌现出窦庄张氏、湘峪孙氏、郭峪陈氏、屯城张氏、上庄王氏等高官望族。这些家族无一例外地是先靠经营工商业发家致富，之后让其子孙读书考取功名，官商兼行逐渐发展为当地望族。"邑中及他旁邑壤境相接，不出三十里外，在行山溪谷之间，由明以来，以科第显，立名当世者甚多，逾晋以南数郡县，阳城盖天下人才所自出也，今未易殚数。其为天下所尤知者，有若杨公继宗、原公杰、王公国光、孙公居相、张公铨，或以清节，或以事功，或以直敢言，或以忠死事，此五公者，皆天下所知。"

清康熙、雍正年间，阳城与陕西韩城、安徽桐城同为文化发达之乡，在泽州府所辖的五县中文风也最高，赢得了"名列三城，风高五属"的美誉。与阳城县域内弥漫着的儒家文化一样，备受儒家推崇的成汤也作为神灵扩散在整个县域。成汤对于阳邑民众而言，不仅仅是遥不可及的上古君王，更是曾经光临自己家乡为民请雨的道德典范。历代儒者精心塑造

---

[1] 马理：《阳城科贡题名记》，晋城市地方志丛书编委会编《晋城金石志》，海潮出版社1995年版，第512页。

[2] 张慎言：《同阁记》，晋城市地方志丛书编委会编《晋城金石志》，海潮出版社1995年版，第582页。

的完美君王成汤随着儒家思想对阳邑民众的渗透被当地民众接受并内化，形成阳城民众的公共知识，历代修庙树碑者都特别推崇成汤为民祷雨的行为。明清时期的阳城士人依照儒家经典，选择了庇佑民众的成汤作为崇拜对象，尤其是那些致力于地方治理的士人们，当他们在处理地方社会事务时，便借助成汤的德行教化民众。地方乡绅希冀借助于修建那些供奉贤士的庙宇达到教化民众的目的。明朝嘉靖年间，河北下交村乡绅原应轸在重修成汤庙时就指出修护庙宇的真实目的在于借神事说人事，在于借敬神培养民众合乎儒家规范的行为，"神山切切于此，崇夫礼也久，弗渝许信之笃也。……夫惟礼以基事，信以成之，专以营之，坚以持之，勤以率之，德以感之，公以处之"。如此，成汤对于明清时期的阳城地方社会而言，不仅是行云布雨的雨神，更是当地民众道德规训与自我约束的模范。在有儒学背景的地方乡绅看来，崇拜成汤，修建成汤庙还是教化民众，关乎礼仪风俗的大事。"更且旧制两楹，今则易而为三。不惟神之喜盼盇来宅，凡春祈秋报，里人之饮蜡于其下者，歌功食德，固以崇报本之思。而且父与父言慈，子与子言孝，其所以敦古道而善风俗者，亦未必不由于斯焉。""自京师及各直省、各府州县乡城郭营卫镇堡，八方四鄙，荒村曲巷，人民所聚居，莫不各有神庙。其在祀典者，大则天子公卿主之，次则各守土官主之。其不在祀典者，岁时伏蜡社饮佳辰，一方之父老子弟奔走而祈赛焉。迎神击鼓送神烧醮，饮蜡操豚馂神惠百日之劳。一日之泽，以舒民气，以驰民力，以欣民私，以醉饱民心。借此一会，集父老子弟申劝训迪，子弟为父老撰杖履循伤约束，俾孝弟力田，各修其业，忠信亲睦，各定其志，勿惰勿游，以助长官饮射读法之所不逮，庶几哉不失先王神道设教之遗意焉！"[1]

　　成汤是受到国家敕封的神，其庙宇遍布城镇乡村，并且还形成固定的祭祀仪式，这些都强化了它在民众中的权威性。明清之后与里社这种乡村自治组织的发展相同步，成汤成为每个里社组织供奉的里社之神，他是里社内

---

[1]　李麟伍：《重修仙师庙碑记》，晋城市地方志丛书编委会编《晋城金石志》，海潮出版社1995年版，第825页。

部成员相互认同、团结与合作的标志。理论上讲，每个里社都应该有一座供奉成汤的社庙，社庙在村社中的地位较其他神庙的地位要高一些，因此社庙在阳城被称为"大庙"，是同一里社内部成员每年举行春秋报赛等社祭重要活动的场所。"大庙"中掌殿的社神成汤的地位较其他神灵也要高出一截，他关爱着里社组织中的每一位社员，他们的生活生产都要受到成汤神的掌控，成汤从最初的祈雨对象到后来的祈年偶像，从每年不定时的举行仪式到每年春秋二祭举行固定仪式，都充分表明了成汤神职与功能的叠加。作为神灵，成汤为何会越来越有本事，为何会具有越来越多的权威，解决这些疑问还需要结合中国民众"惟灵是从"的信仰观念方可一探究竟。

3. 崇尚神祇，惟灵是从

韩森在谈到中国民众的神灵信仰观，或者说是中国民众选择神灵的标准时提到了一个标准——"惟灵是从"，意即那些在民众看来最为灵验的神祇最容易被民众信奉。北宋晚期，朝廷就注意到民众这种对待神灵的态度，因此朝廷加封那些灵验的地方神，这些神灵在各地地方社会中拥有众多的信徒。在每一道命令地方官上报申请载入祀典的神祇姓名的诏令中，朝廷告诉这些地方官员与士绅，那些被列入祀典的应该是那些灵验的、有威力的神灵，灵验与否是决定他们能否被纳入官方祀典的唯一标准与条件。封赐地方神祇是宋廷顺应地方社会信仰现状的明智之举，这一制度以具体的祠神信仰为中心，将地方社会、州县官府、转运使、朝廷联系起来，在地方社会有影响力的神祠获得朝廷大力封赐的同时，也意味着地方社会对朝廷的信仰准则和相关价值观念的认同，申报、核实与批准程序的背后，体现的是朝廷对地方社会的控制。[1]朝廷敕封神灵的目的对于神灵

---

[1] 王见川、皮庆生：《中国近世民间信仰》（宋元明清），上海人民出版社2010年版，第38—39页。

而言在于承认神祇的功德，并促使他们继续显灵。北宋神宗年间，阳城析城山成汤庙因为祷雨灵验，受到皇帝敕封，不仅析城山成汤庙跃然成为成汤信仰的中心，获资维修，而且使成汤信仰拥有了同区域内其他神灵所没有的正统性和权威性优势。正是有了官方的承认与加封，使得成汤信仰拥有了更强大的号召力，民众深信不辍。

北宋社会经济发展，人口数量大幅增长，民众个人和国家政府都需要更多的粮食来维持生存与发展的正常运行。但事与愿违，北宋时期的粮食不但没有增产，反倒因为气候的转变，造成农业生产条件不断恶化，加之北宋朝廷边境不稳，需要大量的军粮，能让普通民众果腹活命的粮食更是寥寥无几。农业生产的地位在整个国家社会中的地位愈发突出与重要。一切能提升粮食产量的因素都变得愈发重要，愈发能引起民众的重视。泽州区域在宋之前是膏腴之地，但随着气候的变化与环境的恶化，山区干旱缺水成为制约当地粮食丰产的最大障碍，百姓不得不过度仰赖雨水来保证农业生产。在辗转求生的情况下只要能与雨沾亲带故的一切因素都被虔诚地视为神灵，成汤祷雨桑林或者析城山的传说使成汤和雨水有了更直接、更亲密的关系，民众将汤帝作为雨神进行祭祀以求保佑普降甘霖。于是宋元以来成汤信仰的扩展势头是其他雨神不可比拟的。

在民众实际的信仰生活中，那些能持续享受香火的神灵关键不在于神祇是否列入祀典，而在于他们是否灵验。列入祀典是神灵能享受香火的入门条件，而能否持续接受民众的供拜却仰赖神灵自己的本事，即它是否被民众认为是灵验的神灵。宋元时期成汤信仰能遍布太行山内外，成汤庙能遍布全国的原因就在于他屡屡祷雨获应的灵验。"惟王不殖贷利，不迩声色，天锡勇智，克君万邦，德施三代，泽流罔极。顾瞻析城，凛然□□，四陲向往，高山仰止。方夏长养，晋疆□□，夙戒郡贰，往致忱辞。惟王千载其远，眷应如响，农田膏润，良苗加秀，年成屡丰，为国上瑞。敢修故常，祇极殊贶，不任精诚欣跃拜赐之至，谨谢。岁庚寅夏六月晋降闵雨，运使大夫王公按部既事躬祷，又诿通判监丞为晋人有祈汤祠。于是本州雨足，翌日，平阳亦蒙大霁，越七月庚子，阖境均浃。伏惟神享克诚，感彻敏速，盖乃恺悌君子之福也。"[1]宋元朝廷每遇干旱，就派遣使者到析城山祷雨，雨随水至，每每获应。析城山祷雨灵应使得成汤庙得到政府的敕封与修缮，声名远震，所以围绕析城山修建了更多的成汤行宫。泽州附近的小浙山是析城山成汤庙的次生行宫，它以析城山成汤庙为正宗，也是这一时期的祷雨圣地。宋元时泽州府的州府官员常常到此成汤庙祷雨，更是多次获应。"公自至正辛丑夏分符南来，监牧是郡。下车之始，通□□□□旱，恻然伤心，谋请同列曰：'自春徂夏，亢阳极备，百谷未播，民将畴依？矧兹兵兴日□□□□亿繁伙，加以岁频于歉，民多阻饥，若乃坐视狼狈，无术拯援，不职之愆，其焉可逭？□□□州治东北，有山浙城，山之幽邃，汤宫在焉。且者旱虐请水，每祷辄应。公等以戎事□□□□，宜恪慎乃职，吾独躬请焉！'乃免冠徒跣，自输香楮，从皂吏一二，敬谒宇下。精意恳切，□□□动厥神。须臾灵液瓶降，首戴以归，遂奠于五龙之祠，而致敬焉。甫及祠，阴云四合，其□□□滂霈阖境沾足。越宿而又大作。是则万汇咸苏，群情胥悦。"[2]成汤祷雨灵应的认识深入官民各阶层的心髓，因此民众为了酬答成汤之灵验，在各处广建成汤庙，对于民众而言，各地的成汤庙的灵验程度一点也不亚于析城山或者小浙山。"我之西社庙貌独严，夭昏札瘥之役，此焉而祷，雪霜水旱之变，于是乎□，禳病则勿药，祈谷则年登，民恃以无惧焉，至元四年，龙集戊寅，自春徂秋，恒旸不雨，二麦已枯，首种不入，舆情惶惶，计无所出。本邑主簿周君卧衙舍间，欹枕默念曰：'时将秋矣，亢至极矣，不雨逾旬，遂为饥岁，狱讼繁兴，盗贼滋炽，黎民流徙，国赋不供，粢盛不洁，而明禋废阙，虽欲与监县令尹安居暇食优于游于一堂之上，可得耶？'且仗义宜先，当仁不让，于七月二日扶杖而起，沐浴更衣，从以邑吏卫元

---

[1] 许奉世：《析山谢雨文》，引自中国先秦史学会编《阳城商汤文化》，文物出版社2012年版，第157页。

[2] 白惟中：《监州忽都帖木儿祷雨获应记》，引自中国先秦史学会编《阳城商汤文化》，文物出版社2012年版，第179页。

善，潜宿本社汤庙，即夕玄云蔽空，和气旁洽。次日鸡未及唱，露首徒行，晚达善利，召集黄冠伙众，就彼汤祠，宣祝致告，夜未及分，甘雨大作，诘旦稍晴。公不避泥潦，冒雾露，陟馋岩，敬谒神池，请求圣水，拜方及八，降己十分。戴瓶比还，阖境霑足。"[1]

成汤因祷雨灵验发展为"水旱疾疫，祷无不应"的神灵，民众生活的各个方面都可以受到成汤照顾，粮食丰产以及战争中民众生命财产得以安全都被认为是受成汤恩惠。芹池镇游仙村因成汤庇佑获得丰收而修建成汤庙，塑成汤金身，"迨至康熙乙未，时值年丰，大有人皆欢欣鼓舞。少长咸集，金曰：'村之所恃，惟此庙耳。庙已毁矣，村复何恃？'于是阖社公议，举其总领，重修庙貌，以成厥功。首修大殿，侧殿次修，两廊角殿次又修。戏台以及舞庭不几年而焕然一新。众皆悦之，以为功虽成矣，然亦朴而不华，又为之油画粉饰金妆圣像，以致观视之美，成先人之所未成，创先人之所未创，庙建而风俗续，功成而人神悦，此可见众人虽殊，而心则如一者也。但村人之事神也，牺牲既盛，粢盛既洁，祭祀以时，凡有求必祷焉。而神则自此而格，亦自此而飨矣"[2]。中寨村的民众也因成汤庇佑庄稼丰收而重修成汤庙，"己未岁之秋禾，邑中大抵青乾，胡以是村收获，独有十之三四乎？诸君固可谓勇于为善之士而亦正可徵做善降祥积善余庆之说也"[3]。东冶镇东冶村因汤王庇佑免遭战火而创修成汤庙，"程卜、程荣集众而谋曰：'吾村之民脱死于兵火之际，得见太平，各复其业，户口日增。恒产日丰系神之力也。林等三人愿将村北地施为庙基，创建汤庙，为我辈祈报之所，何如？'众称善而从之"[4]。

对于神灵与民众而言，能得到封赐是官方对神祇的尊敬和承认，更是

---

[1] 王演：《阳城县右厢成汤庙祷雨灵应颂》，引自中国先秦史学会编《阳城商汤文化》，文物出版社2012年版，第159页。

[2] 《游仙庙重修碑记》（康熙六十一年）。

[3] 《补修殿宇增修神阁并白龙宫塑像序》（勒石于清咸丰十一年，现存于西河乡中寨村）。

[4] 《汤王庙记》（勒石于金大定二十三年，现存于东冶镇东冶村）。

一种奖励，鼓励他们显现更多的灵迹。政府加封神灵政策的作用不在于压制祀典之外的祠庙，而是为了承认灵验的神祠。但对于民众而言，灵验的神灵不仅需要官位封号以体现其身份地位，而且还需要底层信众修缮庙宇、描塑神像。神祇被认为寄宿于像身，寓居于祠庙。在他们看来，祠庙对于神祇的作用就好像房屋对于人类一样，神灵容身祠庙，居住条件的好坏不仅影响着神祇的福气，还影响着神祇的威灵。同时，神灵的灵验与庙像供奉等所体现的受重视程度成正比，越是庙大像高、香火旺盛的神祇越灵验。为了答谢成汤的眷顾，民众自愿为成汤前赴后继地修建神庙。在中国人看来，人神关系是人神互存，人需要神祇的庇护与显灵，神则需要人的承认与报答。"神之所以庇民也以福，民之所以报神也以敬"的人神关系更贴近中国民众生活的实际，也更能体现中国传统文化的实用理性精神。

当人们需要神祇帮助的时候，就会去装饰神像、修理祠庙。民众观念中人神互助的关系认识决定了民众持续修建成汤庙宇、塑成汤圣像的行为。民众认为在成汤庙借助成汤神像，自己可以与成汤沟通，使自己的愿望达成。"感之而即通，祷之而即应。"人们相信神灵的真实存在，也相信成汤会显灵。在制造灵验的过程中，他们会借助于一些关于神灵灵验的传说故事，这些传说故事与宗教信仰仪式紧密相连，借助它们帮助人们理解神灵在满足现实生活中的诉求时所能发挥的特殊作用。

三、智识卓越　泽被一方

20世纪30年代郑振铎运用英国人类学进化论的方法对商汤祷雨的传说进行了考证。郑氏指出成汤祷雨具有真实性，并且还认为类似商汤以身为牺牲这种人祷的举动是古代的野蛮社会里所常见的现象。[1]人为牺牲贡献给神灵是古代人神交流的重要方法与手段，封建社会中，自称"天子"的封建帝王遇到天灾时也常常发布罪己书，向上天和普通百姓承认天灾均系自己政治或者言行过失造成的，这种受天谴思想支配的行为也可以看成是成汤自为牺牲为民祷雨行为的承续与变形。

《礼记·祭法》中指出："夫圣王之制祭祀也，法施于民则祀之，以死勤事则祀之，以劳定国则祀之，能御大灾则祀之，能捍大患则祀之。是故厉山氏之有天下也，其子曰农，能殖百谷；夏之衰也，周弃继之，故祀以为稷；共工氏之霸九州也，其子曰后土，能平九州，故祀以为社；帝喾能序星辰以着众，尧能赏均刑法以义终，舜勤众事而野死，鲧鄣鸿水而殛死，禹能修鲧之功，黄帝正名百物，以明民共财，颛顼能修之，契为司徒而民成，冥勤其官而水死，汤以宽治民而除其虐，文王以文治，武王以武功，去民之菑，此皆有功烈于民者也。及夫日月星辰，民所瞻仰也。"这些真实的历史人物因为有功于民而受到历世民众的崇拜与祭祀，成汤被后世官方与百姓奉为神灵的原因有二：施行仁政与为民除虐。为民除虐具体而言就是桑林祷雨，自为牺牲的祷雨行为和雨水产生关系，所以民众在感其圣德之余，重点强调其带来雨水的功能。唐朝时期，成汤在山西域内就具有了雨神的神职。闻喜县姜阳乡成汤庙就是因旱祷求雨有灵而修建的成汤行宫。

泽州域内历代存在着成汤祷雨的传说，传说渐变为信仰，当地民众相信成汤与雨水之间具有天然的关系。宋初，朝廷在汾阴祭祀汤陵，并修建庙宇，这是成汤庙的本庙。北宋末年，以阳城县析城山成汤庙为中心的成汤信仰稳步扩散，加之得到宋元皇帝的敕封与认可，逐渐成为横跨晋豫两

---

[1] 郑振铎：《汤祷篇》，引自《中国神话学文论选萃》，中国广播电视出版社1994年版，第203页。

省的区域性信仰。成汤信仰在以阳城县析城山为中心的晋南豫北区域内形成极大的信仰圈，其威信远远超过汾阴的成汤本庙。如今阳城县也是成汤信仰最集中、庙宇分布数量最多的地区。史书中缺乏记载的成汤祷雨事件为何会在民众中间盛传千年不衰？得到历朝皇帝敕封的汾阴成汤本庙为何不如析城山成汤庙声名显赫？阳城县为何会保留数量丰富的成汤大庙？如此问题都需要推演成汤信仰的发展与变化才能回答一二。

1. 德政克己，广渊之泽

成汤是夏商之际活跃于河南境内的商部落首领，古代文献典籍中关于成汤的记载很多。汤名履，古书中说"汤有七名"，见于记载的就有：汤、成汤、武汤、商汤、天乙、天乙汤等。甲骨文中还有唐、成、大乙、天乙等称呼。后世史籍中常有成汤、帝乙、商汤等多种称呼。这些称呼中有的是商族祭祀成汤时用的庙号，如天乙、大乙、高祖乙。而最为民众熟悉的称呼"汤"则是其死后的谥号，谥法曰："除虐去残曰汤。" 另外，成汤因灭夏立商的政治功绩在古书中还被尊称为殷武王。《诗·商颂·殷武》中称："挞彼殷武，奋伐荆楚。深入其阻，裒荆之旅。有截其所，汤孙之绪。"[1]

官修文献中有关商汤的记载主要集中在其灭夏建商的政治功绩。成汤在建商治国的过程中形成了"以宽治民"的政治理念。"毋不有功于民，勤力乃事。予乃大罚殛女，毋予怨"，因此在其践位期间，阶级矛盾较为缓和，政权较为稳定，国力也日益强盛。《诗·商颂·殷武》称："昔有成汤，自彼氐羌，莫敢不来享，莫敢不来王，曰商是常。"[2]

官方典籍文献中常用"网开三面"的故事表现汤王施行仁政的政治美德，各诸侯小国和四方民众感其仁德，如洪泄之水自愿归降。被后世民众

---

[1]　刘毓庆、李蹊译注：《诗经》，中华书局2011年版，第896—897页。

[2]　刘毓庆、李蹊译注：《诗经》，中华书局2011年版，第897页。

津津乐道的表现汤王爱护子民的"祷雨桑林"故事却在正史中缺少记载。汤祷的故事最早见于《荀子》《尸子》《吕氏春秋》《淮南子》以及《说苑》。[1]"昔者汤克夏而正天下，天大旱，五年不收。汤乃以身祷于桑林曰：余一人有罪，无及万夫。万夫有罪，在余一人。无以一人之不敏，使上帝鬼神伤民之命。于是剪其发，磨其手，以身为牺牲，用祈福于上帝。民乃甚说，雨乃大至！"这一事件在后世不断被丰富，成为后人评价成汤具有圣德的典型性事件。曹植认为成汤祷雨与灭夏立商的功绩同等重要："殷汤伐夏，诸侯振仰，放桀鸣条，南面以王，桑林之祷，炎灾克偿。"

正史中虽缺乏成汤祷雨事件的确切记载，但根据夏商时期的社会生活推测，成汤自我牺牲为民祷雨却有很大可能性。首先成汤在位期间发生大旱很有可能是事实。早期文献对这一时期发生的大旱多有记载，并且书中常常将此次大旱与大禹时期发生的洪灾相提并论。《墨子·七患》载："故《夏书》曰：禹七年水；《殷书》曰：汤五年旱。"《管子·轻重》载："汤七年旱，民有无粮卖子者。"《荀子·富国》载："故禹十年水，汤七年旱。"《庄子·秋水》载："禹之时十年九潦，……汤之时八年七旱。"贾谊《新书·无蓄》则说："禹有十年之蓄，故免九年之水；汤有十年之积，故胜七年之旱。"诸子虽然对成汤在位期间旱灾持续的时间意见不一，但是对于商初旱灾却意见相同，认为成汤在位期间发生了特大旱灾，并且结合我国实际的生活环境，旱灾与水灾的确是我国遭遇最频繁的自然灾害。据相关学者统计，《左传》中记载了水旱灾害48次，其中水难18次，旱灾30次。邓拓在《中国救荒史》中也指出我国历代灾害最多和最厉害的，非水即旱。

王权与神权合一的殷商时期，当发生自然灾害时王首当其冲地负有责任。王代表上天统治人间，对万事万物皆有主宰权。在农业生产方面，他几乎要介入农业生产的全过程，或随时发布农作命令，或参与各种农业

---

[1] 郑振铎：《汤祷篇》，引自《中国神话学文论选萃》，中国广播电视出版社1994年版，第198页。

仪式，当气候变化遭遇灾害时，王还得在农业信仰礼俗方面扮演重要的角色。有研究材料表明，每当遇到威胁农业生产的旱潦风雹等自然灾害时，商王都要举行相应的不同祭祀仪式，祈祷上帝怜悯自己与苍生。商朝时期的农业信仰仪式主要有求年礼俗、告秋与告麦礼俗、登尝礼俗和御除农业灾殃礼俗，等等。求年礼俗是祈求神灵保佑农作物丰收，类似于后世民众在开春时节举行的祈年习俗；告秋祭祀仪式一般在郊外举行，目的是在谷物生长期间向神灵祈告谷物的长势情况；告麦祭祀则在麦收季节举行，商王选择时间安排祭礼活动。以上三种习俗都是每年循例举行的农业祭祀仪式，相当于后世的春祈秋报仪式。御除农业灾殃礼俗则是针对自然灾害而形成的消极御灾行事，这是遭遇灾荒后举行的临时应对性仪式。由于风、雨、蝗等灾对农作物危害最直接，故祭风、宁雨御潦、求雨御旱及宁息蝗灾的"宁螽"等祭祀行为最为常见，其中尤以求雨行事惊动的社会面最大，有关祭礼最具特色，如饰龙神祈雨、焚巫尪求雨和奏乐舞蹈求雨，等等，有的后世犹行。[1]

遭遇干旱，成汤作为商王理应组织并参与过这些不同形式的祈雨仪式。被后世民众津津乐道的自为牺牲为民请雨仪式属于上述三种祈雨仪式中的焚巫尪求雨仪式。这种仪式是上古时期一种主要的求雨抗旱形式，其仪式大抵是将巫觋置于积薪之上，放火烧之，使之告知天神。《春秋繁露·求雨》也有"春旱求雨，……暴巫聚蛇八日。……秋暴巫尪至九日"的记载。《左传·僖公二十一年》载："夏大旱，公欲焚巫尪。"杜预在解释焚巫尪事的原理时指出，"巫尪，女巫也，主祈祷请雨者。或以为尪非巫也，瘠病之人，其面上向，俗谓天哀其病，恐雨入其鼻，故为之旱，是以公欲焚之"。这种以人为牺牲祭祀上天的祈雨仪式在商朝属平常事件，只是每次被焚烧者的个体不同而已。甲骨文中就有"壬辰卜，焚小母，雨"、"辛卯卜，焚旅，雨"、"戊申卜，其焚永女，雨"的记载，

---

[1] 宋镇豪：《夏商社会生活史》，中国社会科学出版社1994年版，第666页。

这些记载说明了当时社会用人为牺牲祈雨的历史事实。一般情况下被焚烧者是女巫，但是若遇到旱情严重的则会选择社会地位尊贵者作为人牲。裘锡圭先生指出，上古时旱灾严重时，常焚人求雨，由于宗教或习俗上的原因，所焚之人不能是普通人，这种人不够资格，而必须是地位尊贵的人，并且是地位越高越尊贵者被认为越有资格作为牺牲。上古社会中，地位最贵者莫过于王，因此在遭遇连续七年大旱的情况下，将成汤作为牺牲应该是再正常不过的事情。

殷商社会是巫君合一的社会，作为部落首领的君往往也是部落中最大的巫，巫是君的特权职能。陈梦家说："王者自己虽然是政治领袖，仍为群巫首。"夏商社会尽管有各种专职的巫史卜祝，最终也最重要的，仍然是由政治领袖的王作为最大的巫，来沟通神界与人世，以最终做出决断，指导行动。这意味着政治领袖在根本上掌握着沟通天人的最高神权。从远古时代的大巫师到尧、舜、禹、汤、文、武、周公，所有这些著名的远古和上古政治大人物，还包括伊尹、巫咸、伯益等人在内，都是集政治统治权（王权）与精神统治权（神权）于一身的大巫。[1]作为殷商朝的最高统治者，成汤就是最大的巫师，他沟通神与人、神圣与世俗，对整个氏族社会的世俗、精神生活都有绝对性的指导作用。商汤践位后，连续七年大旱，面对天旱无雨的情况，具有王权的汤行使神权，作为巫师主持祈雨仪式在当时社会是再自然不过的事情了。

成汤祷雨在当时社会可能是一件真正发生过的祈雨事件，属于"历史事实"。但是成汤祷雨的时间、地点、祷告方式、祷辞等仪式细节却不得而知。春秋战国时期，诸子借上古人事宣讲自己的治国理想，其中儒家更是借上古贤王治理下的大同社会的美好图景宣传君王要施行仁政的治国理念。这种政治诉求被历代儒家学者不断建构，于细微处不断修饰成汤祷雨事件，将成汤塑造为儒家理想中的明君典范。

---

[1] 李泽厚：《说巫史传统》，上海译文出版社2012年版，第10页。

祈雨仪式的举行时间不固定，各地方发生干旱情况，商王或者部落族长就会组织进行祈雨。举行仪式的地点一般在野外露天场所举行，或者是设在王邑内外的土丘或人工构筑的高台上，或者是在宗庙宫室门塾内外，或者在河边水畔，王邑郊外野地以及各地族邑所在地，大体来说，应均在直接遭受干旱之地。因此我们很难详细辨认出每次祈雨的具体地点。秦朝乃至两汉时期出现了"成汤祷雨桑林"的说法。《吕氏春秋》记"汤祷于桑林社，而雨大至"；《淮南子·主术训》有"汤之时，七年旱，以身祷于桑林之际，而四海之云凑，千里之雨至"的记载，并且根据"桑林"衍生出"桑山之林"者，"汤旱，以身祷雨桑山之林。圣人忧民，如此其明也，而称以无为，岂不悖哉"。经后代学者的反复使用，"汤祷桑林"几乎已经成为中国历史文化中的一次固定事件。但是桑林或者桑山之林的确切地点在哪儿，却没有交代。很多地方根据现在当地有地名曰"桑林"或者山名叫"桑山"，或者地域内有大片茂密桑林者，都争相将汤祷桑林之地认归自己名下。目前主要有河南夏邑桑堌说、河南巩义鲁庄说、河南荥阳桑园说、河南偃师汤王庙沟说以及安徽亳州汤陵说。阳城县自古以来也有成汤祷雨在邑内桑林乡的说法。阳城县南部有桑林乡，俗传即古之桑林社。当地认为成汤祷雨桑林处就在此处，"桑林河，县南四十里，又名大河，源出麻楼诸山，历西冶，合龙洞，川水东北入于沁。其地多桑，名曰桑林，相传成汤祷雨处，今有成汤庙，庙前潴水，澄泓不竭，遇旱祷雨多应"[1]。此种说法在当地历代不辍，"成汤遭大旱，其亢阳者□年□责六□□□注应处，则在我阳邑之南桑林之野，故吾阳祀汤帝者不可更扑。虽深山密林，居民鲜少，而衣食□□□□□□春祈秋报，糜不景仰乎"？

如今常常用"六事之责"指代帝王躬身自省，六事之责最初源自诸子文献中记录的成汤祈祷苍天的祷辞。《墨子·兼爱》："惟予小子履，敢用玄牡，告于上天后曰：今天大旱，即当朕身履，未知得罪于上下，有善

---

[1]　《阳城县志》（同治）。

不敢蔽，有罪不敢赦，简在帝心。万方有罪，即当朕身，朕身有罪，无及万方。"即此言汤贵为天子，富有天下，然且不惮以身为牺牲，以词说于上帝鬼神。《吕氏春秋》中记录商汤祷雨时的祷文如下："昔者汤克夏而正天下，天大旱，五年不收。汤乃以身祷于桑林，曰：余一人有罪，无及万夫，万夫有罪，在余一人。无以一人之不敏，使上帝鬼神伤民之命。于是剪其发，磨其手，以身为牺牲，用祈福于上帝。……雨乃大至。"《荀子·大略》中也有成汤"六事自责"的祈雨过程的详细描述：汤旱而祷曰："政不节与？使民疾与？何以不雨至斯极也？宫室荣与？妇谒盛与？何以不雨至斯极也？苞苴行与？谗夫兴与？何以不雨至斯极也？"刘向《说苑·君道》记载："汤之时大旱七年，雒坼川竭，煎沙烂石，于是使人持三足鼎，祝山川，教之祝曰：政不节耶？使人疾耶？苞苴行耶？谗夫昌耶？宫室营耶？妇谒盛耶？何不雨之极也，盖言未已而天大雨，故天之应人，如影之随形，响之效声者也。诗云：'上下奠瘗，靡神不宗。'"《昭明文选·思玄赋》中有李善对成汤祷雨事件的记载，"善言：《淮南子》曰：汤时大旱七年，卜用人祀天。汤曰：我本卜祭为民，岂乎自当之。乃使人积薪，剪发及爪，自洁，居柴上，将自焚以祭天。火将燃，即降大雨。"东汉王充在著作《论衡》中也对此事给予关注，指出，"汤遭七年之旱，以身祷于桑林，自责以六过，天乃雨。或言：五年。祷辞曰：余一人有罪，无及万夫。万夫有罪，在余一人。天以一人不敏，使上帝鬼神伤民之命。于是剪其发，丽其手，自以为牲，用祈福于上帝。上帝甚说，时雨乃至"[1]。关于成汤祷雨时的祷辞各不相同，流至后代，"六事自责"的说法渐占主导，析城山巅成汤庙大殿的平柱石刻楹联即为：桑林祈祷千古共传六事雨，苞蘖尽除万载犹忆一征衣。

古代文献中无论成汤是剪发断手祈雨还是六事自责祈雨，都是为了力证成汤是"有功于民，勤力乃事"的贤王。成汤这种君主引咎自责的态度

---

[1] 此部分是分析成汤祷雨祷辞的变化，若干词语不同，属正常。

图3.1　泽城成汤殿壁画　王家胜提供

被后世帝王效仿，形成了我国传统文化中的天谴思想。君王或者普通民众常常将自然灾害的发生归咎于帝王政治的得失。《春秋繁露·必仁且智》载："天地之物有不常之变者谓之异，小者谓之灾。灾常先至而异乃随之。灾者，天之谴也；异者，天之威也。谴之而不知，乃畏之以威。《诗》云：畏天之威。殆此谓也。凡灾异之本，尽生于国家之失。国家之失乃始萌芽，而天出灾害以谴告之，谴告之而不知变，乃见怪异以惊骇之，惊骇之尚不知畏恐，其殃咎乃至。以此见天意之仁而不欲陷人也。"因此历代君主遭受灾害之后，都会反躬自省，检点自己的行为，并且将灾害的发生归咎于自己政治的过失。明初，洪武七年全国大旱。朱元璋亲自主持祷雨仪式，"上以不雨，躬祀太岁、风云、雷雨、岳镇、海渎及钟山之神，天下山川、京都各府城隍之神，文曰：'朕受命上帝，即位七载，民遭兵乱，未获苏息。加以转输戍守之供，其苦为甚。方今仲夏，当农民渴雨之期，予心惶惶，莫知所措。故祈诸神特降雨泽。神不我弃，为达上帝。苟有罪责，宜降朕躬，毋为民灾。神其听之。'"明初朱元璋的祷雨行为以及言说的祷雨辞与千年前成汤的祷雨辞大同小异，基本沿袭了成汤祷雨辞君代民过的主题思想。

如郑振铎先生所言，成汤祷雨不仅仅是我国民众的口头传说，而是古代社会的真实历史事件，并且这一事件是随着历史的变化不断丰富的，恰如顾颉刚先生在古史辨理论中所言说的那样，成汤祷雨事件也是层累造成的，越到后来，成汤祷雨事件越丰富，越被民众信服。在成汤生活的夏商时期，商汤作为牺牲参加祈雨仪式是肯定存在的，但成汤祷雨桑林，自罚为牺牲的历史事件可能未必真实存在，这一事件可能是历代儒士出于宣传儒家塑造的明君思想不断建构和丰富起来的。

2. 礼有五典，莫重于祭

北宋时期就处于持续扩展的成汤信仰拥有数量众多的成汤庙，这些庙宇都谦卑地自称为"汤王行宫"。即使在晋南豫北地区、太行山内外享有盛誉的阳城析城山成汤庙以及泽州小析城山上的成汤庙也自称"汤王行宫"。那么，成汤庙的本庙在哪儿？为什么对于泽州域内的民众而言，只闻析城山成汤庙，却不知其他？成汤在官方的祭祀系统中又处于怎样的位置？尤其是，要想推演成汤信仰的源流情况，就不得不从官方祭祀成汤的仪制以及成汤本庙说起。

成汤是殷商的开国君主，因此他首先是作为殷商先祖被纳入商王朝王族的祭祀系统。最初祭祀成汤的庙宇可能就在商都附近，中国社会科学院考古研究所杨锡璋先生认为，河南安阳洹北侯家庄附近高约80米的高畅地是殷墟王陵区，其中西区的M1500是汤王武乙的陵墓。[1]周武伐纣，供奉历代商王的重屋被毁，成汤祭祀也不可避免地被终止。但成汤是上古贤王，

---

[1] 宋镇豪：《夏商社会生活史》，中国社会科学出版社1994年版，第839页。

继任的周王朝延续祭祀成汤的传统，"古之人，思其人而爱其树，尊其人而敬其位，况庙乎？法施于民则祀之，以劳定国则祀之，况祖宗乎？于是礼以义起，而商之三宗，周之文、武，汉之孝文、孝武，唐之神尧、文庙，其庙皆在三昭三穆之外，历世不毁，此所谓不迁之庙"[1]。成汤宽其民而除其虐的功绩合乎古人的祭祀法则，因此受到历代官方的祭祀，但是具体在哪儿举行祭祀仪式却因各朝官方认识不同而不同。古代的祭祀一般在帝王的陵冢举行仪式，但是在战国时候汤陵在哪儿就已出现分歧，魏晋以来就有汤陵或在济阴，或在蒙薄，或在偃师三种说法。

隋文帝时期，朝廷使祀先代王，"帝尧于平阳，以契配；帝舜于河东，咎繇配；夏禹于安邑，伯益配；商汤于汾阴，伊尹配；文王、武王于鄷渭之郊，周公、召公配；汉帝于长陵，萧何配。各以一太牢而无乐。配者享于庙庭"。这里，官方首次提出汤陵在汾阴的说法，但隋朝官方只是在汾阴祭祀成汤，并没有提到汤陵与汤庙。唐高宗显庆二年（657），长孙无忌提议修改祭祀仪制，将祭祀成汤的地点改为河南偃师，"祭殷汤于偃师（以伊尹配）"，每三年祭祀一次，祭祀时间在仲春之月。天宝七年（748），朝廷下诏，在历代帝王肇基之处祭祀先代帝王，未有祠宇者，所由郡置一庙享祭，仍取当时将相德业可称者二人配享。此次诏令将祭祀成汤的地点更改为汤都亳，并且配祀阿衡伊尹、左相仲虺。唐时认为汤都亳即当时的谷熟县[2]，今河南虞城县南部。天宝七年祭祀先代帝王仪制的改革有三点，一是祭祀地点规范统一化，把帝王建都或者起兵的地方作为祭祀他们的地点；二是祭祀的主持者由郡县长官担任；三是祭祀时间为春秋二时，但具体的时间由地方长官自行抉择。

北宋统治者通过常年战争逐渐统一了北方地区，刚建政权的北宋朝廷在宗庙祭祀方面多承续前朝。宋太祖建隆二年（961），下诏先代帝王陵

---

[1]　马端临：《文献通考》卷九十九，宗庙考九。

[2]　谷熟县，隋开皇十六年属阳郡，唐武德二年为南谷州，武德六年复称谷熟县，属宋州。

寝由所属州府遣近户守视，如若其冢墓有堕毁者则应加以修葺。乾德元年
（963），宋太祖再次下诏规定历代帝王的祭祀地点与祭祀规格。祭祀成
汤的地点恢复至河南府偃师县的商汤庙，祭祀规格和仪制与唐朝一致，并
无变化，只是要求地方官府要严格保护这些先代帝王的祠庙。"准令每三
年一享，岁仲春月行享，牲用太牢，以羊豕代。祀官以本州长吏，有故，
遣宾佐行事。仍令造祭器送之陵侧，严禁樵采。"

乾德四年（966），太祖第三次下诏制定针对前代帝王的祭祀地点与
规格。此次将祭祀这些前代帝王的地点由他们的肇基处更改为他们的墓葬
地。祭祀成汤的地点也由河南偃师改为山西河中府的汾阴，并且派专人看
护汤陵，"乾德四年，诏给河中府汾阴成汤墓守陵五户，蠲其他役，长吏
春秋奉祀"。

宋初制定了在汾阴汤陵祭祀成汤的仪制，但起初这里并没有祭祀成汤
的祠庙，成汤庙是在守护汤陵的过程中逐渐修建起来的，"庙则宋初所
建"。徽宗政和三年（1113），礼仪局上《五礼新仪》，规定在仲春、仲
秋祭祀历代帝王，将祭祀商王成汤的地点固定为庆城军[1]，即今万荣县荣
河村，《荣河县志》旧志中对汤庙与汤陵也多有记载。据史载资料，我们
基本可以勾勒出汾阴汤陵与汤庙的生命发展史。汾阴汤陵肇始于隋朝，此
时只知有陵不知有庙，宋初在汤陵附近修建汤庙，庙内还有配祀神伊尹、
仲虺，此庙是汾阴地方官员祭祀成汤的场所，每年春秋二祭。后世因之，
遂成故事。汤陵在元癸未岁[2]沦于汾河，民众将其石柩迁葬他处。汤庙亦
遭到破坏，不复存在。当地官员在汾河东岸近地设位而祭。在朱明承续大
统之后，经礼部官员核准，认为汤陵在山西荣河县，"明制，先代帝王陵
寝，逢皇帝正位，遣官祭告，有司岁春秋二祭。朝廷三年遣使坛祭一次。

---

[1] 庆城军，大中祥符四年（1011）置，熙宁元年（1068）废，故治在今山西
省万荣县荣河村。

[2] 元朝癸未年，按照公历有两次，一次为1283年，即元世祖至元二十年；第
二次为1343年，即元顺帝至正三年。

汤陵在山西蒲州荣河县，大事遣官告祭，余如制"。明朝政府重新修建了
汤陵与汤庙，并且新修的陵庙不在原来的位置上，旧汤陵在县治北十里，
重修后的汤陵在治北四十三里，重建后的汾阴汤陵再次被封建王朝政府纳
入祀典行列，除地方官员每年例行的春秋二祭之外，还是新皇登基举行告
祭的场所。告祭乃古代宗庙之祭，国家遇有大事则必告于宗庙，汉之前最
高统治者亲自到宗庙举行告庙仪式，汉之后派遣使者到宗庙以及各先代帝
王陵寝举行告庙。明朝历任皇帝登基之初都会派遣使者到此祭告汤王，在
证实自己承继大统乃天命所归的同时祈求汤王保佑国家国泰民安。洪武四
年正月皇帝遣侍仪司通赞舍人王定致祭汤陵。其文云："曩者有元失驭天
下纷乱，朕由此集众平乱统一天下，今已四年矣。稽请古典，自尧舜继
天里极，列圣相传为烝民主者，陵各有在，虽去古千百余载，时君当修祀
之。朕典百神之祀，故遣官斋牲醴奠祭修陵。君灵不昧，尚惟歆享。"[1]
后代例行不辍，这种仪式进一步强化了世人成汤陵冢在汾阴的观念认识。
明正德初，少卿乔宇奉命告祭后上疏，在汤陵附近增修祠宇，建置殿堂三
间两庑，牲房数楹，春秋致祭。明朝时期到此祭拜成汤的使者不下数十
位。他们临河祭庙，除例行公事之外，更多的是抒发自己对汤王圣行的仰
慕之情，明朝卢彬《望汤陵》云："园陵水圮荡然空，昭代崇禋秩望同。
衮冕昔随流水逝，精灵今与大河通。八迁定国民归极，五反求贤事望风。
□纲施仁兼救旱，巍巍德业并苍穹。"[2]

　　清立国后，延续了明朝新皇登基告祭先王陵墓的传统。每逢新皇登
基，便派遣使者到此告祭汤陵，并且国家遇有大事时还会专门派使者到此
举行告庙仪式。据地方志记载，清初顺治、康熙帝王即位之初虽没有到
汤陵告祭，但在位期间或亲自或派遣使者多次告祭汤陵——顺治八年、
康熙七年、二十七年、三十六年、四十二年、五十二、五十八年，特别
是康熙四十二年，皇帝还亲自告祭汤陵，"仁皇帝大驾西巡过蒲州告祭

---

[1]　《荣河县志》（民国二十五年）。

[2]　《荣河县志》（民国二十五年）。

汤王陵。"[1]此后历代皇帝也多次遣使告祭汤陵，雍正元年、二年，乾隆二年、十四年、十七年、二十、二十四、二十七、三十七、四十一、四十五、五十、五十五，嘉庆元年、十四年、二十四年、二十五年，道光元年、九年、十六年、三十年，咸丰二年、十年，同治元年、十二年，光绪元年都曾告祭汤陵。

清政权除延续前朝到汾阴祭祀成汤的仪制外，还加强了对汤陵的管理与修缮，乾隆三年（1738），守护汤陵的户数由原来的五户增至七户，岁给工食各六两。顺治十七年、乾隆元年，朝廷下拨专款维修汤陵，尤其是乾隆元年的这次重修扩大了汤庙面积，庙内外修缮一新，"改建寝殿五间，大门五□，东西庑各三间，省牲所三间，门楼一座，牌坊一座，照壁一座，碑亭一座，围墙九十九步，易砖砌垒。"清代还提升了汤庙祭祀的规格，由原来的县邑长官主祭改为本省总兵担任主祭官。汤陵于晚清同治年间再次被汾河水淹没，此后再也无人提起，更遑论重新修缮。

明清两朝，荣河汤庙与其他地区的汤王行宫一样也有祷雨的功能，但这里主要是官方祷雨的地方。明朝景泰二年（1451），山西大旱，朝廷派遣太常寺丞李希安到荣河汤陵祷雨。李希安还未到荣河，甘雨已降，民众认为是汤王怜悯苍生而普降大雨，以苏民困。李希安携带的祷雨文，文曰："兹者山西民困极矣。加以久旱，谷用无成，民生罔赖此。诚予之不德，所召惟神至仁，独不动悯念乎？况素以庇民得祠者，尤当不可绥也。尚望广布霖雨大作丰年，非独予免夙夜忧惶，神亦可始终惠誉，特摅虔恳专俟感孚。"[2]祷文内容表现了官方对成汤祷雨灵验的认同与期待。

荣河成汤庙虽也有天旱祷雨的功能，但成汤祷雨在当地百姓的观念中却并不盛行，他们多向龙王祈雨。《荣河县志》之"祀事"列举了荣河民众的信仰习俗：祈嗣于后土，祈雨于龙君，祈富于财神，祈贵于文昌，魁星，恒情类然。《荣河县志》在"古迹"中专记了本县祷雨灵验的龙王

---

[1] 《荣河县志》（民国二十五年）。

[2] 《荣河县志》（民国二十五年）。

庙，"此庙在百峪沟内，修建于明嘉靖四年，此庙也是因为有神泉，春夏不涸，民众遇旱到此处取水祷雨。"由此可见，成汤祷雨的观念在荣河本地并不流行。荣河成汤庙虽然是祭祀成汤的本庙，但其主要是明清皇家继位告庙的场所，官方派专人看护，基本属于皇家宗教场所，普通百姓很难有机会进入此庙祭祀祷告。相较于那些修建于其他各处的汤王行宫，却因为百姓出入自由，反倒更接地气，吸引民众的香火更旺。随着封建政权的瓦解以及宗教制度的改革，曾经辉煌的荣河成汤本庙逐渐淡出了人们的视线。

3．为民祷雨，恤众惠民

与阳城相距不远的荣河汤庙作为成汤本庙，早已烟消云散，淡出了民众的视线，而阳城乃至泽州域内的成汤信仰却香火不断，至今还受到民众的崇祀。对比荣河、阳城二县的旧志，可知荣河成汤本庙运势低沉的时候正是阳城成汤信仰不断发展壮大的时期。阳邑内的成汤信仰以析城山为中心，历宋金元，至明清达到信仰高峰。《阳城县志》中说："赛社迎神，断无不洁之粢盛，祷雨祈年尤深严肃。每岁仲春，各里人民向析城、崦山换取神水，仪从縻（靡）费，不能枚举。"[1]最早的成汤信仰是如何进入泽州域内的？进入泽州域内的成汤信仰经历了哪些变化，它是怎样一步步发展为跨区域的神灵的？是什么力量支撑其持续千年而不倒？

隋朝始祀成汤于山西汾阴，伴随着官方大张旗鼓地在汾阴举行祭祀成汤的仪式，成汤逐渐进入山西民众的信仰空间。唐改隋制，将祭祀成汤的地点重新改回河南，但这并不影响成汤作为神灵在山西民众的信仰世界中生根发芽。据《山右石刻丛编》收录的碑刻资料可知，最晚在唐昭宗乾宁五年（898）山西域内就已建有成汤庙。成汤信仰在阳城、泽州乃至整个山西的空间流布应该与宋太祖再祀成汤于汾阴有关。"圣王德包天地，

---

[1]　《阳城县志》卷五（同治十三年）。

务治汾阴方圆六合皆遵道化五帝而垂拱归依。"[1]乾德元年（963），宋太祖下诏在汾阴祀成汤，两年之后的乾德三年（965）泽州大阳就修建了成汤庙，这是笔者所见文献资料记载的泽州域内修建较早的祭祀成汤的庙宇。[2]并且据时人记载，北宋初期整个社会的确出现了天下国家、都邑乡里，皆立其庙的局面。泽州邻近宋都开封，国家政令常常能及时传达于此，因此从理论上来讲泽州域内在北宋初期也开始大量修建成汤庙实是大势所趋。结合现在留存在泽州域内各县市的成汤庙以及庙碑也可以得到印证，泽州域内陵川、高平、阳城等县的重修碑刻也可以证明笔者此前的推测。

宋廷官方在汾阴祭祀成汤的政策影响了成汤在山西域内的空间扩布。泽州民众最初接受成汤信仰与官方一致，侧重其灭夏建商、施行仁政的政治功绩，对其祷雨桑林的行为几乎不提，但从11世纪重修成汤庙的碑文中，我们可以看到时人对汤王的评价与认识："德泽流于民深，风教被于世厚，则万世无穷之日。人仰而思之曰：'古之有道之君，而不可忘也。'唯天生民有欲，无主乃乱。唯主聪明，唯民时□。盖王者民之倡，上者下之仪。民听倡而应下，视仪而动。一治一乱，一善一恶，实由上之所为，而下之所效。苟非诚德之君子，恶能治世之宜乎？夫王之为王也，不以土地之广狭，人民之众寡。修其道，行其义，鉴兹治乱，明乎善恶，兴天下之同利，除天下之同害。明礼义以道之，致忠信以爱之，以德行仁，以宽治民，而民之归仁也，犹水之就下，兽之走圹，然而卒有天下，其成汤之谓乎。故汤以七十里之地，而得天下。以国齐□一日而白，非权谋之所事，而利泽之所厚也。盖汤之始征自葛，载十一征而无敌于天下。

---

[1] 《敕存汤王行庙之记》（宋开宝三年立碑，现碑不存）。

[2] 据《敕存汤王行庙之记》，阳城县早在显德三年（956）便已建有成汤庙，"显德三载，除毁古神，惟王尊圣，龙衮如新，遂发虔愿，各舍家珍，良工隽备，世剖无倾，山河任变，此铭长存。"但此碑颇有残损，因此不敢专断定论阳城县在956年已修建有成汤庙，仅依立碑时间970年推断这是目前阳城县内成汤庙存在最早的时间。

东面而征，西夷怨；南面而征，北狄怨。曰：'奚为后我？'民之望之，若大旱之望雨也。当是之时，有夏昏德，民坠涂炭。天乃佑命成汤，降黜夏命，以救其民。于是，攸徂之民，室家相庆。曰：'徯我后，后来其苏。'岂非克宽克仁，应天顺人之所致也！《易》称宽以居之，仁以行之，有君之成德而至于此。《诗·颂》何天之休，何天之宠，则美成用利无以加焉。《礼》之所记，汤以宽治民，而除其虐，去民之灾，有功烈于民者也。迹其所记，后世宜有祀焉。观今天下国家、都邑乡里，皆立其庙。信乎，德泽风数之深厚也。世虽去远，仁焉得忘。然祭有其制，而民有其诚，则神亦有所享焉。"[1]

　　洋洋洒洒的碑文从宏观上赞美汤王去民之灾、有功于民的圣德，这圣德主要是灭夏建商，并没有桑林祷雨的具体指向。据此可以推测在宋朝初期，成汤的雨神功能与其施行仁政的仁德相比可能还"稍逊风骚"，成汤雨神职能的凸显是在宋朝不断的祭祀与加封中得以强化的。泽州域内在宋初修建的包括阳城县析城山成汤庙在内的汤王庙都属汤王行宫。建庙原因可能仅仅是配合国家政策，纪念汤王灭夏建商、施行仁政的圣德，阳城县最初的成汤信仰大概亦是如此。

　　祈雨时祷拜对象多是各地的地方性要神。韩森指出，12世纪初地方诸神体系基本上由实有其人的神祇组成，这些神祇或生前为本地人氏，或到过受奉祀的地区。许多后来成为神的人生活在数百年前，曾出将入相，或君临天下。他们在农业方面有着神异的力量，应祈求下雨、阻止洪水、驱赶蝗虫、防止作物枯萎。进入泽州域内的成汤神被当地民众认为，汤曾祷雨于其邑内，因此独祀成汤，"泽人不祀舜禹而祀汤者，盖以汤尝有祷"[2]。宋初成书的《太平寰宇记》就有析城山"山岭有汤池，俗传旱祈

---

[1]　赵执中：《重修汤王庙记》，晋城市地方志丛书编委会编《晋城金石志》，海潮出版社1995年版，第383—384页。

[2]　王演：《重修成汤庙记》，引自中国先秦史学会编《阳城商汤文化》，文物出版社2012年版，第159页。

雨于此"的记载。阳城民众将古代成汤祷雨桑林的传说地方化，认为成汤祷雨的地点就在本县域内，并且将祷雨桑林转变为到析城山祷雨。成汤最迟在北宋时期被泽人赋予本地神的特殊意义。"吾邑专祀成汤神，于析城山主雨泽也。故各里俱为立庙，以便祈年。惟村落有大小，事势有变迁，规模有广狭。"[1]

北宋时期泽州民众不断将成汤与析城山、与祈雨获应联系起来，最终形成了成汤祷雨析城山的观点。这种观点在后世得到官方认可，同治年间修撰的《阳城县志》就分别在建置、古迹、坛庙等多处提到邑内的析城山是汤王祷雨的地方。"相传为畿内地曰桑林汤祷雨处"、"城西三十里传天子四日休于此祷雨"、"邑西南五十里今析城古桑林传成汤于此祷雨"、"汤二十四年大旱，祷于桑林"。《山西通志》对阳城析城山成汤庙的记载，也认为是成汤曾经祷雨的地方。"（阳城）县西南七十五里，相传成汤祷雨于此，有二泉，亢旱不竭，与济渎通。宋熙宁九年，河东路旱，遣通判王伓祷雨获应，奏封析城山为诚应侯。政和六年，诏题殷汤庙额为'广渊'，晋封山神为嘉润公，敕书勒壁。宣和七年重葺，合嘉润公祠凡二百余楹。金时庙仅存九楹，烬于火，民间即行祠祭之。"[2]民间普通百姓也认同这种说法，"按录，阳城县治之南五十里，山曰析城，即《禹贡》所载者。山之巅有池，深昧不涸，人以为灵。俗传汤尝祷雨于此，故昔人立庙其处"[3]。"阳邑之南，山曰析城。高耸凌云，迥出群峰。夏禹治水，尝历其上。《禹贡》载之，其山遂名海内。山之巅有成汤庙，莫说其始。俗传汤尝祷雨于斯，政和六年特赐'广渊之庙'为额。"[4]

《宋会要辑稿》记云："析城山神祠在泽州阳城县，神宗熙宁十年封

---

[1] 《成汤庙修整殿宇及添修庙中房屋间数碑记》（勒石于道光二十二年，现存于刘家腰村）。

[2] 《山西通志》。

[3] 《重修正殿廊庑碑记》。

[4] 《重修大殿碑记》。

诚应侯。"北宋皇帝的敕封将析城山成汤庙推向了它最辉煌的时期，北宋神宗、徽宗皇帝的接续封谥、嘉奖进一步扩大了成汤在晋南豫北地区的民间影响。敕封不仅是对神祇的一种尊敬和承认，而且还是一种奖励，鼓励他们显现更多的灵迹。至金元，析城山仍是官方和民间的祷雨圣地。金末状元李俊民就为析城山成汤庙撰写了《冯裕之析城山祈水设醮青词》《又汤庙祈雨文》《丘和叔析城山祈请圣水表》《冯裕之析城山祈请圣水表》四篇祷雨文。"东作西成，方著舜耕之土；春祈秋报，必因禹奠之山。盖以享者克诚，岂有求而不应！臣伏念本境，土兼冀壤，俭袭晋风。小人知稼穑之艰，大旱有云霓之望。神或不祐，岁何以登？肆坚恳祷之悰，冀速休征之应。缅惟灵鉴，答是精衷。雨不失时，以毕三农之务；祀有常典，仰酬一溉之恩。"[1]这些祷文的内容大抵都表现了民众虔诚祈祷成汤降雨的愿望。在他们的观念里，成汤的雨神功能大大提升，其行云布雨的职能已然超过了其政治作为，作为雨神的成汤恪尽职守，非常灵验，他掌控关系着农业收成的雨量与降雨的时机。

金元朝时期，析城山成汤庙遭遇兵燹和火灾，接连的天灾人祸不仅使庙宇规模不断缩小，并且还结束了析城山成汤庙的辉煌时期。"大金革命，庙止存九间，共六十椽。天朝壬寅年春，因野火，所延存者亦废，民间往往即行宫而祭之。"民众在析城山成汤庙受损的情况下不得不在各地广建行宫。随着行宫的普遍建立，成汤信仰也逐渐由析城山走向四面八方，走出阳城，走出太行山。成汤成为一位活动在太行山内外的灵应雨神。

泽州域内州治附近有司马山，此山又被称为"小析山"、"渐城山"，此山在析城山之东，也被认为是析城山之余脉，山上建有成汤庙。元朝至明清，它取代路途遥远的阳城析城山成汤庙，成为泽州府官方和附近民众的祷雨圣地。至正辛丑（1361）"春□及仲夏，旱暵愈甚，百谷未播"之际，忽都帖木儿奉命到此任宰首，下车之后，他询问灾情，知道本

---

[1]　秦学清点校：《李俊民文集》，政协陵川县委员会2004年编印，第260页。

图3.2　司马山又名小浙山，现在被称为小西山　张小丁摄

图3.3　小浙山成汤庙内的神位　张小丁摄

治之北有浙城山，"山之□汤庙□□公□日□吉免冠，徒步稽颡恳祷。获惠□液护持以归，□奠于五龙之祠。未□祠而云兴，至则而雨霏。越宿，祭告复还本宫"[1]。"□□□州治东北，有山浙城，山之幽邃，汤宫在焉。且者旱虐请水，每祷辄应。公等以戎事□□□□，宜恪慎乃职，吾独躬请焉！""乃免冠徒跣，自输香楮，从皂吏一二，敬谒宇下。精意恳切，□□□动厥神。须臾灵液瓶降，首戴以归，遂奠于五龙之祠，而致敬焉。甫及祠，阴云四合，其□□□滂霈阖境沾足。越宿而又大作。是则万汇咸苏，群情胥悦。"[2]

有元一代，析城山还是保持了其本庙的尊贵地位，大旱的时候地方官员还是必须亲自到析城山祷雨才行。"昔者，成汤圣德日新，智勇天赐，戡定暴乱，表正万邦，犹以葛之不恭，桀之不道，遗腥余秽，致旱七年，万姓嗷嗷，几于殄灭，帝乃洗心斋洁，罪己责躬，德能动天，甘澍滂注。夫旱者，天之数；仁者，帝之德。数既有时，虽至圣不可弭；德由于己，虽上天不能违。旱不作，无以施汤之仁；仁不施，无以救时之旱。此道在相须，理由共济也。谥以云行雨施曰汤，信不诬矣。千载而下，允怀不忘，爰在析城帝庙古矣。四方请水以祷旱者，岁以万计。"[3]

阳城域内十年九旱，祈雨活动显得尤为重要，并成为地方社区仪式实用性的主要表现形式。当地盛行"取水"的祈雨仪式，这种仪式通行于官方和民间，"请求圣水，拜方及八，……戴瓶比还"、"民岁请水以祷旱"、"旱虐请水，每祷辄应"。此种仪式在宋初被称为"迎圣水"，《宋会要辑稿》载，（天圣五年）八月七日，河东路提点刑狱朱正向上呈疏，辞言："河阳、怀泽州已来乡村，百姓百十人为群，持幡花螺钹鼓

[1]　高昌桂童：《监州忽都帖木儿祷雨获应记》，引自中国先秦史学会编《阳城商汤文化》，文物出版社2012年版，第176页。

[2]　白惟中：《监州忽都帖木儿祷雨获应记》，引自中国先秦史学会编《阳城商汤文化》，文物出版社2012年版，第179页。

[3]　王演：《阳城县右厢成汤庙祷雨》，引自中国先秦史学会编《阳城商汤文化》，文物出版社2012年版，第159页。

乐，执木枪棹刀，歌舞叫啸，谓之迎圣水，以祈雨泽……"

据相关学者研究认为，所谓取水祈雨的仪式肇始于北宋。真宗咸平元年（998），"以旱遣使祷卫周（治在今河南汲县）百门庙白鹿山，内出李邕祈雨法，……诏颁诸路，及令祀雨师雷神"。李邕祈雨法是迎圣水祈雨仪式的直接来源。根据《宋史·礼志》记载可知，李邕祈雨法是真宗咸平二年干旱祈雨的直接产物。此种祈雨仪式的章程为："以甲乙日择东方地作坛，取土造青龙，长吏斋三日，诣龙所，汲流水，设香案、茗果、餐饵，率群吏，乡老日再至祝酬，不得用音乐、巫觋。雨足，送龙水中，余四方皆如之，饰以方色。大凡日干及建坛取土之里数，器之大小，及龙之修广，皆以五行成数焉。诏颁诸路。"这种祈雨方法由于官方的推行，从产生之日起就被迅速推广，流行于世。张耒《叙雨》诗序中提到河南洛阳地区的祈雨方法亦是如此，"福昌之民，有祷旱于西山者，取山之泉一勺祠之，不数日而雨。邑民言旱岁取水以祠，辄应"。泽州紧邻宋都开封，这种祈雨方法也很快被传到泽州并传承使用，泽州域内各县的取水祈雨方法大同小异，并历代不辍，几乎没有改变。清朝康熙十九年，泽州县大阳镇民众到小浙山取水祈丰年，"取水之举，为甘泽计。昔七年之旱，商祖成汤实为民请命焉。大阳旧有汤王庙，镇人祈报之所。析城之桑林，古圣王之遗迹也。由析城而东有小析山，下有池三，名嘉润池。其析城之支派，抑圣王之德泽所遗耶。汤庙巍然在望。晋豫人多取水于此。历世以来，嗣为故典。其取水之法，以人得乡望者往取。以金鼓旌旗导引诣庙，伏堂阶祝之，又于池畔祝之，投金纸于池中，有异征焉。池水汲凡四瓶：一曰水官，一曰顺序，一曰润泽，一曰甘霖。仍金鼓旌旗导旋，敬祭于本镇之庙，捧四瓶供神前。修祀事者三日。仲春开瓶，顺其长养；孟冬封瓶，法其收藏，咸修秩祀。次年之复取也，祝池滨，计水还之池，复取水，贮之瓶。迄今循例行之。盖圣王之泽，万世不竭。山下甘源是坤灵与泽气孕结而流通也。春之祝也，以迓神庥，秋之祭也，以报神德。声灵濯濯，入庙如在，水滨如在，岂与夫祀典外溢举非常、纷侈华竞者可同日语哉"[1]！

官方举行取水祈雨仪式与民间基本相同，只是组织者不同而已。由民众参与的村社取水仪式一般人员众多，没有明显的组织者；而官方组织的祷雨仪式一般由当地最高行政长官组织。地方官员自比父母官，认为对域内的百姓生死负有责任，若逢干旱无雨时就效仿汤王，曝首跣足，一步一祷，入庙至神前及井池，拜取神水毕，再擎瓶于头上，步行返回。官员这种自我惩罚式的祷雨行为是汤王自为牺牲行为的演变。元朝时期阳城县主簿周克明（文举）和泽州监州忽都帖木儿等都采用此种方法为民祷雨。元至元戊寅年（1338），山西域内发生大旱，阳城县主簿周文举带病到析城山祷雨，"周君文举躬诣析城山成汤庙，悬心祈请，获此休应"[2]。时人针对此次周公的祷雨行为盛赞不已，留存下来的相关碑刻有四通，如"至元四年，龙集戊寅，自春徂秋，恒旸不雨，二麦已枯，首种不入，舆情惶惶，计无所出。本邑主簿周君卧衙舍间，欹枕默念曰：'时将秋矣，亢至极矣，不雨逾旬，遂为饥岁，狱讼繁兴，盗贼滋炽，黎民流徙，国赋不供，粢盛不洁，而明禋废阙，虽欲与监县令尹安居暇食优于游于一堂之上，可得耶？'且仗义宜先，当仁不让，于七月二日扶杖而起，沐浴更衣，从以邑吏卫元善，潜宿本社汤庙，即夕玄云蔽空，和气旁洽。次日鸡未及唱，露首徒行，晚达善利，召集黄冠伙众，就彼汤祠，宣祝致告，夜未及分，甘雨大作，诘旦稍晴。公不避泥潦，冒雾露，陟馋岩，敬谒神池，请求圣水，拜方及八，降己十分。戴瓶比还，阖境霑足"[3]。"县邑至析城之巅，路多□险，信宿可达。从行吏卫元善等，不堪跣足之苦，公方卧病初起，形□□瘁，免冠徒步，心无少惮。宜乎灵应之捷，昭答无

[1] 都广祚：《泽州大阳小析山取水记》，晋城市地方志丛书编委会编《晋城金石志》，海潮出版社1995年版，第688—689页。

[2] 卫元：《汤庙祷雨感应碑记》，引自中国先秦史学会编《阳城商汤文化》，文物出版社2012年版，第147页。

[3] 王演：《阳城县右厢》，引自中国先秦史学会编《阳城商汤文化》，文物出版社2012年版，第159页。

间，旋归之日，雨沐泥渍，左右扶持，方能跬步。往来迎送者，感叹不已。士民愧无□□，竞持币帛，出郭应劳，以旌其忠，或揭之于竿首，或承之以筐□，不可胜纪。公皆却之，以供祭享之用。"[1]

取水祷雨仪式可能是中国北方最普遍的祈雨仪式。从时间上来说，直至现在北方乡村中举行的祈雨仪式还保留着这种方式，从地域空间上来说，整个华北地区基本上都是采取这种取水仪式，只是取水的地点、取水的人员组成、掌控圣水的神灵不同而已。取水的地点一般都是泉、池、潭等水汇聚的地方，这些地方的共同特点是水源不干不涸，冬夏常有，即使天旱这里也流水不竭。这些神奇的特点被民众认为这里可能有某种超自然力量的存在，这种力量能行云布雨，能带给人们农业生产所需的雨水。取水的组成人员也基本相同，一般由地方官员和地方乡绅组成。以步祷或者露祷形式的祈雨仪式为例，组织这种仪式的组织者主要是驻守各地的地方官员，这些地方官员大都来自于参加科举考试的应试者，应试者一旦通过科举考试，走马上任，他们就要征集赋税，审理案件，管理地方学校。皇帝君临天下，被认为秉有天命，每一个官员代表着皇帝，对辖境之内民众的安康负有全责。任职于地方者在春秋两季主持祭礼，充当国家祭祀司礼的角色。他们的职责是确保只有官府承认的祠庙才能得到庇护，并有义务为当地新的神祇上请于皇帝。他们还有责任保护辖区免受灾害。正由于此，官员们就去拜庙求神，祈雨求晴，驱逐瘟疫、蝗虫，或追捕罪犯。为皇帝分担御民责任的各地方官，在自己的辖区内俨然也是一个"国王"，他们有义务与责任主持参加各种仪式，祈雨也不例外，这些仪式的参与者包括代表国家皇权的地方长官与代表基层社会的地方乡绅，这些地方乡绅或者社会精英在地方长官的率领下参加这些仪式，象征了地方服从中央朝廷的统治，中国传统的天人合一的宇宙观淋漓尽致地体现在这些仪式中。皇帝主持的仪式代表了君权神授，表现了王权与神权的统一，而在地方社

---

[1] 卫元：《汤庙祷雨感应碑记》，引自中国先秦史学会编《阳城商汤文化》，文物出版社2012年版，第147页。

会举行的地方官员与地方乡绅共同参与的仪式同样表现了君权神授的观念，并将封建皇权深深地嵌入到地方社会中，巩固了中央集权制。地方乡绅配合参与由地方官主持的各种仪式，乡绅成为中央基层统治的协助者，乡绅配合地方官共同管理地方社会，二者在不断举行的各种仪式中加强了合作互助，共同完成了封建国家中央对地方的统治与管理。求雨仪式对朝廷和地方官员都很重要，是基层社会中官员和民众都可参与其中的活动。

取水仪式的象征意义一致。民众积聚力量到神圣的有水流的地方将这神奇的圣水取回，带到自己所属的村庄，用瓶取回的圣水被虔诚地供奉在自己所在村庄的村庙中。这种行为被人们想当然地认为，用瓶装水带回村内就意味着山上长流不竭的圣水被带回了村庄，村庄内很快就会获得充足的雨水。

举行仪式是神圣的，更是有所禁忌。在阳城县内，取水仪式就有一些特别的禁忌需要遵守，如果某人破坏了这种禁忌，取水仪式的神圣性被消解，取水的效果就会大打折扣。例如，阳城县次营镇北次营村要求取水队伍从本村出发到圣地取水直至返回的路上，必须谨小慎微地保存这些装水的瓶子，否则会影响求雨效果。"千百年来，每当遇到天旱不雨时，北次营村人就带上那四个瓶子来到末末潭求雨，每次都有求必应，打潭后不过三天，北次营一代必降喜雨。明太祖朱元璋登基后，北次营又遭大旱，当地人按祖宗传统，带着四个瓶子到末末潭打潭求雨。他们把瓶内原有的水倒入末末潭，又把末末潭的水装到四个瓶内，脱了鞋，光着脚丫回北次营。他们路经阳城县董封乡小圪咾村时，拿瓶的人不慎将一个瓶子掉到地上，瓶碎水流。顿时，黑云遮天，雷声大作，倾盆大雨从天而降，从碎瓶那里冲出一条河流，至今潺潺不息，人们就把这地方叫作'水头上'。北次营人回去后，又仿照原瓶制了一个瓶，可是每逢打潭时，装到瓶子里的水，只有原先那三个瓶子能带回水去，而后配的这个瓶子里的水，走到半路上就不见了。"[1]

---

[1]　《投凡胎黑女嫁龙王》，引自靳松虎编《晋城传说》，三晋出版社2010年版，第142页。

　　整个十二三世纪，离弃仕途的精英家族与未受商业革命影响的农夫，主要还是崇祀着那些地方性神祇。正因为如此，宋元以来成汤在阳城民众的精神信仰世界中占据着主导地位，是当地民众虔心祭拜的雨神。《凤台县志·坛庙》载："元皇庆年间大旱，诏天下立成汤庙，随时祈祷。"随着成汤庙宇的广泛修建，成汤成为晋南豫北地区的区域性神灵。但在后世的发展中，成汤的神职越聚越多，除雨神职能以外还逐渐发展为主管民众生活的全能神。"水旱疾疫，祷无不应。"[1]就目前所见材料，成汤在阳城县具有雨神、水神、地方保护神和社神的职能。

　　对于民众而言，成汤因祷雨而成雨神，其自为牺牲，为民祷雨的精神被后世民众所钦佩，"然而适遭天旱，七年不雨，民皆饥色，野有饿殍。汤于斯也，不罪诸岁而罪诸己，不咎诸天而咎诸躬。于是斋戒沐浴，剪发断爪，素车白马，身婴白茅，以身为牲，祈祷于桑林之野，昭告于苍□之下。六事自责之言未毕，而上天滂沱之雨即降"[2]。其雨神的神格也被深刻地镌刻在民众的意识中。从宋至现在，成汤都是阳城乃至泽州域内最重要的雨神之一。明朝正德戊寅年（1518）下孔村大旱，村众到析城山成汤庙祷雨成功。为酬答神灵，百姓在本村创修成汤庙，"县正东十里有大聚落名曰孔寨，以先世之孔姓名居多也。是邑也，山环水绕，泉甘土肥。正德戊寅岁大旱，众祷西山汤圣而时雨即获。成汤庙明始立焉"。在创修庙宇时，当地人特别指出建庙是延续成汤为民祷雨的传统，"成汤圣帝乃古代之贤君矣，盖□居天□□生者是为。时遭大旱，祈祷桑林。天上有感，普泽众人。因以敕建。灵功于本县镇南里幽野山中，座（坐）落之处产白金……异草奇花是之罕见。夜呈诸般走兽，昼有百祥飞禽，真圣境也。岁时御祭，保国泰与民安。春秋报祈，祈风调雨顺□□□□虎豹挡道，非

---

　　[1] 李俊民：《阳城县重修圣王庙记》，秦学清点校《李俊民文集》，政协陵川县委员会2004年编印，第217页。

　　[2] 《重修成汤庙碑记》（明正德九年）。

十数人者不可至。后随民各建立于州县城郭廊坊，凡士庶人等有求必应，无祷不从"[1]。延至清朝，民众对成汤雨神的神职还是念念不忘，并形成了北至太原，东至洛阳，西抵陕西潼关的成汤信仰圈，在这个区域内，成汤的雨神身份是被域内民众一致认同的。"六事之责，桑林在乎其东偏。成汤之庙，立于其巅。旱焉致祷，祷则兴雨祁绵。以是取水者，三百六十千里，奔驰而不惮乎峻山远水，崎岖跋涉之维艰。南至于南河之南，北距太原之边，东极东郡（洛阳），西抵潼关，罔不陈牲设币，为之至止而告虔……瞻言换水，鼓角齐鸣，络绎迢递，致恳以迎，孰敢纤毫玩惰，少干罪戾于其神明？"[2]

水神　在阳城县域内，尤其是西南山区缺水的地方，民众对山间河流那些忽显忽隐的现象深感神奇，他们认为这些显隐不定的河流都受成汤管理。那些凸显形成流水的地区被认为是受汤王眷顾，而水流隐匿起来的地区则被认为是得罪了汤王，汤王惩罚他们而致。因此对于那些有流水经过的村庄而言，当地村民就会把成汤奉为水神加以祭祀。阳城县出水村就是将成汤当做水神祭拜的典型村庄。传说成汤天旱祷雨时曾设坛祷告上天，后在设坛的地方涌出泉水，涌出泉水的那个山洞被称为汤王洞。因为有水，百姓从四面八方迁居于此，此聚落被称作出水村。上游因有流水可以种萝卜，村名被称作萝卜庄。从石窑流下的泉水流至萝卜庄就潜入地表，断流了，再往下走近十里路，到出水汤王洞再有水，如今蟒河镇靠台头的十几个村子都靠这股水生活。洞河下游的西冶村更是依靠此水，发展了大片的水浇地。凤城镇羊高泉村也将成汤视为水神。此村村名的来历是向成汤二次祷雨的结果，当地族长第一次祷雨后，别的地方都降下大雨，唯独此地滴水不下，于是族长徒步到析城山恳请成汤二次祷雨，后获应，村中出现一个深坑，坑里冒出几丈高的水花。太阳照耀泉水的时候，便能看见摇头摆尾的小羊羔，人们以为这是成汤祷雨的结果，便把此泉叫做羊羔

---

[1]　《重修成汤庙记》。
[2]　《泽州府志》第十三册，第四十七卷《赋》，第22~23页。

图3.4　桑林村成汤神像　王家胜提供

泉。其他地方的人闻知此地有了神泉，纷纷搬到此地居住，后来就传成了
阳高泉。

山神　成汤在蟒河镇一带被当地民众奉为山神。"邑南皆山也。而莽
山尤峻，奇奇怪怪迥出翰墨蹊径。故《图经纪胜》曰：望莽。郡志曰：横
望。盖取青山绿水云烟景色一览兼收之义。往尝踞山巅，行山麓，析城
而来，层峦叠嶂，耸峙于后，太行前列，宛若城阙。"蟒河镇多山的自
然环境催生了山神信仰，此地又距离析城山不远，于是在析城山祷雨的成
汤在蟒河山林之间就化身为山神。蟒河镇孔池村古代有"成汤看田"的说
法。相传，古时候由于村南山上森林茂密，野兽常常下山毁坏庄稼，伤害
百姓。巫师观看地形之后说，只有成汤老爷可以镇住此山。于是，人们就
在山顶东侧的一块平地上用石头修起一座小庙，叫成汤庙，敬奉了成汤牌
位，果然野兽再不下山祸害百姓，村民逐步在山上开荒种地。蟒河镇砥柱
山之下有菜地圪塔社，"此社在群山环抱之中，与析城王屋势相连，属青
萝流包于前，桑林环转于后，左邻孤峰之莽山，右□五斗之仙嶂。多山的
环境也使当地民众连遭山猪祸害"。"每当五谷将熟之时，数十成群，夜
深入地而食之，无论一亩二亩之禾，一夜则糟蹋几近矣。"故此菜地圪塔
社便在山巅修建嘉润公祠山神庙，奉祀成汤。

保护神　阳城县润城镇王村有规模宏大的汤王庙，每年二月二举行
祭祀仪式祭拜汤王和观音。这与当地民众视汤王为村落保护神有关。
"相传，永宁寨（这里有汤王庙）建寨以前，峨眉山有只黑凤凰成精，
流入人间，四处作孽，伤害百姓。一日，它来到王村虎山、龙山交汇处
潜伏下来，吃王村，屙望川。这黑凤凰嘴朝王村，村内人口不稳，灾难
迭至，闹得全村人心惶惶。后被灵泉观老道发现，找到村内人心不稳的
缘故：原来是只黑凤凰在兴风作浪。老道多次镇妖降怪，可惜法力根本
不是黑凤凰精的对手。于是黑凤凰变得更加猖狂，变本加厉地糟害王村
的家禽、牲畜，甚至小孩都成了它袭击的目标。此事惊动了南岩寺大慈
大悲的观音菩萨。观音大怒，当黑凤凰精再次探头伸向王村时，她佛手
一指，调来一座古城堡把凤头紧紧压住，使其动弹不得，双腿蹬在了一

个土崖上，两翅双展，一翅伸向老龙腰，另一翅伸向虎山。观音菩萨给这座古城堡取名为永宁寨，并册封成汤王为古寨正殿老爷，让他镇邪降妖，保一方平安。从此王村才得以安宁，古寨镇妖的传说一直流传至今。"[1]

此地农业生产常遭受风灾，当地民众把驱除风灾的希望也寄托在成汤身上。"每逢农历二月二这一天，南岩寺方圆几里之内，总要刮一场奇怪的大风。大风来时凶猛，去时匆匆。大风兴起时，天昏地暗，飞沙走石。大风过后，气温骤降，一片凄凉，给这里的农作物带来灭顶之灾。对于这场奇怪大风的由来，当地的老百姓说不清，道不明。不知从什么时候起，人们便把这场突如其来的大风，说成是天上的神龙所为，即'二月二龙抬头，漫天无日狂风走'。对于这一古怪现象，汤王看在眼里，痛在心上，就亲自从永宁寨来到南岩寺同观音会晤，商寻对策，想方设法制止神龙为害一方。当地人为了感谢成汤王和观音菩萨的大慈大悲，每年二月二龙抬头这一天之前，老百姓总要带着香火祭品，给成汤王和观音菩萨上香磕头，祈祷他保佑全年平平安安，风调雨顺。天长日久，王村的老百姓从正月初六开始，全村家家户户出人，男女老少上阵，敲锣打鼓，欢天喜地闹红火，虔诚期盼成汤王保佑王村境内黎民百姓，世世代代永远康宁！"[2]

社神 成汤在整个阳邑域内被当做雨神崇拜，而在各自的小范围内又被冠以不同的神职功能。沿河的地方把他视为水神，而多山的地方则把他奉为山神，而成汤最显赫的却是作为社庙主神。元朝后期"社"成了泽州地方社会最重要的地方基层组织和乡村秩序的核心。村社权利和作用的扩大，加强了居民对于村社的认同，这也使得以村社为单位的祭祀活动变得越来越频繁和重要。人们继承了传统的祈报和社祭仪式，借用以成汤为代表的受到国家敕封的神，在村社中建造庙宇，并通过举行年度仪式，强化

---

[1] 中国先秦史学会、《析城山文化丛书》编委会编：《商汤在阳城的传说》，文物出版社2012年版，第62页。

[2] 中国先秦史学会、《析城山文化丛书》编委会编：《商汤在阳城的传说》，文物出版社2012年版，第62~63页。

图3.5 蟒河成汤大殿 王家胜提供

村社的权威性和凝聚力。[1]

《礼记·祭法》载：共工氏之霸九州也，其子曰后土，能平九州，故祀以为社。这是将后土视为社神。《淮南子·祀论》也有："禹老天下而死为社。"说明有些地区将治水的大禹作为社神加以供奉。中国传统观点认为，社神即土地之神。按照社的原初词源，土地神最适合做社神。《说文解字》中有"社者，土地之主"之说。土地即里社之正神。社的本义是民间共同信奉乃至祷祀的土地之神。[2]阳城县虽也祭祀土地神，但其神位卑微，所有里社的掌社大神都不是土地神，而是另有他神，或成汤，或五帝，或神农。阳城当地仅把土地神作为社庙内的配祀神。阳城县八甲口镇下孔村于明正德十六年（1521）重修土地庙时，明确指出土地神的重要性，"地之神在府则有府土，地之神在州则有州土，地之神在县则有县土，地之神在里则亦有里土。地之神秉祸福之权，妙报应之速，非诡神非诡祀、可有而

[1] 杜正贞：《村社传统与明清士绅——山西泽州乡土社会的制度变迁》，上海辞书出版社2007年版，第34页。

[2] 陈宝良：《中国的社与会》，中国人民大学出版社2011年版，第1页。

不可无、可敬而不可亵之神也"[1]。但如此重要的土地神也仅为土地神，与汤王相比，实力还是要弱一些，本村的土地神与稷神（五谷神）一样都只是社庙大神汤王的配祀神，"五谷之祠建之于左，土地之祠树之于右"。

社神因时代不同、地区不同而多有不同，甚至出现了将宗族祠堂之神称为社神的情况，有的地区是将本区域内的先贤人格偶像化，进而演变为社神。明清时期华北地方社会村村皆有土地庙，但土地神并不是社神，各地的社神非常多样化，"社的信仰，主要是土神。其次为城隍、龙王以及其他各种神灵和菩萨，从观音到孙悟空，神像庞杂"。泽州域内民众建庙的理论依据来源于儒家正统思想，这些祭祀的基本依据是"社稷神瘅则以祀，崇功报德则以祀，护国佑民则以祀，忠义节孝则以祀，名宦乡贤则以祀"。

社庙是每个里社内部规模最大的神庙，其内供奉的庙内主神必须慎重选择。基本上只有那些被列入国家祀典行列的，地位尊贵且非常灵验的神灵方可入选。阳城县通义村的乡神就明确指出选择社神的慎重性以及重要性，"通义里在析城乡，离古濩泽治十里，而遥离古晋城治百里，而近亦为通义都。宋元来俗称旃村，里中有社地，前为申明亭总社坊，后为神檀，春祈秋报，凡应社诸神皆先设馔，而祭于其后，然后迎神设主而祭于此，故祭无常主，而有常尊焉。《祭法》大夫以下成群立社，曰置社，又能御大灾，能捍大患则祀之。《月令》仲春命民社，孟冬亦如之。则里之主社犹家之主中溜欤"[2]。正统意识中，里社只是缩小的国家，国家的最高统治者为帝王，那么里社正神也应地位尊贵，最好是帝王至尊，这种意识弥漫在整个泽州域内，与阳城相接的高平多将炎帝庙作为社庙，把炎帝当作社庙主神。如《重修炎帝庙碑记》中载："泫氏，神农尝五谷之地也。按邑乘，神农城在羊头山，其下有神农泉，又其下地名井子坪。相传神农得嘉谷于此，始教播种，为之五谷畦。以故四方村落多立庙以祀之，

---

[1] 《重修土地庙记》（勒石于明正德十六年，现存于阳城县八甲口镇下孔村）。

[2] 《通义里创修祈报献殿记》（勒石于道光十七年，现存于阳城县白桑乡通义村）。

重本业也。"而与阳城同处沁河河畔的沁水县则主要以舜帝为社神，这主要与沁水历山及可淘河为舜帝躬耕生活处有关。《创建舜帝庙记》载："尝考本县志，城西南五十余里有历山，俗传即舜帝耕处；又历山西北二十里有可淘河，即舜帝陶河滨处。"

遍观泽州域内明清时期选择的社神，还有关公、玉皇等神。这些社神有以下共同特征：高平的神农、沁水的舜帝这些社神都是历史上实有其人的古代帝王，他们曾是上古时期某一部落或者氏族的首领，被后世民众认为是先贤先圣，死后受到历代官方和民众的祭祀。还有如关帝，其生前虽不是封建帝王，但在其死后列入仙籍，被敕封为帝。即使是虚拟的神灵，例如玉皇，也是地位尊贵的神灵，他是中国神灵世界中地位最贵者，他在神界的地位相当于现实中的皇帝，统辖群神，可以支配任何神灵。第二，这些神灵大都舍身为民，神农尝百草并教授民众耕殖，舜帝亲耕历山，向民众传授耕渔技艺，"有功德在人，人自当报之"。第三，这些神灵大都与农业生产有关，或者发明农业生产，或者传授耕作技艺，或者主宰农业生产的某一方面。

相似的地理环境与生存需求，促使同一区域内的民众在选择神灵方面高度趋同。泽州传统的农业生产模式限制了当地民众选择神灵的范围，那些与农业生产相关的神灵成为当地社神的不二选择。高平县选择了开创农业的神农，沁水选择授民耕作技艺的舜帝，阳城县则选择了与农业生产休戚相关的雨水之神——成汤。阳城因为邑内析城山被传为成汤祷雨的地方，因此各处广建成汤庙，将成汤作为本县各社里的社神，"尝闻圣帝明王生于千百载之前，而其余泽未尝不流于千百载之后。君子小人生于千百载之后，被其泽者未尝不慕于千百载之前。故曰：'德之入人之深、感人之远，信不于我诬矣！'窃尝考之有商，成汤乃契之后裔，继夏而王。天锡勇智而表正万邦，圣敬日跻而式于九围，诚大有为之君，真不世出之主也。然而适遭天旱，七年不雨，民皆饥色，野有饿莩。汤于斯也，不罪诸岁而罪诸己，不咎诸天而咎诸躬。于是斋戒沐浴，剪发断爪，素车白马，身婴白茅，以身为牲，祈祷于桑林之野，昭告于苍□之下。六事自责之言未毕，而上天滂沱大雨即降。既沾既足，于以苏天下之民；如膏如苏，有以活万方之命。及其崩也，官民感其天覆之仁，建庙于析城之境，英灵赫赫，精气昭昭，凡遇亢阳，祷之即雨。是邑王村，西抵析城竟七十里矣。当邑之中，古有成汤之庙，号曰成汤行宫。春于斯而乞，秋于斯而报。御一邑之灾，捍一邑之患，福一邑之善，祸一邑之淫。感之而即通，祷之而即应也"[1]！

明清时期，成汤作为里社大庙内掌殿的社神被推广，与之相伴而行，共同得到强化的是阳邑县域内里社制度的建立施行和成汤曾在其邑内祷雨的说法。一般来说，各里社在重修汤王庙时首先提及成汤祷雨事，"成汤其生也，六事自责祷于天，而消七年之旱；其没也，英灵不昧应民祷而腾百川之雨。……岁次大旱，民不聊生。上而官司，下而里社人等斋戒沐浴，精白一心祷于析城成汤之神"[2]。雨水是农业生产最重要的生产条件，雨水是当地民众生活生产的命脉。主管雨水的神灵顺其自然地就成为民众最虔诚祭祀的神灵，百姓唯恐得罪神灵，不施雨水，进而影响农业生产。阳城受多山少雨的自然条件限制，没有任何一个地方比它更需要雨神的眷顾，成汤作为雨神被此地民众广加崇拜。而对于那些有丰富农业生产经验的社长来说，他们非常清楚雨水对于当地农业生产的重要性，因此据此选择雨神作为本社的社神也是正常不过的事情。道光二十三年（1833）《议定水官定制序》曰："以祀成汤上帝诸神，其以桑林祷雨，更有泽于农事。故祀事立，久而弥新，抑置社之遗欤。" 町店镇中峪村在《创修碑记》中就明确指出，没有成汤掌殿的社庙，本社农业生产缺乏保障。"前峪沟白家庄者，僻处偏隅，去城三十里，室不过十，人不满百，而皆以力田为务。惟社庙久缺，每于春祈秋报，无以肃昭格而荐馨香，诚有不慊于心者？兴旺白君，本庄之好善人也，庄人咸与之谋曰：'远近村庄，各有社庙。而吾庄独缺，其何以堪？惟公其图之。'公曰：'善哉。此举吾久有此志，而未之逮也。'遂与全湖白君、兴泰白君、顺兴白君等同心协力，倡议兴修。"

[1] 《重修成汤庙记》（勒石于明正德九年，现存于阳城县润城镇王村）。

[2] 《重修土地庙记》（勒石于明正德九年，现存于阳城县八甲口镇下孔村）。

阳城县内的社神并不是均质分布，全部由成汤担任，仅是成汤作为社神的比例明显高于其他神灵而已。也有个别村庄别出新意，各种与农业有关的神灵都有可能被视为社之主神。芹池镇刘西村的社神就是神农。润城镇下庄村以五帝为社神。此村与中庄、上庄村同属白巷里，此处社庙的社神与其他二村不同，主祀轩辕、颛顼、喾、尧、舜五帝。乾隆朝官居兵部侍郎的田从典自豪地对本村社庙主神的不同予以夸耀："春祈秋报之典遍阳邑，里各有社，社各有神，而五帝则惟白巷焉。乃入庙者咸以轩辕、颛顼、喾、尧、舜五帝祝之，无乃非里社义欤？"并引《礼乐志》论证视五帝为社神的合理性，"夫里社所以祈谷，则当以五方帝为是……五帝者，五行之精，百谷之宗也。所以有唐之制，冬至祀昊天上帝于圜丘，而以五帝配之。其庙立于渭阳，则复舍重屋备极华丽，其敬天时重民事之意昭昭可见矣！里之创斯庙者，无亦见夫后世之祈报与上古之祈报其制大不侔，而意欲以复古示劝乎？夫天地之气在五行，而生人之养在百谷。五行和则阴阳顺，阴阳顺则百谷成，岁登丰穰，物阜民安，礼乐具修。五帝之祀，诚重本重源之隆制也"。下庄的社神虽是五帝，但其选择社神的理由与其他地方相同。无论是作为百谷之宗的五帝，还是为民祷雨的成汤，他们都与农业丰收有着直接或间接的关系，农民敬五帝、炎帝、神农或者汤帝归根结底都是对农业生产的敬重，是对自我生命在未来一年是否能有保障的敬重与担忧。

民间宗教也会涉及大规模的仪式，这种仪式由整个村或者乡村的村民参加，为的是庆祝某个神的生日，或者向神寻求帮助，如针对干旱、瘟疫或者灾难的庇护。在所有类似的情形中，这些集体的仪式是为了实现现实的目标而企求神的力量，以趋福避害。寺庙中的仪式往往持续举行三至五天，同时要花上数星期乃至数月来进行前期准备和组织。同时，这段时间还涉及大规模的人员往来，以及聘请诸如乐手或者戏班等事务。这些仪式还涉及同周边乡村的协调，为请来的神像搭建临时的篷子以及为准备的食物和戏班搭建临时的帐篷。仪式中主要的活动是抬着请来的神像绕着所在的村子走一遭，而行进过程中的仪式内容以及路线都需要提前安排好。此外，整个地区的商人们都会在道路两边以及寺庙周边摆摊。因为庙会活动会吸引成千上万的进香者和旁观者。[1]

作为社神的成汤不仅仅是行云布雨的雨神，还被当地民众赋予了各种职能，以便全方位地照顾社民的各种需求。明清时期，天旱祷雨的取水仪式逐渐与古代社日举行春祈秋报的仪式相重叠，祈雨与祈年仪式相合，合二为一。"吾邑专祀成汤神，于析城山主雨泽也。故各里俱为立庙，以便祈年。"[2]阳城县春祈秋报的祈年活动仪式的中心环节也是举行"取水"仪式。"四月初八日演水，初九日往河村拜水，初十日崦山拜水，十一日全水接至海会寺，十二日本村拜水，十三日往栖龙拜水，全水送至横岭上。十四日全水接至栖龙宫，于戏休哉。"[3]现在取水仪式与清代相差无几，主要包括上水—游水、换水—下水—接水四部分。以神泉山换水仪式为例，详述如下：

神泉山位于阳城县南二十里处，南连石臼，西邻盘龙，山名来自于山顶北部的一汪泉水。当地民众在山顶修建神庙时，每天无论用水多少，水量都不会减少，待神庙修建完工，泉水自动干涸，山以泉名，由此得名神泉山。神庙建于山上，是附近石臼、盘龙、西峪三大神社春祈秋报的神圣场所。每年清明节三社举行更换圣水仪式，三年轮换一次。三社中，西峪不属于神泉山管辖，换水活动在一天内完成，台头、石臼的换水活动则持续四天。举行换水仪式的村社社首在当年正月就要开始组织社众准备事宜。活动中需要的各种花绸、绣缎和什物（祈雨者手中拿的东西）按人头分配给各家各户，领到任务的家户都非常高兴，然后在社长的组织安排下精心排练，有时演练时间持续二十多天。清明节前一天，村里组织接水队伍，成员手拿什物，身穿礼服，集中在本村大庙参拜神灵，然后穿街走巷，绕村一周，上神泉山进入神庙后院。祈雨者在四副锣鼓的齐奏中，参神接水。庙中大殿前铺着十六条

---

[1]　范丽珠、欧大年：《中国北方农村社会的民间信仰》，上海人民出版社2013年版，第77页。

[2]　《成汤庙修整殿宇及添修庙中房屋间数碑记》（道光二十二年）。

[3]　《起水捐什物碑记》（北留章训村）。

新苇席，手持老香、提炉、掌神、蓝旗、捧炉、帷帐等什物的祈雨者，分批登席参拜神灵，恭行三跪九叩首的周礼，礼毕乐止。然后由十二个打帷帐的表演者上场"耍围"。他们或而转身，或而走步，挥动手中的围帐，使帐上的小银铃铛嘟嘟直响。他们不断变换位置，改变队形，围帐耍围者还要排出几个字，比如第一天耍围要走出"上山水"的字样。"耍围"结束，安神于殿前，大伙自行散去，第一天的活动也到此结束。

第二天，即清明节当日上午十点左右，民众会听到三次炮响声，第一声炮响之后，便自动进庙；二声炮响之后，参加者必须齐聚庙里；三声响（一连三响）之后，整队出游。队伍前有十二杆蓝旗领路，老香、提炉、掌神、蓝旗等什物由社内头目或有身份的长者所执，捧炉由年轻者所执。三百多人的队伍按预定的路线行走，行进途中，队伍还会摆出"四斗门"或者"五雷阵"等图案，并且行进的队伍有几十面川锣、四架打鼓伴奏，四门大铳轮换装药，沿路鸣放。整个队伍的架势就好比皇帝出宫巡游。游走一圈之后，绕庙一周，复进庙内，接着举行参神、耍围等活动。这些仪式与前一天的活动相同，唯一不同的地方是这天耍围时拼成的字样是"下山水"。表演后人们相继离去，而社首们则齐集"拜水亭"，跪在八角井旁拜"圣水"，等着井壁上石龙口内的清水一滴一滴装满下边换水用的瓶子，第二天的活动即告结束。

第三天，听到两声炮响之后，全体人员齐聚庙内，参神、耍围之后，整队出庙下山，要按照原来山上的路线行进，把水接入本村大庙之内，再次参神耍围，排出"大八仙"的字样，而后散场。

第四天，社首们还要到二十里之外的玉皇庙换水。凡参加这天换水活动的参与者仍到本村大庙集合，参神后整队出发。到玉皇庙换水回来之后，队伍在孔池村南的石板坡上参神耍围，这次摆出的字样是"三山元"。耍围后，整队返回本村庙内参神接水，将换了水的瓶子妥善安置于禅房的水瓶筐里。此时历时四天的换水仪式方告结束。

举行换水仪式中，祈雨者多达三百多人，整个队伍安排有序，分头列、中列和尾列，其中中列又分为四列。头列是给神灵开路者，顾名思义，走在整个队伍的最前列，参与者手拿蓝旗、告示牌、红油棍、虎旗、香道旗、清道旗、引路香等什物，所需人员大约十八人。中列四队的人员手执什物与头列相同，增加了銮驾、金脸神、红脸神、黑脸神和尧王行宫、舜王行宫、禹王行宫、汤王行宫的木牌。中列一队的什物中心是"尧王行宫"的木牌，抱木牌者称掌神，是社里的最高头目。中列三队的什物中心是"禹王行宫"的木牌，是由现任社长端着，与其相配的是红脸神，系白龙，白龙神也是一尺多高的木雕偶像，把白龙偶像放置在木架上，由专人顶着走。这三列分别需要人员64人。最威风的是中列四队，中心什物是"汤王行宫"，但是这个木牌不是由社里地位尊贵的人端着，而是由四人抬着神轿供着，与其相配的龙神是黑龙神，所需人员多达81人，最后的尾列与头列所拿的什物差不多，需要人员16人。

理论上，围绕成汤举行取水仪式的每个里社都是一个乡村自治组织，也可以看做是一个乡村宗教组织，这个组织将全村视为一个不可分割的实体，村庙及庙田被视为全村共有财产，修庙及维持庙祝生活的费用亦向各户征收。这种宗教组织的会首往往还担负着组织全村性的非宗教活动的责任，这类宗教领袖将其活动视为全村公务。阳城县各村社的汤王祭祀属于以村为单位的非自愿性组织，它不是采取自愿参加的原则，而是包括全村所有人，这些卷入宗教组织的人，其本人并没有意识到这一点，但事实上每个村民都被卷入了该组织的活动，村民成为该组织的必然成员，由祭祀汤王而形成的宗教组织往往是村中唯一的全村性组织，负责全村性活动。在这里，社会是一个抽象的概念，只有具体的参与者参与具体的活动仪式时，才意识到他们属于同一个集体，才能弥补这个词的空洞与虚妄。阳城县各里社组织在举行汤王祭祀时，其村落社会的边界与村落的公务范围基本重合。

社日是中国传统社会最古老的节日，也曾经是上古先民唯一的节日。民众在社日可以尽情狂欢，属于全民娱乐期。《礼记·郊特牲》："唯为社事单出里。""注，事，祭也。单出里者，里人尽出祭也。按古二十五家为一里，里必有社，年分两季祭之，有春季、月令，仲春择元日命民社。元日者，甲日也。有秋祭。"《周礼·春官》曰："社之日，莅卜来岁之稼。""注，秋祭也。祭之日稚牛宰羊，里人尽出，祭罢而分其肉，则社日之不治事。酒食燕乐，手舞足蹈可知矣。社祭一年两举，其在仲春者，以民将劳动而为之；在秋后者，以民劳动既久而为之，皆具深意，非漫然也。"可见，元之前，社日一直是民众最主要的节日。"独社日自三代迄南宋，数千年间，行之不替。在中国历史上可谓最古、最普遍之佳节。"元以后，在社日举行盛大的聚会狂欢逐渐冷却下来。"盖蒙古主政，八十余年间，中国旧风俗，为其所蹂躏，因以灭亡者不知凡几。社日亦其一端也。推原其故，必因社日全国鼎沸，箫鼓喧天，恐民众起事，严为制止。及禁之既久，遂忘其事。于是以数千年之故俗，竟而革除。"社日作为全国性节日被取缔，但是作为乡村中春祈秋报的社日迎神赛会活动却沿袭下来。阳城县的春祈秋报活动一般持续三天，在这三天之内全社举行盛大的取水仪式，巡游汤王，被称为报赛或者走赛、过赛。清朝时期，在里社这种乡村基层组织的运营下围绕成汤信仰而举行的报赛活动在阳城县达到顶峰。同治《阳城县志·风俗》载："赛社迎神断无不洁之粢盛，祷雨祈年尤深严肃。每岁仲春，各里人民向析城、崦山换取神水，仪从縻（摩）费，不能枚举。"每年为了举行祭拜成汤的仪式，很多百姓家破产，这种情况引起了地方官员的反感，"当酌而裁之"。

举行社祭活动没有固定的日期。周朝时候用甲日，汉用午日，魏用未日，唐以来用戊日。《古今类书纂要》载："社无定日，以春分后戊日为春社，秋分后戊日为秋社。主神曰勾芒。民俗以是时祭后土之神，以报岁功，名曰社会。春社燕来，秋社燕去。社神又名勾龙。"春社或者秋社都是为了表达"重农事"，而月令又将春分、秋分前后的戊日定为社日，其意有二：一是根据《礼》，所谓元日，有"主吉"之意；二是按照五行观念来看，"戊日"之"戊"代表土。在阳邑各里社，社日各不相同，但都距"春分"、"秋分"不远。每社按照自己的情况而定，但一般都集中在春耕之前的农历二、三、四月或者收获之后的九、十月，这是中国古代的仲春和孟秋季节。起初所有的村民都被邀请参加祭祀。村民还会邀请自城里来的地方社会名流，祭祀之日，众村民在社首的安排带领下在汤王庙举行盛大的祭祀仪式，并组织社员举行取水、换水仪式，焚香化表，仪式完毕后举行全村社的会餐。随着报赛活动被取消，这些日期成为阳城民众举行物资交流大会的固定时间。

乡镇	庙会地点	会期	乡镇	庙会地点	会期
凤城镇	城内	正月十五至十八	次营镇	谭村	正月十五至十七
	东关	二月十九至二十一		次营	三月十八至二十
	北安阳	三月十九至二十一		北次营	三月二十二至二十四
	东进	三月二十至二十二		候井	四月初三至初五
	南关	三月二十九至四月初一		遆甲	四月十五至十七
	西关	五月端午至初七		上义	五月初五至初七
	城内	七月二十至二十二		次营	六月十九至二十一
	东关	九月十三至十五		北次营	七月十五至十七
	城内	十月十五至十七		苏村	七月二十至二十二
				赛村	七月二十八至三十
东冶镇	东冶	二月初五至初七		河西	九月初九至十一
	古河	二月十三至十五	町店镇	增村	二月初七至初九
	窑头	三月十六至十八		大宁	二月十五至十七
	西冶	三月十六至十八		尹家沟	三月初三至初五
	东冶	三月二十九至四月初一		刘家腰	四月初三至初五

乡镇	庙会地点	会期	乡镇	庙会地点	会期
东冶镇	独泉	四月初七至初九	町店镇	义城	四月初八至十一
	神树岭	四月十六至十八		下黄岩	四月十八至二十
	东冶	九月初四至初六		刘家腰	六月二十四至二十六
	孤山	九月十六至十八		大宁	八月初六至初八
	古河	十月初一至初三	蟒河镇	泥河	三月二十九至四月初一
西河乡	西沟	三月初三至初五		石臼	清明节
	王曲	四月初五至初七		台头	九月十五至十七
	郭河	九月二十二至二十四	润城镇	中庄	二月初二至初四
北留镇	北留	三月初三至初五		刘善	三月十五至十七
	石苑	四月初三至初五		下伏	三月二十一至二十三
	大桥	四月初八至初十		润城	四月十八至二十一
	高凹	七月十五至十七		润城	十月初一至初三
	北留	九月十三至十五		中庄	十月十五至十七
	史山	二月十五至十七	驾岭乡	彦掌	三月十二至十四
河北镇	土孟	二月十三至十五		西凹	清明节
	东交	六月初九至十一		蛇凹	四月十二至十四
	东交	七月二十至二十二		护驾	四月二十八至三十
	河北	九月二十七至二十九		园河	六月十五至十七
固隆乡	西下庄	二月十三至十五		彦掌	七月十七至十九

乡镇	庙会地点	会期	乡镇	庙会地点	会期
固隆乡	府底	三月初三至初五	驾岭乡	观腰	九月十三至十五
	四候	四月十八至二十	东城办	孔西	二月十三至十五
	固隆	十月初一至初三		美泉	四月初三至初五
白桑乡	凤凰山	四月初三至初五	横河镇	小尖山	二月初二至初四
董封乡	董封	三月十二至十四		小尖山	五月十二至十四
	松树庙	三月十五至十七	寺头乡	朱村	二月初五至初七
	次滩	四月初五至初八		马寨	清明节
	董封	五月二十八至三十		寺头	四月十八至二十
芹池镇	羊泉	二月十六至十八		龙架	七月初七至初九
	川河	二月十九至二十一		安上	七月十八至二十
	刘村	三月初十至十二		寺头	十月十八至二十
	候甲	三月二十至二十二			
	芹池	春分			
	北宜固	清明			
	大峪沟	四月初八至初十			
	南上	四月十一至十二			
	阳陵	五月初五至初七			
	川河	七月十五至十七			
	芹池	七月二十八至三十			
	贾寨	九月十三至十五			
	刘村	十月初十至十二			

四、农事神团　增产殖财

刘毓庆在研究上古时期晋东南地区的文化时曾经一语中的地指出，泽州是华夏文明之根。泽州在上古各代，均属于京畿辅内之地。如果以泽州为中心，以一百公里为半径画圆，那么其西北正好画到尧都平阳（临汾），西南划到舜都蒲坂（永济），向南则划到周朝的东都洛阳，向东则划入殷人之都安阳，可以说，上古时期的泽州属于"天下之中"区域。但是泽州本身自我的生态环境却是多山封闭的，境内环山相连，中条山、王屋山和太行山把泽州与其他地方隔绝开来，外部的文化很难进去，但是一旦进入就会植根山地，不易流失。隋唐之前的远古圣王在泽州域内主要以口头传说的形式活跃于当地民众的口耳之间，宋朝起，尤其是宋金易代之后，上古先贤被作为神灵，以地方信仰的形式控制着当地民众的精神生活。宋金时期，儒学出现地域化的趋势，在儒学扎根泽州的同时，泽州文化、宗教、民间信仰也发生了很大的变化。与农业生产相关的古代先贤逐渐转化为农业性神灵，他们借助儒家文化向下渗透，也逐渐占据了民众的精神空间。另外。宋金元时期战争频发，人民流离失所，泽州多山闭塞的自然特点使得民众可以暂时逃离战争的干扰，很多移民迁入此地，这些外来移民在迁入此地安身立命之时，也将自己本地区的文化以及信仰迁入此地，这些外来文化以及精神信仰也在泽州地域生根发芽。多山的地形很好地保留了这一文化特征，这样在其他区域上古帝王庙开始被形形色色新的庙宇替代时，这些上古帝王的庙宇却在多山的泽州保存下来。

阳城乃至泽州域内的成汤庙几乎没有成汤专祠，它更像一个各种神灵汇聚相交的地方。

汤王作为主祀神执掌正殿，各配殿则供奉着多位配祀神——高禖神、广禅侯、关公和白龙显圣王。元及明初，高禖和广禅侯是必备的配祀神；明中叶后，在原有配祀神的基础上增加了关公和白龙显圣王，且地位超过了前两者；清朝，高禖、广禅侯不断被世俗化，分别被民众称呼为送子奶奶和牛马王，有的村社还在送子奶奶的殿宇内加入蚕姑女神，在牛马王庙内增加药王。

高禖神相传是殷商的先妣神，即吞玄鸟卵而生契的简狄，为生育神；

广禅侯，原是泰山脚下的亭山山神，在晋东南地区则被置换为医术高明的兽医常顺；关公，三国时期蜀国的战将，在民间被尊为武财神；白龙显圣王，是阳城当地另一位与成汤地位相当的雨神，以阳城北部崦山为信仰中心。高禖是主管人类繁殖生育之神，广禅侯是主管牛马牲畜繁衍生殖的神灵，关公是主管人类财富增长的神灵，白龙主管雨水与农业生产息息相关。他们在社神成汤的领导下组成了一个农业神灵团体，广禅侯管牛马，龙王管晴雨，高禖管生育，关公管发财，药王管治病等。民众春秋二祭举行的社祭是一个兼有丰穰、成人再生和男女择偶的综合祭祀仪式，而这些配祀神与成汤正神相互协作可以满足民众不同的生活需求与愿望。

1. 婚姻匹配，子孙繁多

阳城县域内几乎没有高禖专祠，高禖多在其他庙宇的配殿，随着时代变迁，所处偏殿的位置也多有变化，或居于正殿的西角殿，或为西侧殿。殿宇名称亦有变化，元明时期以高禖殿呼之，有清一代则多被称呼为子孙祠、奶奶殿，出现了明显的世俗化倾向。

高禖也写作"皋禖"，是中国神祇系统中非常重要的角色，是民间信仰中的女性祖先神，职司婚姻生殖之事。蔡邕《月令章句》云："高禖，神名也，所以祈子孙之祀也。"颜师古说得更为直接："禖，求子之神也。"

"高禖，神名也。高犹高也，禖犹媒也。吉事先见之象，谓人之先，所以祈子孙之祀也……后妃将九嫔御，皆会于高禖，以祈孕妊也。"宋代罗泌在《路史·余论二》引束哲曰："皋（高）禖者，人之先也。"闻一多则说："古代各民族所记（祀）的高禖全是各该民族的先妣。在原始母系社会，人们直观地认为自己是母亲生出来的，将先妣看成是部落、民族的祖先，看作是整个部落、民族中的一切生命的创造者。"据闻一多考证，女娲为夏之祖先，简狄为殷商之祖先，姜嫄为周之祖先，高唐神女为楚之祖先，她们都曾担任过高禖之职。奉祀高禖，意在求得佳偶婚姻匹配，子孙繁多。

《礼记·月令》载："是月（指仲春）也，玄鸟至。至之日，以大（太）牢祠于高禖。天子亲往，后妃率九嫔御。"

古人祈子时常常于仲春时节在郊外设祭坛，供奉的祭品采用最高等级的太牢，祭时以火烧牲，使烟气升天，以求达于禖神处，据说这样禖神才可感知，从而领会其意，赐生降子，繁育其嗣。选择仲春时节是与民众物候知识的丰富有关。

人们从动植物春生夏长、秋冬衰亡的自然变化规律中，产生了生命神在春夏复活的观念，认为仲春之月，阳气勃发，阴阳交合，万物复苏，生长繁衍，阴阳之气交合的仲春季节，草木鸟兽繁殖，也应是男女交合生育的最佳时令，所以把祭祀时间确定在春季，并融入了明确的祭祀目的。依先秦五行观念，可谓承顺节候，应天顺时，故上自天子，下至庶民皆于此时举行祀高禖、会男女的活动。

祭祀高禖的时间在仲春，但具体时间略有出入。《礼记·月令》认为是在"仲春之月"。《诗·玄鸟》毛传说是在"春分"。这两种典籍观点认为祭高禖在仲春二月。还有认为祭祀高禖在农历三月三上巳节，是日"玄鸟至"，古人以玄鸟为候，于此日作高禖之祭。先秦之后，很多典籍仍有上巳日祭高禖乞子之记载。《太平寰宇记》有"三月上巳日有乞子者"的记载。《云笈七签》也有"每岁三月三日……祈乞嗣于井中"的记录。

最初，祭祀高禖多在郊外，举行仪式时临时设坛，《诗·民生》毛传："古者必立郊禖焉。"后来郊外专指南郊，"晋以仲春之月，以特牲祀高禖于城南"。《金史》载："上未有子，尚书省臣奏行高禖之祀，乃筑坛于景风门外，坛如北郊之制，岁以春分日祀青帝、伏羲氏、女娲氏，凡三位，坛上南向西上，姜嫄、简狄位于坛之第二层，东向北上。"祭高禖不仅在郊外，而且必须是南郊，筑上高禖坛。除祭祀高禖之外，还要根据不同对象供奉配祀神灵分层祀之。汉武帝因晚得太子，在得到太子后除了常规的酬答高禖神之外，还为高禖神在城南修建专祠，祭以牺牲。但这时的高禖神还不是人格神，更没有具体的专指对象，祠中立石代为高禖。

女娲是最早的高禖神，现在河南、甘肃等地还修建有祖庙，供奉女娲

图4.1　荆底成汤庙高禖神祠　王家胜提供

和伏羲。女娲创造了人类，还教给人们婚配，因此在民间她被奉为禖神，专司人间婚姻与生育。夏、商、周三代所祀之高禖，各为其原始女祖先，诚如闻一多所言：古代各民族所祀的高禖全是各该民族的先妣。夏族高禖为禹妻涂山氏，涂山氏为夏启之母，即夏之祖妣，是祀为高禖。周代高禖，当属姜嫄。商人之高禖应为简狄。简狄为高禖的说法在后世被固定化，《吕氏春秋》《列女传》《楚辞》《淮南子》等都有相关记载，并且这种说法还被民间接纳，认为高禖神即殷商先祖简狄。

　　高禖自古就属国家祭祀，反映了人们对自我生育繁衍的重视。生育目的明确，祈求孕育子嗣，多生后代，即高度重生；性别观念上有明显的倾向性，乞孕男孩，即重男轻女。这种多子多福的生育观念与中国农业社会的生产特点紧密相关，农业生产需要大量男性劳动力的特征决定了社会需要更多男性力量。农业社会，尤其是自给自足的小农经济以简单的手工操作生产方式为主，这种低水平的生产方式决定了家庭内部男耕女织、男主外女主内的模式，男子成为家庭生活的主要保障。一个家庭要想多增加财富，关键是增加劳动力。自给自足的农业经济土壤孕育了人们要多生孩子，尤其是多生男孩的生育观念。

儒家传统的孝文化对生育文化也有重大影响。孝在传统中国社会被看作是文化之源、社会之基。孝是中国传统文化的核心内容，是统治者治国平天下的根本所在，为历代统治者提倡。孝的一个很重要的内涵就是祖祭，施孝的方式主要是祭祀祖先。中国人有强烈的尊祖祭祖心理，这也是其人文精神的一个组成部分。凡逢年终岁首、四季节日、祖辈忌辰都要祭祖。祖祭分皇家祭祖和民间祭祖。皇家祭祖非常隆重，主要在太庙进行。民间祭祖又分不同情况，家资丰厚的大族设庙堂祭祀其祖先，平民百姓无力设家庙，只在家中设一神龛，奉祀祖先的神主牌位。这种祭祖活动一方面是表达后人孝意的方式，体现着孝的伦理精神，另一方面也可以起到教民以孝的作用。它既抒发了缅怀先人的心境，又有祈求祖先佑护赐福的意味。但无论是皇家祭祖还是民间祭祖，神圣仪式都要由男子主持并实施。若家庭中没有男性子嗣，就无人主持并实施祭祀仪式，即民间所谓的断香火。无人延续祖先之生命，不能传宗接代，这在中国人看来是最大的不孝。浓厚的重男的生育观念，影响深远，延续至今。

帝王之家为了保证皇位继承人，历代帝王都格外注重祭祀高禖，帝王往往亲自主持祭祀高禖仪式。《礼记·月令》载："以太牢祀于高禖。天子亲往。后妃率九嫔御。乃礼天子所御，带以弓韣，授以弓矢于高禖之前。"《唐月令》上说："以仲春元（玄）鸟至之日，以太牢祀于高禖。"《宋史》载："景佑四年，御史张生奎请筑高禖坛于南郊，春分之日祀青帝配以伏羲帝喾，以高禖从祀，报古为媒之先……"又云："仁宗景佑中，礼官请祀高禖，以石为主，牲用太牢，乐以升歌，仪视先蚕。""（高宗）十七年二月，上亲祠高禖，以普安郡王为亚献，恩平郡王为终献。"元明之后，随着经济的发展和文明程度的提高，特别是医疗水平的提高，官方举行的祭祀高禖仪式逐步衰落，而民间对高禖的祭祀却越演越烈，她已化身为形形色色的送子娘娘并深入民心。

清末阳城县全县仅有一座奶奶庙专祠，其余皆为庙宇配殿。成汤庙

图4.2 龙泉寺高禖爷 王家胜提供

中一般都有高禖殿，民间谓高禖殿为奶奶庙、娘娘殿、子孙祠、百子祠，顾名思义，它是民众求子的地方。为了表示对高禖神的尊敬，有些地方的民众还尊称其为高禖爷。爷不是性别指称，而是对神灵的尊称。但在实地调研中，笔者发现阳城的高禖殿中也的确有祭祀男性生育神的情况。后则腰村庙中有高禖殿，殿内主神仅为一男性神灵，没有其他女性神。山头村高禖殿中设一尊男神，左右配以两位女神，男神为高禖爷，女神为送子奶奶，她们与高禖爷均为夫妻关系。郭峪村成汤庙内的高禖殿则祀一位男性神和一位女性神，二人为夫妻关系，同坐殿中正位，当地民众多以"四爷爷、四奶奶"称呼他们。这种男女夫妻同为生育神灵的神像设置可能与古代官方祭祀高禖的仪制有关。徽宗政和二年，皇帝下诏："春分祀高禖、青帝，以帝伏羲氏、高辛氏配，简狄、姜嫄从祀。"有的高禖殿中供奉两位或者三位女神，她们系姐妹关系，民众多称呼她们为大娘娘（奶奶）、二娘娘（奶奶）和三娘娘（奶奶）。横河镇小尖山娘娘殿塑像，有两尊女神像，一尊为高禖神像，塑成男身，另一尊为送子娘娘像，手中抱着婴

图4.3　水草庙内的高禖殿　张小丁摄

儿。润城镇上伏村的高禖殿则塑两尊女像：大娘娘是村东头的送子娘娘，二娘娘是村西头的送子娘娘，三娘娘则是下伏村的送子娘娘，这三女为姐妹，共侍一夫。殿中仅塑一尊女神的情况在阳城域内并不多见。当地民众对殿中所祀神灵为谁也不清楚，弄不清所祀神灵的身份来源，仅知其可以祈求生育而已。

阳城多山的自然条件将不同地区分隔为一个个封闭的小环境，每个地方围绕高禖殿形成了不同的祈子习俗。以润城镇为例，年轻夫妇若结婚一段时间后没有孩子，家里的亲戚尤其是女方这边的亲戚，就会把自己认为灵验的送子奶奶介绍给夫妻中的女性一方。妻子和婆家的人商量后，与公婆一起到奶奶殿求子。求子的时间一般在三月十五之前，如果时间不凑巧，已经错过这个时间，就只能等来年三月十五了。到三月十五后，媳妇和公婆到娘娘殿，供上香烛和供品（主要是油炸的油果），焚香祷告，之后，在庙里售卖红布的地方，扯上三尺红布，偷抱一个娘娘脚下的泥娃娃藏在身上的隐秘处，避免被人看见，然后三人回家。从抱得泥娃娃至返回家中，三人都不能说话，即使路上碰见熟人也不能打招呼。回家之后，径直走到媳妇的卧室，把泥娃娃放在床上，这个地方也不能被人发现。如愿之后，待来年三月十五按照自己所许的口愿去还愿，还愿的时候再把泥娃娃抱回去，重新放在奶奶脚下。

　　对于阳城民众而言，他们无需追究高禖神的前世今生，他们只关心哪儿的奶奶祈子最灵。当下的阳城民众依然保留着到庙里烧香祈子的习俗，虽不如以前频繁，但还如以前那样虔诚。小尖山奶奶庙的送子奶奶在当地民众中被认为是最灵验的。陕西、河南等地的人不远千里到此求子。二月二，是小尖山庙会，民众也多在这个时候到此求子，平时有求子需要的也可以上山许愿。郭峪村的送子奶奶则被当地人亲切地称为"四奶奶"，据说也是一位非常灵验的女神。如，某某人的亲戚结婚五年也不怀孕，夫妻两个也常年在阳城、晋城等地医院看病，但是也查不出什么毛病。某某人就让她到郭峪成汤庙的奶奶殿去求子，无奈之下，这位亲戚就和自己的公婆到四奶奶这里祈子许愿，结果来年，这位亲戚生了两个男孩儿。访谈

图4.4　郭峪成汤庙西配殿——高禖殿　张小丁摄

中，某某人连连问笔者："你说灵不灵？她也来回看了，也看了好几年也不怀孕，怎么祈子后就怀孕了？不是奶奶送的子，是什么？"

在阳城当地，生下孩子后都会认为这孩子在十二岁之前一直受到奶奶的庇护，因此孩子在十二岁的时候要举行盛大的"圆辫"仪式，表示孩子已经长大成人，不需要奶奶的保护了。

2. 农民耕作，全赖牛马

广禅侯是成汤庙内很重要的一位配祀神灵，其殿在宋元时期就已出现。在驾岭乡暖辿村、芹池镇刘西村、西河乡中寨村、演礼乡上清池村、白桑乡洪上村、蟒河镇桑林村、凤城镇荆底村、河北镇下交村的成汤庙中都设有广禅侯殿。此殿一般居正殿之西或者西北方，殿名也多样化，有广禅侯殿、水草庙、牛王庙、牛王水草庙、马王庙、牛马王庙等多种称呼。依据庙内所存碑刻，广禅侯的称呼多在元明时期，牛马王庙或者牛王庙则在清朝时期。

正史中的广禅侯乃是泰山附近小山亭山山神的封号。《宋史·礼五》载："真宗封禅毕，加号泰山为仁圣天齐王，遣职方郎中沈维辰致告。又封威雄将军为炳灵公，通泉庙为灵派侯，亭山神庙为广禅侯，峄山神庙为灵岩侯，各遣官致告。诏泰山四面七里禁樵采，给近山二十户以奉神祠，社首、徂徕山并禁樵采。"但是具体缘何加封亭山山神，文献中却没有详细交待。山西阳城县与山东泰山相距千里，且阳城县域之内多名山，民众完全没有必要舍近求远祭祀亭山山神广禅侯。

其实，阳城县祀奉的广禅侯并非正史中的广禅侯亭山山神，而是阳城县城东五里山头村（原名常半村）村民常顺。据当地民众口头讲述，常顺是北宋徽宗时人，出身于兽医世家，祖父常钧、父亲常守信皆为当地医术高明的兽医。常顺从小跟着他们给牲畜看病，十五岁就闻名乡里。十五岁那年，常顺到增村看病，被增村王天全看中，将女儿许配给他为妻。常顺常年在外为牲畜看病，其足迹遍布整个阳城，并且远足晋南和河北邯郸、河南洛阳地区。常顺十八岁的时候，与增村王素娥完婚，新婚期间就被夏县人请去治疗牛瘟，因治疗牛瘟有功，被夏县人尊称为"牛王"。常顺游医到平阳时，恰逢宋金在此交战，宋军战马感染疾病，常顺为宋军医好了许多战马，为宋军获胜立下功劳。宋军上报朝廷后，宋徽宗封他为广禅侯，并赐金冠、蟒袍、玉带，还在其家乡为他修建了侯爵府。常顺晚年回到常半村看病著书，七十五岁寿终。元太宗时期，朝廷慕其医德，崇其妙术，敕封他为水草神，下令在其家乡修建水草庙，并下旨令本县春秋两季，隆重祭祀。此庙在清朝为本村社庙，每年七月初七举行盛大的祭祀仪式，其间还有庙会。当地民众自豪地讲此庙是全国唯一一座祭祀兽医的神祠。庙中有碑刻记载："元太宗七年，修广禅侯大殿，至明成祖十六年，政通人和，百废俱兴。大殿已有所坍塌漏雨，于是经整修，又修东关公殿，西送子殿，又东财神殿，又西蚕姑殿。"

常顺个人生命史依靠民众的口耳相传得以世代传承，但这些内容在正史中却无处可寻。庙中碑文"宋徽宗政和四年，金人南侵，在平阳一带与

图4.5　广禅侯塑像　张小丁摄

宋兵大战年余，宋兵力不能支，时值阴雨天，战马三停病一，愈不可支，时常半村牧医常顺，行医至县西四百里之汾河边，见战马神志恍惚，身生白灰斑块，奔走惊窜，阵阵嘶鸣，不时甩尾打身，回头撞脖，断为所疾：族蠡蠡。病马万余，病则需治，无病则防，外敷服药，慢不救急，调草药六七问，以沸水煮之，倾之河中，驱无病马先浴饮之，后驱病马浴饮之。日一次，约四五日，六七日马愈。……挽留军中不肯，继趋别地行医。宣和二年，钦封广禅侯，以嘉其术"的记载在正史中却基本上是子虚乌有的事情。首先，碑文中所提的政和四年（1114）宋金平阳交战一事，在宋史中并没有记载。其次，碑文中言及的宣和二年（1120）常顺受封一事在《宋史》中也缺乏记载。据此推断，兽医常顺被徽宗加封为广禅侯应属民间私封，与官方无关。

联系临汾市尧都区魏村牛王庙的碑刻，可以发现常顺医治战马而受封的事件记载与牛王庙中的碑文如出一辙。此碑记载牛王庙始建于宋代中晚期以及建庙缘由，传说宋辽时，辽国南侵，时秋播在即，平阳地界牲畜染病十之八九。阵前军情告急，禾野难以耕种，军民如焚，官员无策，只得禀报朝廷。宋真宗降旨，命蔡姓、张姓两位大臣及一位神医高手前往平阳医病救急。怎奈地域广大、病情危急，杯水难救车薪。三人计议，将大量草药倾入汾河上游，河水自然浸泡成剂，让沿河战马病畜同饮。三日后果然见效，灵验无比。从此，军马飞奔如龙，耕牛体健如虎，军中报捷，耕种不误。百姓安居乐业，无不感恩三圣，众望所归，建庙祭祀，故牛王庙亦称三王庙，即牛王、马王、药王。其碑文如此记载这一事件："临汾县西北魏村牛王庙，历数十余载，神之世谱有自来矣。宋真宗祥符七年秋八月，驾谒亳州大清宫，至一山，名孤山店。其夜，御驾宿于此，众马皆病。帝曰：异哉！问土居之民，此处有何神庙。居民答曰：孤山有神曰通圣郎君，祭之无不应也。于是帝封为广禅侯，一行御马如故，有家存焉，历代享祭。降其后，世祠而神之。"

此碑所记内容为宋真宗在亳州封孤山山神为广禅侯一事。但此碑文所叙内容在正史中也属无中生有，很多地方与正史所记都有移花接木、相互拼接之嫌。《宋史·真宗本纪》所载宋大中祥符七年（1014），真宗到亳州告太庙祭祖，但时间是在正月而非八月。秋八月时，真宗并未离开京师，并且根据前引文献可知，宋朝加封广禅侯的是真宗，时间是大中祥符元年（1008），而非徽宗宣和二年（1120）。有学者指出，这是将大中祥符元年（1008）宋真宗到山东泰山封禅、四年（1011）到山西荣河县祀汾阴后土与七年（1014）到安徽亳州告庙祭祖三件事混淆的结果。[1]自此我们可以在官方和民间祭祀两个系统中发现两个完全不同的广禅侯，一个是官方正式敕封的亭山山神，一个是民间私封的兽医常顺。

对于晋南以及晋东南地区那些农民来说，常顺这样一位医术高明的兽医远比泰山脚下的山神要重要得多。民间言之凿凿的皇帝加封可能是民众自己的"私封"，他们借用"广禅侯"这个朝廷封号以增神威。历代皇帝为那些灵验神灵封公封侯之事屡见不鲜，尤其是北宋诸位皇帝对加封民间神灵更是乐此不疲。《宋史》记载："凡祠庙赐额、封号，多在熙宁、元祐、崇宁、宣和之时。"宋廷希望将那些灵验的民间神灵纳入官方祭祀系统，借此加强国家对地方的控制与管理，而民间社会在为自己心仪的神灵呐喊助威、吸引信众的时候，也充满了民间智慧，他们将自己崇信的但没有受到过敕封的神灵与受过敕封的神灵鱼目混珠，将这些神灵"受封"的时间也选取在宋皇频频敕封民间神灵的集中时间段内，这种故意混淆时间地点的手段一石二鸟，对上可避免僭越之罪，向下可迷惑乡间野民。

阳城兽医常顺被宋徽宗加封，无史可考，但是作为民间神灵，阳城乃至山西域内的广禅侯信仰却的确始自宋元时期。此时山西域内的临汾魏村、壶关三老乡内王村、介休市保和村、灵石县张嵩村都建有广禅侯庙或者广禅侯殿。这些庙内的广禅侯都是供奉阳城兽医常顺，并且称其为牛王，"牛王神，往古来今我农家之当祀"。牛马王信仰在元朝达到顶峰，这与元政府游牧经济基础以及建国后注重农业发展有直接关系。

---

[1]　延保全：《广禅侯与元代山西之牛王崇拜》，《山西师大学报》（社会科学版）2003年10月。

图4.6　水草庙大殿的诸神：水草王（依左数第三）、水草奶奶（依左数第二），水草王旁边的水神和水草奶奶旁边的草神

中国古代汉民族与其周边少数民族的战争，从文化角度而言，属于农耕文化与游牧文化的战争。马是游牧民族重要的生产资料，更是游牧文化的重要组成因素。有宋一代，中原汉民族生活于周边少数民族的不断侵扰中，两宋朝廷与辽、金、蒙古战事不休，其政权常常受到这些少数民族政权的威胁。除了宋廷内部的原因，宋军在军事方面不力的主要原因就是这些游牧民族拥有强大的骑兵，当中原步兵遇上骁勇善战的骑兵时只能是消极抵抗，任其长驱直入。

杰克·威泽弗德在《成吉思汗与今日之世界形成》中强调，蒙古军队的机动性和阵形取决于两个因素，这两个因素使得他们明显不同于任何其他传统文明的军队。第一个因素是，蒙古军队完全由骑兵组成，都是武装骑兵，没有一个步兵；第二个因素是，蒙古军队远距离行军，总有着伴随士兵左右的大量马匹。因此，马的多寡强弱在交战中具有极其重要的作用，优良的战马是金元少数民族在中世纪能战胜汉民族入主中原并统一天下的重要因素。建国后蒙古族统治者除了重视中原民族的农耕之外，也保留了自己的民族特色，充分利用有利条件发展牧业，保证畜牧业的高速发展。元世祖时期，每年的九、十月，朝廷都派遣太仆臣到全国各牧场检阅养马状况，并登记造册。大元帝国当时在全国设官马道，所有水草丰美的地方都用来放牧马群。蒙古族正是依靠马、利用马，其社会历史发展才进入了快速发展期，才不断开疆拓土，建立了横跨亚欧的帝国政权。

元朝统治者统治中原之后在注重游牧经济发展的同时也非常重视农业生产，元朝前期，皇帝就制定并采取了一系列有利于农事的政策和措施。例如，忽必烈在中统元年制定了村社制度，要求推举年高、通晓农事者为社长，至元七年，他又立司农司，专掌农桑之利。种种举措，都是为劝农而设。宋濂在编修《元史》时对元太祖赞赏有加："农桑，王政之本也。太祖起朔方，其俗不待蚕而衣，不待耕而食，初无所事焉。世祖即位之初，首诏天下，国以民为本，民以衣食为本，衣食以农桑为本。于是颁《农桑辑要》之书于民，俾民崇本抑末。其睿见英识，与古先帝王无异，岂辽、金所能比哉？"发展农业，除了国家制定、施行有效的农业政策之外，还需要发展农业的生产性条件，如果说马是冷兵器时代战争取胜的关键性因素的话，那么牛就是发展农业的关键性因素。而牛马都是农业生产最重要的助手，很多农业生产必须仰赖牛马才可完成。《盐铁论·未通篇》记述："牛马成群，农夫以马耕载，而民莫不骑乘。"古人称马为"六畜之首"。牛是农耕社会耕作的主要劳作力之一，对于古人来说，牛这种生产资料相当重要。《新唐书·张廷珪传》载："君所恃在民，民所恃在食，食所资在耕，耕所资在牛，牛废则耕废，耕废则食去，食去则民亡，民亡则何恃为君？"宋人孟元老在《东京梦华录》中也说："立春前一日，开封府进春牛入禁中鞭春。"在立春节举行鞭打春牛仪式，有祈求一年风调雨顺的意义。这些都说明，在宋朝时牛已经被看作是农耕的象征。民以食为天，民食源自农田，农业的丰歉，关系国计民生，也涉及到国家的安危。无论官方还是民众自身，都形成了农业保护神的信仰与崇拜。"今取其尤关于农事者言之。社稷之神，自天子至郡县，下及庶人，莫不得祭。在国曰大社、国社、王社、侯社，在官曰官社、官稷，在民曰

图4.7　龙泉寺牛王马王殿　张小丁拍摄

民社。自汉以来，历代之祭，虽粗有不同，而春秋二仲之祈报，皆不废也。又育蚕者亦有祈禳报谢之礼。皇后祭先蚕，至庶人之妇，亦皆有祭。此后妃与庶人之祭，虽贵贱之仪不同，而祈报之心则一。古有养马一节，春祭马祖，夏祭先牧，秋祭马社，冬祭马步，此马之祈谢，岁时惟谨。至于牛，最农事之所资，反阙祭礼。至于蜡祭，迎猫迎虎，岂牛之功不如猫虎哉？盖古者未有耕牛，故祭有阙典。至春秋之间，始教牛耕，后世田野开辟，谷实滋盛，皆出其力。虽知有爱重之心，而曾无爱重之实。近年耕牛疫疠，损伤甚多，亦盍禳祷祓除，祛祸祈福，以报其功力，岂为过哉？"

　　以农立国的中国社会催生了农业保护神的产生与发达。宋元时期为战马治病的兽医受到朝廷的重视与加封，北宋加封的广禅侯常顺又被元朝统治者敕封为"水草王"。水草，畜牧之所仰赖也，在彰显蒙古族"逐水草而居"的民族特征之余更突显了兽医对牛马生命的保障作用。清乾隆二十一年（1756）常半村《本村大社重修碑记》载："兹社有水草尊神，仁育万类，休养生息，固大有功于民物者也。"民众口头传说中，常顺因在夏县治好牛瘟被民众称呼为"牛王"。被朝廷敕封的"水草王”反倒离民众的生活越来越远，民间百姓多以“牛王”、“马王”或者“牛马王”称呼常顺。成汤庙中，有殿宇称呼为“广禅侯殿”，也有称呼为“牛王马王殿”、“牛马王殿”，对于普通百姓而言，他们都是保佑农畜平安健康、兴旺发达的神灵。在阳城县实地调研中，目前严格区分广禅侯和牛马神的仅为常顺的家乡山头村（常半村）。常半村村外有敕封的水草庙，庙内正殿为广禅侯殿，正位塑水草王、水草奶奶、水神和草神。大殿左右两侧还塑有八位男神，其中有一位是蒙古族装扮，传说是位蒙古王子，他到此祈求常顺治疗马瘟，常顺以治疗马瘟为条件迫使蒙古王子答应不再欺负汉人。大殿左侧为马王财神殿，村民将马王与财神共置一室，马王保六畜兴旺。无论在传统农业社会还是当下，山头村的主要经济都不仰赖农业，手工业和外出经商才是当地的支撑经济。阳城水陆不便，舟车不通，“凡货物之出入赖驼运以往来”。包括常半村商人在内的以贩运为业的阳城帮商人更是仰赖这些牲畜行走大江南北。牛马在普通百姓和贩运商人那里都具有不可替代的作用。但是牛马与人一样，生病受伤是在所难免的事情。《阳城县志》就有“顺治十六年，牛瘟蔓延，死亡甚多”的记载。因此，民众祭祀为牛马治病的兽医，希望他能庇佑牛马免于生病或者不再受伤。山头村至今还保留有养牛马者在春天牵牲口到水草庙前的饮马池喝水的习俗，据传喝水后的牛马在庙前绕走一圈，可保牛马一年不生病，特别灵验。另外，村民还有用水草庙附近生长的一种青草治疗癣疾的习俗。此草由水草庙附近的清泉滋养，泉水常年涓涓不息，甘甜可口，晶莹剔透，传说喝了此水可治百病。在这股细流滋润的这片地上，长着一种奇特的青草，它有许多药用价值，特别是有绝好的治癣功能，只要用它在患处擦几遍，癣疾便很快消失。本地百姓经常用它来治顽癣等皮肤病。[1]

同治《阳城县志》记载：“城东北山头，村每岁七月初七日秩祀。”

---

[1]　政协山西省阳城县文史资料研究委员会编：《濩泽揽胜》第十一辑，第210—211页。

图4.8　黑虎殿马王神　　　　　　图4.9　黑虎殿牛王神

现在除了常半村还保持着七月初七祭祀广禅侯的习俗外，其他地方已经不知道广禅侯是谁了。据调查，年龄在六十岁左右的民众也不知广禅侯是什么，更别提信仰其神了。至于言说牛王，或者马王信仰，阳城当地有农历六月六祭祀神灵的习俗，并且也主要是蓄养牲畜的家庭才会祭祀，其他家庭则不祭祀这些神灵。现在由于豢养牲畜的家庭减少，民众已经很少提起这些神灵了。至于黄口小儿，只知牛头马面，不知牛王、马王神灵。

山西地处黄土高原，地瘠民贫，干旱少雨，缺乏群养耕牛的天然草地和牧场，一旦耕牛成为普通百姓日益紧迫的生产需求而得不到满足时，希望没有瘟疫、牲畜兴旺、黄牛满圈的心理需求随之越来越强烈，而这种心理需求的消解和释放，就是借助于神灵，此神灵就是广禅侯。于是，山西各地众多牛王庙、广禅侯庙的陆续建立，就成为有元一代的一道亮丽风景和重要的具有地域特色的民俗事象。

3. 显圣龙王，甘霖充沛

白龙显圣殿也是成汤庙内重要的配祀殿，一般位于正殿的东角殿，殿内正位塑像为身着白袍的青年男子，左右两侧配有风、雨、雷、电四神。白龙王是阳城当地一位非常灵验的雨神，它以町店镇崦山为信仰中心，传播阳城全邑。白龙显圣殿进入成汤庙的时间较晚，修建于宋元时期的成汤庙都没有此殿，明清尤其是清初白龙王逐步进入成汤庙，并且分担了成汤降雨的神职。

阳城崦山白龙庙　在阳城县，白龙庙多有专祠，其神像被塑为英气勃发的青年男性，周围配有风伯、雨师、电母、雷公诸位神灵。同治《阳城县志》记载：阳城各里皆有白龙庙。崦山白龙庙为敕建，肇修于唐朝时期，后代各朝多有显应，宋太平天国三年敕封白龙为显圣王，列入祀典。明初，官方规定每年四月初三为崦山白龙庙祭祀日期，明清沿袭不替，崦山白龙庙逐渐成为与析城山地位相当的天旱祷雨、换取神水的祈年之地。

崦山白龙庙又被称为北崦山白龙庙，是邑内各里白龙庙的本庙，位于阳城县北三十里，因四周被群山环抱，犹若群星拱月之势，从远处观看崦山"耸拔奇峭，松柏环崖，危楼隐隐，如插天际"[1]，攀登此山路途遥远，道路崎岖，极难行走。崦山虽巍峨绝壁，但其山顶平坦开阔，并且土壤肥沃，"广袤数百亩，厥土惟壤，厥宜黍稷"。万柏森森掩映中有白龙神祠，神祠之前有龙湫，亢旱不涸，"邑民咸祈祷于此"。白龙庙之所以选修在崦山之巅，并不是风水先生堪舆所得，而是崦山本身独特的山势山貌吸引神龙潜伏于此。"吾阳北崦山，传闻系显圣王选胜而止，并非堪舆哲见可及。气盛地灵，山川各呈其秀；云腾雨至，庶物尽发其荣；松柏虎踞夫山隈，宫庭龙蟠于绝顶。以享以祀，景福克介。"[2]

---

[1]　《补修关帝殿并重建高楼东廊上下二十四橼西廊后墙开渠碑记》（清同治十一年）。

[2]　《重修正殿香亭关帝庙高楼东社房楼碑记》（清宣统元年）。

图4.10　町店白龙庙　张小丁摄

据当地传说与碑刻，崦山白龙神在长寿年间显灵，并且常常幻化示人，民众感其灵应，于是在崦山之巅为其创修白龙庙。"阳城邑治西北岗地名崦山，自李唐武后长寿壬戌岁肇有白龙神祠。其变化无穷，隐显莫测，或示真形，或托白兔，或化素蛇，大则长数丈，小则盈尺寸，兴云致雨，旱祷则应，为一方福地。此建祠奉祀之始也。暨中宗复位之年，岁□乙巳，天下亢旱，灵验大见，故改元神龙。上遣重臣降香，赐服舄，封为应圣侯。及昭宗光化戊午，进封普济王。五季之时，周世宗显德元年，白崖真像出见，云势暝合，丰盛怒起，暴雨倾注，厥后祠像愈兴。宋太宗太平兴国三年，岁在甲子，池亭见形，长数十丈，飞腾而去。朝廷闻之，加封显圣王。"[1]虽然碑刻记载详细，有模有样，但是与正史相对证，却发现这些所谓的皇家敕封皆是子虚之事。唯有宋太宗太平兴国三年（978）加封显圣王有史可查，"加封湫神普济王为显圣王"，但并不是针对阳城

---

[1] 《重建白龙神祠记》（勒石于明成化十四年，现存于阳城县町店镇崦山白龙庙内）。

崦山白龙王的个体加封，而是对普天下所有龙神的诏封。

《宋会要辑稿·礼四》记载，徽宗大观二年十月，诏天下五龙神皆封王爵：青龙神封广仁王、赤龙神封嘉泽王、黄龙神封孚应王、白龙神封义济王、黑龙神封灵泽王。宋徽宗将五龙神封为王爵，从此龙神又被称为"龙王"，龙王神祠又被称为"龙王庙"。龙王庙里有的供奉青、赤、黄、白、黑五龙，有的供奉数种颜色的龙，有的仅供奉一种颜色的龙，全国各地的龙王庙不管供奉龙神数量或颜色为何，民众供奉龙王的目的都是为了求雨。阳城县崦山仅供奉白龙，崦山白龙王虽封号与徽宗大观二年（1108）所封五龙神的封号不同，但是阳城白龙神进入官方祭祀系统应不会早于北宋徽宗时期。此庙的创修年代也应该不会早于北宋时期。

宋金时期，崦山白龙庙属于增村社所有，民众于上元日、清明节时期祭祀白龙神。"元贞二年（1296）丙申岁上元日，有增村社郭等，于本庙供奉灯烛。翌日再诣庙内，焚香拜谢，收取其所陈盏器，内一连几案，担运弗克得离，于是儆其社众。届三月清明日，皆来祈祷，百请不起，众再祝曰：'如此灵异，必欲复修斯庙乎？然经费浩大，非众难成，可赖尊神随社缘化乎？'语毕或问盏器铮然，似然所请，取之随手，略无痕迹。"

元朝时期白龙庙倾毁，为了募集重修庙宇的资金，元贞二年（1296）增村社一析为四，增村社、义城社、丁店社[1]和大宁社。"自后，社众于各社随缘抄施，所至之处，舍财施利者，风应云合。环列于山之左右，有义城、大宁、町店、增村永司香火，共勤社事。"这种四社合力管理白龙庙一直延续至民国年间，从元至民国年间，白龙庙的屡次重修、扩修乃至增修都与这四社有关。"我崦山显圣王庙宇工程浩大，所赖以维持不坠者，俱四社诸公世世相继以补葺之也。"[2]尤其是在清末民初，四社借修建庙宇和睦四社，维修庙宇成为沟通四社的纽带，借神事谈人事。"予以

---

[1]　原碑文如此，现为町店。

[2]　《创修东门外房六间等碑记》（民国八年）。

修工余资，邀四社诸公共理后日神事之费，是望我四社和衷共济，承承继继，弗替崦山之神事耳。"[1]

神庙属于四社，并且因其灵验，信众颇多。此庙在金泰和年间就拥有属于自己的祠田，祠田四至为：东达于阪，南达于壑，西达于巅，北达巨壑。祠田不用上交田赋，主要用来维持庙祝与庙宇的日常开支。但后来祠田被当地的豪绅侵夺，人们没有经费支撑庙宇的日常运营与开销。元甲戌年（1333），县令秃别女在此祷雨获应，四社社首将祠田被侵之事告知主簿，秃别女根据庙中古碑所记，将庙田重归四社。明清时期，由于白龙庙的香火更加兴盛，信众越来越多，很多信众愿意舍弃自己的家产奉献给白龙爷，因此白龙庙的祠田进一步扩大。明万历三十二年（1604）大宁社社民刘应登就购买土地舍与白龙庙，"阳城县大宁里七甲施主刘应登，今同众社人等买到本里十甲张廷福庙后地，名胡济埌下地，四亩五厘。地界东至道，南至沟，西至堰，北至沟，四至明白，合同众社福受，死价铜钱壹千九百文整。登发虔心，舍入本境白龙显圣王庙宇，看守僧人耕种，永远为业，如修理取土舍施。向后祈祐风调雨顺国泰民安，永为碑记"[2]。

明正统癸亥夏（1443）四月三日，县令刘以文率众祀奉白龙神时，感觉庙宇狭小，无法容纳到此祈请的香客，于是率先捐资，委托社民白晁旺、刘铎等以董其事，扩修白龙神庙，此次工期约半年，兴工于癸亥春三月，落成于是年冬十月，创修白龙神门。正统十年（1445），阳邑发生旱灾，县令刘公率众到崦山白龙祠求雨，后获应，霖雨霈足，刘公发现神殿左有殿数间，名曰太子殿，而无神像以祀之，并且庙外厕所倾颓已久，为报神恩，于是又率众捐资并募化，增修白龙太子殿并重新修缮庙中其他殿宇，工程于正统十一年夏方才结束。

明朝时期地方官员虔心祀神与朱元璋制定的考核官员的标准有关。朱元璋时期，把地方官员是否虔诚祭祀神灵作为考核官员的标准，因此，各

---

[1]　《创修东门外房六间等碑记》（勒石于民国八年，现存于町店崦山白龙庙）。

[2]　《喜舍》（明万历三十二年）。

图4.11　白龙庙山门门匾　张小丁摄

地方官员都把祀神作为自己增加政绩的途径之一。《明会典》卷十规定："祭祀国之大事，所以为民祈福。各府、州、县每岁春祈秋报二次，祭祀有社稷、山川、风、云、雷、雨、城隍诸祠及境内有功德于民，应在祀典之神，郡厉、邑厉等坛。到任之初，必首先报知祭祀诸神日期，坛场几所坐落地方。周围坛垣祭器什物，见在有无完缺。如遇损坏，随即修理。务在常川洁净，依时致祭，以尽事神之诚。"明朝时期，尤其是明中晚期，官方多次对白龙神庙进行重修、扩修、增修，仅碑刻记载的就有：明正统八年《创建崦山白龙神门之记》《增修崦山白龙庙神门募缘疏》，正统十一年《创塑崦山白龙潭神太子神像记》，明成化十四年《重建白龙祠记》等。明朝时期的白龙庙延续了前朝的祭祀传统、取水仪式，不过最大的变化，就是受到皇帝的敕封，并规定每年四月初三祭祀的准确时间，另外城东南的小崦山还有七月十五的祭祀。因此，明朝遇到旱灾的时候，官方经常到白龙庙祷雨，并且记录了三次灵验性事件，这三次之后，民众为了感谢白龙护佑，常常重修庙宇答谢神灵。

清朝时期，官方延续前朝对崦山白龙神庙的重视，每任县令都会对白龙神庙进行重修或者补修事宜。乾隆二十五年地震，白龙神庙后宫大殿遭到破坏，是年阖社就动工补修大殿。乾隆二十九年，四社因为天旱祷雨获应，为报神恩，补修中殿檐角、后宫前檐以及西房后墙。乾隆五十五年，补修神庙，"庙中大殿、太子殿、高禖殿、大门、舞楼、宫庭七间、厨房□派社壹院，殿后修石堰一条"，凡此八处经过此次重修，庙貌焕然一新。嘉庆九年（1804），创修后宫暖阁并补修中殿与一应东西廊房。嘉庆十五年（1810），重修大池殿亭并内外门墙院路。道光二十二年（1842）创建斋宫，重修舞台公所。同治十一年（1872），补修关帝殿并重建高楼东廊上下二十四楹，西廊后墙开渠。民国八年（1919），创修东门外房六间等。

从元至民国，民众对庙宇多次进行维护重修。重修庙宇的原因可以分为两类，一是庙貌遭到破坏，不得不进行维修，例如清朝乾隆二十五年的重修就是因为地震造成庙貌受损；二是因为官方或民众祷雨获应，为了感谢白龙神的灵验，对神庙进行扩修或者增修，例如乾隆二十九年、乾

图4.12　居于正中央的白龙神像　张小丁摄

隆五十五年等年的重修。"顾四社轮流报赛，无不诚敬，时值旱灾，祷雨立应，神功远被，万姓蒙麻。"[1]并且在修庙的过程中，还应注意白龙爷的作用。白龙神常常幻化为各种神物示人，亲自督工，每遇到怠工不尽力者，就化为缟色巨蛇，或者青蛇、乌虫，恐吓其尽心修造庙宇。见工匠尽力修造之后，又化而不见。"殿前左有青蛇，右有乌虫，檐下旋绕，社老惕然恐惧，焚香致祝，即以潜行。"[2]"金泰和二年（1202）八月初十，□明昌壬子岁，自冬经春不雨，民废稼事。刘村信士许福恳祷祠前，出三门东隅，彷徨四顾，忽有大蛇丈余随出步武间，赤睛玄吻，缟色花纹，盘曲不动，就福外踝摩试面目，似有所告。福惊惧曰：龙神见怒如此，小民焉敢祷请？言毕引首上东庑，延及门里，下舞庭即化灭不见，遂获大雨沾足。"后来，许福率众重修了白龙神祠。民众认为，如果能维修好神灵寄身的庙宇，那么神灵就会格外庇佑本辖区的民众。人神是一种相互惠助的关系，"神龙在天，变化莫测，兴云雨泽润生民，蒙时雨之惠者，又不可以不报祀也"。关于白龙神灵庇佑一方民众的记载在阳邑比比皆是，"万历丙辰四月初一日，予因春旱谒庙虔告，适遇诸社议修庙宇，予即同众对神祈祝。……未几，而西南乡冰雹伤禾，近神地土毫无伤损，二麦俱熟，百谷丰登"。这种观念深入当地民众观念之中，因此历代民众对神庙都精心修缮，多加维护。

在有清一代的多次重修增修中，尤其应该注意清道光二十二年（1842）创建斋宫、重修舞台公所的动工事件。碑文提到崄山白龙神祠是阳邑夏天遇旱举行雩祭的场所，并且从明洪武年间就成为地方官员每年例行的祀典。但是由于崄山偏僻，地处方山之谷，并且路远崎岖，官员非祭则不至，于是为了满足民众既要祭祀，又不能路途太远的祭祀需求，崄山白龙庙从明朝初年开始在县境之内修建行宫。白龙庙行宫有三，即南崄山、西崄山和小崄山。北崄山为白龙显圣王之本庙。在这三所行宫中，又

---

[1]　《补修中殿檐角后宫前檐以及西房后墙碑记》（乾隆二十九年）。

[2]　《补修中殿檐角后宫前檐以及西房后墙碑记》（乾隆二十九年）。

以小崦山最为著名。小崦山在县城东南三里处，因其山势等与崦山相似，因此被民众称之为"小崦山"，是清朝县城周围居民以及官方的祷雨之所。"县北三十里有山曰崦，盘亘耸拔，松柏苍翠，上有白龙神祠，为一邑盛□。而县治东南二里许，复形如崦山，悬崖峭壁，松柏翁郁，下临获泽之水，亦有白龙神祠在焉，土人因呼之曰小崦山。若犹□霍之副衡岳、云亭之副岱宗也。"[1]白龙神庙在城东南三里之外半崖之中，山川环合，林谷幽邃，甘泉翠柏，种种奇观，宛然仙境，宜乎神之所栖也。[2]

小崦山因其下临濩水，南望莽山，山凹向水，水抱山来，古柏森森，与町店崦山景物相似，于是百姓就在山顶修建白龙神祠，祠之正殿则白龙神也。"维神显隐莫测，变化无穷，兴云致雨，旱祷则灵。每逢四月初三日，为御祭之期，远近来观者络绎不绝，诚盛举也。"[3]小崦山白龙庙的创修年代无考。清道光元年（1821）《创建小崦山显圣王祠拜殿□□修绘画一切祠宇碑记》载："县东南二里许曰小崦山，以崦山有显圣王祠而此地亦有之，故名。其始建不可考，崦山自唐即有祠，度亦不甚相远耳。"小崦山白龙祠为崦山白龙爷的行宫，因此其灵验程度绝不逊于北崦山，有清一代一度成为县治周围村落的白龙信仰中心。"县城东南崦建白龙庙，为显圣王之所栖也。夫神金身现瑞，护国庇民，凡旱涝疾苦，祈神者靡不辄应。驾风鞭霆，远逐妖氛于异域；兴云致雨，普施润泽于生民。有时怒则冰雹伤禾，悦则甘澍润物，种种灵显，自古昭然矣。"[4]

町店崦山离县治较远，且路途崎岖，有些官员就不愿到崦山本庙求雨，而距离县治较近的小崦山就顺理成章取代崦山白龙本庙，成为官府举行雩祭或者求雨的场所。"万历间天旱，县令王良臣因祷于此庙获应，诸僚佐咸为诗歌纪其异，爰命里人饰其庙貌，新其门垣也……时而亢旱，祈

---

[1] 《小崦山增修高禖神祠记》（清康熙九年）。

[2] 《重修白龙神庙记》（明万历四十五年）。

[3] 《重修小崦山白龙祠正殿记》（民国二年）。

[4] 《小崦山白龙庙敬献官戏碑记》（清光绪十八年）。

祷辄应。驾风鞭霆，兴云致雨，润泽苍生，发育万物，率皆神之妙用也。每岁四月初三、七月十五日，阖县士民供戏丰洁，祭毕享胙，云集于溪径之间，蚁聚于树阴之下，彼时神欢民悦，山色增辉，风调雨顺，物阜民安，自古记之矣。"[1]

与崦山白龙庙一样，小崦山白龙庙内也祀有高禖、五谷、牛王、风伯、雨师、雷公、电母诸神。此庙为周围东社、中社、西社三社所有。明清时期屡次重修增修事宜也多赖三社合力经营。例如，清康熙九年（1670），小崦山增修高禖神祠，"附城里老之居西社者，每岁祈祷雨泽，则不之崦山而毕萃于此，曰同为神之所栖，吾以致吾诚而已。今年，里老以其累岁所积百余缗，金谋诸众，增高禖神祠于中"[2]。现在，傍小崦山白龙庙新修建了一组气势恢宏的佛教寺院，与白龙庙一起被称为白龙禅院，寺院有佛教徒驻庙管理，显圣白龙王也被纳入佛教系统，成为"佛教大护法白龙菩萨"，从明朝洪武年间官府例行的四月初三祭祀仪式还照常举行，只是此日被认为是龙王的诞生日。

白龙信仰以及取水仪式　古人按照星象安排农事，二十八星宿中的苍龙星宿的出现恰好是在雨水较多的春季，人们便以为雨水是苍龙带来的，从而把龙当作掌管雨水的雨神进行崇拜。秦汉以降，天旱祭祀苍龙，祷求降雨救农，并且在古人的观念中，龙出现的时间恰巧是在春夏季节，"春分而登天，秋分而潜渊"，于是龙逐渐成为官方举行夏雩祷拜的对象，"斯龙也，呼嘘云雾，变化霖雨，人物仰之"。入宋后，祭龙求雨被官方正式化、规范化，并陆续册封各地龙神为王。据今存《宋会要》记，从宋神宗至宋孝宗，宋廷册封各地洞、潭、渊、池为龙女、龙子、龙王、公、侯以及为祠庙赐额匾，总计多达178次。

崦山白龙信仰是中国传统神龙崇拜的地域性表达。当地民众对白龙能带来雨水的功能深信不疑。"自宋以来，数百余年，流布恩威。四方之民

---

[1]　《重修白龙神庙记》（明万历四十三年）。

[2]　《小崦山增修高禖神祠记》（清康熙九年）。

无间遐迩，凡丁灾旱，随祷即应，其于灵异昭著，弗可枚举。"碑记中有关此地白龙王受封自唐初，自唐迄周世宗，受封不断，但考查史籍，皆无记载。而在民间，根据现有碑刻记载可知崦山白龙信仰则至迟在宋朝已经形成，并且逐渐扩大，在金朝时期已经蔚然成风，崦山白龙庙作为官方和民间的祷雨圣地，其祷雨的时间主要集中在夏季，而取水的时间主要是在清明前后。元统癸亥年阳城遭遇夏旱，县令李彦常步祷崦山白龙庙，"幸朝廷秉钧衡者以李侯彦常令是邑，是年元统癸酉夏旱，公曰：吾受父母斯民之任，承流宣化之责，灾异荐蓁不容辞责，乃诣祠祷，深自克责。祝曰：黄霸善政天为垂祥，弘霸殃民天乃不雨，灾异牧民之罪，无徒重困吾民。神感其诚，而雨于三时之倾。公敬其灵异，喜其泽物"。次年，阳城又遭遇夏旱，县令秃别女效仿前任县令，也亲自到崦山祷雨，"越翼年，甲戌，主簿秃别女来□是邑。其夏复旱，砂砾草木皆卷，黎民皇皇。公忧民之忧，诣祠以祷祝曰：暵干则岁凶，岁凶则民殍，民殍则本本拨，本拨神祀乏，下官至愚而心动，以神之灵而不动心乎？回轮之日其澍沾辙。越三日公暨监邑往谢于祠，黎民和会"。

明朝初年，由于白龙祷雨灵应，官方规定取水祭祀的时间为每年四月初三，"惟我朝洪武三年，感其灵验，遂封为崦山白龙潭之神，敕有司每岁四月三日备牲醴致祭"。这个时间一直延续至民国年间，"□□灵应雨神，上有御祭，下有官祀。凡通县大小村庄，每岁四月初三日杀牲献戏，始自唐时，传至今日，其神霖雨苍生，福庇黎庶，莫不尊亲"。现在阳城民间还有天旱到崦山向白龙爷祈雨的习俗。祈雨队伍从点名圪洞（今刘东、刘西村交界处）点名出发，祈雨者皆头戴柳帽，身穿白布衣，手拄柳棍，鸣锣开道，二十四响礼炮紧随其后。每走数步，祈雨者就要弯腰合手，口喊"阿弥陀佛"，途经马寨、义城歇脚。进入崦山，数村队伍已排列在前，但是这些队伍都不得擅自入内，必须等刘村队伍到后，众村队伍才可以尾随刘村祈雨队伍进入庙内。当地民众传说，白龙是刘村的外甥，因此刘村在众多的祈雨队伍中地位高人一等。等众村队伍进入庙中，各村代表抽签祈雨。刘村代表可任意抽签数回，直至抽到清风细雨为止。其余各村只能抽签一次，否则将被罚猪、羊各一只，唱戏一台。

有清一代崦山神祠成为阳城县举行夏雩祷雨的场所，"每岁届期，县大夫率其僚斋祀焉。牲以豕羊，灌以醇醴，至肃也"。不仅官方遇旱到此祷雨，民众遇旱也常到此处祈雨。"乾隆四十年，自春徂夏，亢旱不雨，无麦无禾，人心惶惧。祈雨者靡神不举，漠无所应。维□□□□□□□□焚香斋坛，越宿步祈于栖龙宫，不三日而霖雨霶足，人心大悦。"[1]

图4.13　町店白龙庙　张小丁摄

---

[1] 《起水捐什物碑记》（清乾隆四十七年）。

明清两代白龙信仰在民众中间更加兴盛，民众日常生活中发生的灵异事件都与白龙扯上关系，认为是受白龙庇佑所得。例如，万历年间，阳城县遭蝗螟之灾，全县的庄稼几乎遭到灭顶之灾，而独近小崦山周围的庄稼还存一二，当地民众认为这是白龙爷庇佑的结果，于是更加虔诚地祀奉神龙。"越今岁丁巳，七月内蝗螟大伤苗稼，吾邑从来未有之灾也。独近庙周围穀豆黍稷仅存一二，诸社首蒙荷神祐，驱逐妖氛。"[1]

崦山白龙庙与析城山成汤庙一样，也是因为山巅有神池，于是形成了每年到崦山或者析城山例行的取水仪式。《阳城县志》中说："赛社迎神，断无不洁之粢盛，祷雨祈年尤深严肃。每岁仲春，各里人民向析城、崦山换取神水，仪从糜（靡）费，不能枚举。"[2] "北崦山之巅有二池。南曰小池，东曰大池，池各有亭，而大池之亭不知创自何时。稽古以来，每岁泽州、怀庆二府人民，抱瓶者朝至，挚壶者暮来，金鼓响应，旌旗□接，云集于兹，拜取圣水。自清明至四月三日，无日无人，无求不应，此以知池有甘霖而亭有妙应也。"[3]清同治年间的《阳城县志》中也有崦山白龙庙"祠外有龙湫，亢旱不涸，为合邑祈年之所。每值仲春，数百里外祷者络绎不绝"的记载。清朝时期，白龙庙不仅仅是天旱祷雨的地方，还逐渐发展成为附近里社举行春祈秋报取水仪式之地。迎取的圣水被视为可以带给整个村庄里社的雨水，它是乡村民众期盼五谷丰登的希望。北留章训村在清乾隆朝之前就形成到崦山取水的习俗，"吾□旧规，当春夏之交，用旗伞前导，约百人拜水于崦山栖龙及河村好□庙，五年一举，率以为常"[4]。河南省沁阳市在清朝时期曾经是整个豫北地区的经济、文化中心，有清一代，沁阳市各乡社皆有到崦山白龙祠取水祈年的习俗。清嘉庆元年（1796）《怀庆府河内县东王召东申召西王召每年三月二十二日老庙

---

[1] 《重修白龙神庙记》（明万历四十五年，现存于町店镇崦山白龙庙内）。

[2] 《阳城县志》卷五（同治十三年）。

[3] 《重修大池殿亭并内外门墙院路碑记》（清嘉庆十五年，现存于町店镇崦山白龙庙内）。

[4] 《起水捐什物碑记》（清乾隆四十七年，现存于北留镇章训村）。

祈拜圣水碑记》：

显圣王司龙神也，雨旸时若，年谷顺成，遐迩胥被其泽焉。如我怀郡河内县东乡东竹策、西竹策、南王召、东申召、东王召、西王召六村遗有古迹，每年三月二十二日恭赴本山，虔白圣水，六村同立社事，先年已有成规，永为定制。及成化年，河水暴发，冲坏村庄甚多，东竹策、西竹策、南王召亦被水患，漂溺者过半，执事祀神，苦于烦费，遂辞不行社事，是时东申召、东王召、西王召三村共相语曰：惟神福神也，尤阳祈祷，无不立应，实有利于民生，况庙奉享朝廷之祀，非淫神者所可比。我等即洁诚奉祀，犹恐弗克感格，敢云废祀以慢神乎？于是克承旧规，立石于老庙：每年三月间临期，执事躬率众同事，荷瓶捧驾负引羊，十九日起身，二十一日到山，诣庙焚香，是夕宿坛于大殿。翌日杀牲祀神，礼拜圣水，仍守瓶于正殿。念三日，辞庙荷瓶□程，注瓶于本地太山庙中。四月朔恭奉圣会以迎瓶，旗帜什物无不毕具，神辇仪制无不肃然，村中父老子弟皆欢欣任事，整肃迎神，毕集于执事村之庙。斯时安瓶祀神，粢盛丰洁，牲全肥腯，鼓吹演戏，悉尽其诚。上以报龙神膏雨之恩，下以庆吾邑盈宁之岁。

当地民众认为取水时间的先后直接决定日后雨水的丰歉，每个到崆山取水的里社都希望比他人早一步取得圣水，于是围绕取水的顺序问题发生了纠纷。拥有白龙庙所有权的四社也卷入了这样的纠纷之中。四社之间不睦甚至需要官方的介入才得以解决。清乾隆二十年（1755），邑侯青天杨老爷断明四社各遵照合同旧规——四社按照前规按例取水，"其实创建之功，仅名四社，每□□赛，轮流周转，祈换圣水，各尊成规，彼此交待，从不紊乱。情因四社供馔拜水，风雨不便，故共议创修拜殿。及殿改观，彼此争先恐后，反为不睦，……义城取水不得过巳时，增村等各社，侯义城社行香取水毕，各行本社旧规，上盏供馔亦不得在巳时以前"。这从侧面印证了白龙信仰的发达。因此很多里社不得不将取水的时间提前或者后移。相互协商之后，大家约定从清明到阴历四月都可以举行取水仪式。北留镇章训村将取水的时间后移到四月中旬，"次年，卫克淮躬膺社首，

图4.14　町店白龙庙　张小丁摄

又复倡众捐施，而其子绍基为之综总庶务，不惮勤劳，然后器用什物灿然明备。遂于四月初八日演水，初九日往河村拜水，初十日崦山拜水，十一日全水接至海会寺，十二日本村拜水，十三日往栖龙宫拜水，全水送至横岭上，十四日全水接至栖龙宫"。而远在河南怀庆府的河内县因为路途遥远，则将取水时间提前到三月底，"每年三月间临期，执事躬率众同事，荷瓶捧驾负引羊，十九日起身，二十一日到山，诣庙焚香，是夕宿坛于大殿。翌日杀牲祀神，礼拜圣水，仍守瓶于正殿。念三日，辞庙荷瓶□程，注瓶于本地太山庙中。四月朔恭奉圣会以迎瓶，旗帜什物无不毕具，神辇仪制无不肃然，村中父老子弟皆欢欣任事，整肃迎神，毕集于执事村之庙"。

各里社在崦山轮流换水供馔。换水就是将去年在白龙庙祈取的圣水拿来重新换取新水，然后拿回本社的显圣王殿，以求得雨水丰足；供馔就是供奉祭品。在古上党、泽州的许多地方，供馔祭神的同时，还同时献以乐艺。清光绪十一年（1885）《县令刘某谕知白龙庙祀期演戏事略碑》

与清光绪十八年（1892）《小崦山白龙庙敬献官戏碑记》都是记载酬神唱戏的事情。根据碑文可知，在清朝末年为崦山白龙神唱戏已经成为每年的惯例，"查白龙尊神利泽及民迭昭灵应，凡在民人自应肀修祀事，上答神庥，所请礼期演戏事属可行。以后每年四月初三日恭逢白龙尊神圣诞，即着该社值年首事，先期具禀到县，由县传唤上戏至庙演唱三日，其戏价仍由该主持自备，上等戏班定以价钱十六千文，次等戏班减半发价，不管吃饭。其喂养草料该四社备办，每骡一头花料一升，驴半升，水草足用，交该主持经管。所有阳邑土戏，定准一递一年轮流支差，以昭公允而全祀事"[1]。四月初三为白龙神唱戏是阳城县每年例行的惯例，并且县邑中所有的戏班都必须轮流演出。

有时天旱祷雨获应，为了答谢神灵，也会随机唱戏，这种演出称为"酬神戏"。民众认为，如果不能按时为神唱戏，神将会降罪责罚民众。光绪十八年，阳城县遭遇干旱，有民众认为这是光绪三年遭遇大祲之后，没有为神唱戏引起神灵的责罚造成的。县令叶廷桢有感小崦山白龙神灵应，于是亲自到神庙祷雨谢罪，获应之后，唱戏酬神，"神要看戏，因此制定演戏规定。无如大祲后戏价昂高，社中受制，且屡误祭期，上滋神明之怨恫，下贻社众之口实，以致五月雨泽愆期。人心惶恐，意者神不降祥。为此故欤，廷桢心焉忧之，急诣庙祷雨。神灵感应，越一日而霖以普至，三秋而穀仍丰登。又复诣庙以酬神，默捧心香，愿供官戏略省社费，不误祭期"[2]。

由于白龙神在阳城及周围民众心目中的特殊地位，不仅白龙爷作为汤王庙内的配祀神遍布各里，而且围绕白龙爷形成了一系列颇具地方特色的民俗活动，主要有洗龙头、盗白龙爷、晒龙王爷、送白龙爷、贺雨谢白龙

---

[1]　《县令刘某谕知白龙庙祀期演戏事略碑》（清光绪十一年，现存于町店崦山白龙庙）。

[2]　《小崦山白龙庙敬献官戏碑记》（清光绪十八年，现存于阳城县小窑头村）。

图4.15　白龙庙献殿　张小丁摄

爷等。

　　次营镇六甲村有洗龙头祈雨的习俗。村旁有一眼井，井内壁有一石雕龙头。天旱时，村里人自发组织3到5个男人（不允许女人参与），头戴柳条编成的帽子，担上清水前往龙头处，用清水将龙头洗干净。据说，在洗龙头之后三天之内必将会有甘霖降临，相当灵验。降水之后，人们为了酬谢神灵，会制作各种供品进行祭祀，并集体捐资请人说书或者唱戏，以示还愿。

　　北留镇郭峪村有盗白龙爷祈雨的习俗。村里组织几个敢作敢为、年轻力壮的男子汉，头戴柳条编制的帽子，并要在帽子周围插上些椿树叶作为饰物，黑夜赤脚到龙王庙把龙王塑像装进事先做好的一条大裆裤里背回村中。另外，村里安排几个人设好神坛供桌，把偷回来的龙王安放在神台上，上供祭祀，礼遇有加。每天焚香叩拜，祈求祷告，直至下雨。下雨后，要给龙王说三天书，然后敲锣打鼓，恭恭敬敬抬上龙王送回原处。

　　王曲村村民四月初四到崦山祈雨。祈雨时，村里先要派队伍到町店崦

图4.16　上伏村成汤庙白龙殿内的白龙像　张小丁摄

山请白龙爷。为请白龙爷出山，应请队伍的成员必须插柳条、戴柳条帽（不准戴草帽），抬上白龙爷像接到本村的汤帝庙，然后杀猪、宰羊、摆供品，祈求上天降雨。白龙爷接到本村后要供奉在庙院中心，让他在太阳底下暴晒，太阳晒得越厉害，就越有可能下雨，因为白龙爷晒得受不了了，就要让龙王下雨。

润城镇上伏村成汤正殿东角殿供奉白龙王，此村有秋后谢雨的仪式。这种仪式很隆重，一般会唱三天戏。这几天，大殿门要大开，上祭时，在乐人的吹奏当中，人们把放在盘里的供品从制作的西禅房端出，走到乐台前边举起，由四个穿长袍马褂的男少年接住，往上举一举，后转，走至大殿门外。社首们在门里接住，放到供桌上敬神。乐台上摆出八个木架子，插出三十二杆标枪、三十二件銮驾。乐台和戏台都要用彩绸装点得花团锦簇，非常好看。

西冶清明祈雨，男人要奏乐，平常先在本地的黑龙池祈祷、取水。若天仍不降雨，就要派代表步行到圣王坪的黑龙洞烧香、叩头、取水，回来后全村的男人头戴柳条帽，身穿白衬衣，抬上汤王爷像，打上黄罗伞，举着黄、青、绿、蓝、黑五色龙旗，在村前的空地，随音乐列队围圈狂舞，完了回庙中放好汤王爷，献上预先杀好的猪，烧香，全体下跪叩头，结束后各自领肉回家。而女人祈雨要依次先到黄龙庙、白龙庙、黑龙庙，也要抬上汤帝像。凡到一处都要念祈雨经："青天青天，可怜可怜，上求玉帝，下求龙王，清风细雨，痛下三场，花饼盛果，献给龙王。"要许愿许物，如天下了雨，带上按祈雨时所许东西依次到各龙王庙去还愿，还要念还愿经："佛师太阳，太阳老爷有功能。一日你要归天去，饿死黎民苦中生。夜晚你从村边过，家家户户点红灯。"

成汤与龙王 清朝时期，成汤的雨神地位受到许多神灵的挑战，例如白龙、玉帝、观音等，其中最大的挑战应该来自于龙王。汤王在众多的祈雨仪式中，有时只是一个象征符号，没有实际意义。连百姓口中所念的祈雨咒语都是"上求玉帝，下求龙王，清风细雨，痛下三场，花饼盛果，献给龙王"。

成汤与白龙同时被民众奉为雨神，只是二者的神职及其在神界的地位还是有高低之分。成汤作为传统的人格神祇，无论其地位还是职权都要大于白龙这种动物神灵。阳城民众多认为白龙是汤帝的属下，汤帝发布降雨的命令，而白龙执行施雨的命令，二者一个是施令者，一个是执行者。"惟民非五谷不生，活五谷资天泽以成熟，然而云雷风雨之司灾祥休咎之柄，统于上帝，非他神所得专也。惟神奉天之命坐镇一方，凡民间旱涝疾苦，祷于神者，神即矜悯为之闻于上帝。请沛甘澍以苏旱灾，□旸□以消阴（荫）翳，锡休祉以祛疠疫，施庇佑以扶凋翅，神惠广布，则人心感戴自不能忘。"县域内白龙殿不仅是成汤庙的配祀殿，而且民众举行取水或者祈雨仪式时，也常常是将白龙作为成汤的属下看待。在民众的传说中，也有将成汤看成是白龙的上司，甚至连白龙娶亲这样的私事都要靠成汤费心指点。阳城县伯附村就流传着《汤帝偶作月下老》的传说。相传，汤帝出巡途经阳城伯附村，各方神仙老爷争先恐后都来朝拜，有一个俊俏白面小生也在其中，他人才出众。当汤帝得知他系白龙山胡凹沟白龙庙白龙爷时，便计上心来，将伯附村一美貌女子指婚于白龙爷为妻，白龙爷便成为伯附村的女婿。从此，伯附方圆数十里风调雨顺，五谷丰登。[1]由于白龙爷与伯附村这种亲属关系，因此伯附村天旱祷雨的习俗也与别处不同，其向白龙爷祷雨增添了几分戏谑的成分。"一有旱情，村老社首就带着青壮男子数人，带着乐队，细吹细打，用一顶蓝色无顶轿到白龙庙抬白龙爷。白龙庙门前有一朱砂池，人们随带毛笔一支，蘸朱砂给白龙爷涂脸。涂毕池干，仅有毛笔存一点朱砂（朱砂涂脸是民间耍女婿的一种娱乐），然后将白龙爷抬到伯附汤帝庙中央让太阳晒，经太阳一晒，白龙爷脸上就会出汗，流下来冲淡了朱砂，这时天就下雨了。雨过天晴后，人们再以同样的方式将白龙爷送回白龙庙。"[2]

而有的村子则延续向成汤祷雨的习俗，遇到天旱还是到成汤庙祷雨。析城山西崖下的毕家掌原来是向白龙爷祷雨，后来因为谢神遭遇报复的缘故而转向崇拜成汤。

析城山西崖下有个毕家庄，庄上有个名叫毕守成的老人，爱管闲事。有一年大旱，族长让他去白松甲祷雨，他拿着供品、香表到白松甲白龙庙甜言蜜语祈祷一番，走到白龙潭边跪下祷告道："白龙爷，你细听，我母也是护驾人，和你娘后都沾亲。千朵莲花一股根，我是外甥毕守成，老天旱得难活命，请你降雨救黎民。只要降下喜雨来，七月十五送猪来！"祷告完毕，将三张黄表纸放入水中，看着它们慢慢沉入水底，说明白龙爷受理，高兴得返回家中。这天下午，真的降下一阵喜雨，乡亲们高兴得奔走相告，都夸多亏毕守成。转眼七月十五快到，家族老少准备还愿。一切供品准备齐全，就是买不下肉猪。守成说："没肉猪就改勺猪，当时我许下一口猪，公猪母猪没说清，还了总比没还强。"大伙只好听上毕守成，

---

[1] 中国先秦史学会、《析城山文化丛书》编委会编：《商汤在阳城的传说》，文物出版社2012年版，第58页。

[2] 中国先秦史学会、《析城山文化丛书》编委会编：《商汤在阳城的传说》，文物出版社2012年版，第58页。

杀了一口勺猪，让他抬着去还愿。还愿之后，返回到水岭，忽见身后乌云滚滚而来，人们起了疑心，不该给白龙爷改献勺猪，白龙爷不会报复吧？没走到寺坪就雷雨交加，守成带着人们跑到下寺庙里避雨。雨过后大伙才蹚水赶回到毕家庄。进村一看，村后红沙淤满了街道，洪水冲坏了田地，淹了蚕姑庙。大家都埋怨是毕守成闯下了大祸。毕守成大发雷霆，发问起白龙王："你是天上一尊神，我是地下毕守成。当初许你猪一口，公猪母猪没表明。大河冲走蚕姑庙，你敢不认娘家人。从此守成不认你，你也休想再吃斋！有肉送给饥肠人，送你白吃没良心。我就和你拗拗劲，看你能否要了命！守成等你显本领。"从此，毕家庄人再也不舍近求远，每逢天旱，就在村头汤庙祷雨。

而有的村庄则直接说明本村举行取水或者祷雨仪式时，舍弃析城山成汤庙而选崦山白龙庙。对于阳邑民众来说，民众在进行神灵选择时，舍汤帝取白龙，但是并不能直言汤帝有何过失，于是把这种过失归咎于成汤的辅臣伊尹。阳城县尹家沟村原来祷雨或者取水都在析城山成汤庙举行，后来将这些仪式的地点改为崦山白龙庙。当地民众在解释原因时，说尹家沟是成汤宰相伊尹的分封地，尹家沟的地主向伊尹逼债，他不得不逃到析城山上避难，临走时留下口信："穷人有难尽管找，塌天大事我也管；富人有难别去找，欺穷强弱罪难逃。"后世尹家沟遭遇天旱，想起伊尹临走时留下的口信，于是到圣王坪析城山祷雨，获应。可是在这个时候，不幸的事情发生了。"天亮正准备上路回尹家沟去，一家财主的孤儿突如其来发病身亡。这如何是好，只好装入棺材，抬着回村安葬。从此，尹家沟人再不到圣王坪去祷雨了。特别是村里的财主最害怕，只求儿女成群，不求孤儿成龙，怕龙王引跑了。一遇到天旱成灾，祷雨改成到崦山求白龙爷，再不到坪上祈求尹神仙了。"[1]

这些传说中，民众取水祈雨地点的更改，都说明在民众观念中，曾经

---

[1] 中国先秦史学会、《析城山文化丛书》编委会编：《商汤在阳城的传说》，文物出版社2012年版，第21页。

经历了一个神灵选择的时期。有的区域选择了白龙王，有的则选取了成汤，白龙与成汤曾经有一个"博弈"的过程。在这个过程中，成汤作为社神的神职逐渐占据上风。白龙由于先天具备行云布雨的职能，在后世发展中其作为雨神的神职更加凸显，超过了成汤。尤其在清朝后期，白龙逐渐取代成汤神，在取水、祈雨等仪式中超过成汤。上伏村的取水仪式、天旱祈雨仪式以及祈雨获应后的谢神仪式都以祭祀白龙王为主，成汤逐渐隐退其后。上伏村在二月间要举行取水仪式。值年社首在大庙成汤殿内焚香之后，把供桌上放的几个约50厘米高的长颈瓶子取上，到现属町店镇的崦山取水。在白龙祠内焚香后，人们在神庙门外池子里舀水把长颈瓶子灌满，恭恭敬敬地捧回，仍旧供奉在成汤大殿的供桌上。人们认为取回神水，就可以使村内全年风调雨顺、五谷丰登。因为瓶口只是用龙须草松松塞着，所以一年就把水耗干了，第二年得再去取水。

天旱了，值年社首就到大庙白龙殿烧香许愿，祈求下雨。如果还不下雨，就由村里的青年人拿上一条新缝的白裤子，暗暗地到距村约4公里的潘沟村北的五龙沟的五龙庙内，把白龙王神像装到新裤内背回，送进大庙。值年社首在庙院放张桌子，摆上白龙神像，并给它在头上顶个柳条帽，让它在暴日下暴晒。值年社首还领着大伙头顶柳条帽烧香祈祷。他们还要抬上神像，由社首们跟着在村内游街。如果有人戴着草帽在街上行走，就被认为是对神大不敬，会被别人把帽挑去。下雨后要送白龙爷回宫，这也是非常隆重的事情。成汤殿摆放的几个"神架"都要出动。白龙神像坐在雕刻华丽的彩舆里，由四个人抬着，四个少年手端香盘（盘里面放着香、酒盅、鞭炮、黄表等），社首们肃穆相随，八音会细吹细打，由大庙出来，走到东券里，再返回顺街出村，送到五龙沟后，还要烧香跪拜。

在人们的传统观念中，动物的地位总要稍逊于人类。因此龙王神的身份，使得它始终略逊于成汤，成汤牢牢地把持着社神的地位。这种认识也影响了乡村社会中二者庙宇的数量。一般而言，每个乡社只能有一座成汤庙，这座庙是乡社的大庙，地位较其他庙宇要高，乡社的日常事务都在此处理，乡社遇有大事也常在成汤庙举行；而龙王庙在乡社中则是随处可见，有的是作为成汤庙的配祀殿宇，有的是专祀，每个村社情况不一，有时一个村庄就可以有数座龙王庙。润城镇大佛村仅有成汤庙一座，是村中的大庙，在成汤庙中有配祀殿白龙殿，另外还建有两座龙王庙，一座专祀白龙王，一座供奉龙王与河神。

白龙神作为成汤属下的认识也逐渐在民众中间稳定传承，因此在后世的取水或者祈雨仪式中，常常是成汤、白龙二者同时出动，强强联手。阳城县凤城镇水村、下芹、上芹、下李、中李、王曲、峪则、郭河、阳邑、南任等十村遇天旱祷雨时就是将汤王与龙王同时抬出巡街祷雨。祈雨时，组织者戴礼帽，穿蓝袍、黑马褂，队伍的其他成员都一律穿新衣服，浩浩荡荡去求雨。走在队伍最前面的是四个童男童女，手捧香炉；走在队伍中间的是八个彪形大汉，他们肩膀上用木杠抬着木制龙头和木制汤帝雕像，木杆上一般都配有铁制铃铛，抬塑像的大汉走路时左右跳跃，晃得铁铃叮当作响；塑像队伍后面是乐队，乐队一般由二十堂音乐组成，每堂乐队十至十二人，一路吹吹打打，既有表演的成分，又有比赛的含义。祈雨活动一般举行三天，祈雨时，人们抬着塑像沿着村内交通要道走一遍，遇到急盼雨水的人家，还要请队伍将神像抬到他地里走一圈，结果常常是将地里的庄稼折腾的一片狼藉。在第四天，村民们就要将白龙爷送回崦山。有时三天未求到雨，祈雨活动会延长至七天。

作为雨神，成汤信仰与白龙信仰相互交杂缠绕在一起，在民众的思想中，遇旱祈雨时巡成汤，抬龙王，在他们看来，只有两者并驾齐驱方可达到迅速解救旱情的目的。二者在降雨功能上是叠加的，民众遇到天旱无雨的时候，病急乱投医，并不会去思考哪位神灵具体负责什么，其神格是怎样的，而是祭祀所有的神灵，只要能降雨，只要能解救干旱之苦，就是最灵验的神灵。

成汤信仰以横河镇析城山为中心，在明清时期阳邑很多地区在创修成汤庙时都意欲与析城山拉扯上关系。在现在的调查中，这种情况已不多见，并且在析城山下就有深厚的白龙信仰或者龙王信仰。横河镇石盆沟

村遇旱时，村民们到云蒙山东南的东垅迪田家庄的白龙庙祷雨。东垅迪田
家庄前，高深的悬崖底有个小土堆，因崖壁上生长着白皮豹花松得名白松
甲。小土堆前修有一古庙，庙前崖底有白龙潭，因而庙被取名为"白龙
庙"。一到大旱之年，石盆沟人即推举十二个老汉，头顶柳条帽，身穿白
布衫，手里举香烟，献供背在肩，敲锣打鼓，鞭炮齐鸣，从石盆沟动身，
跋山涉水，到横河镇下寺坪歇脚，再上云蒙山的白松甲白龙庙去打潭求
雨，有求必应，十分灵验。横河镇马炼坪村则是向小尖山黑龙爷祷雨。每
逢天旱无雨的时候，马炼坪村的社首就派几位心诚的老人，到小尖山祖师
顶，用轿抬回黑龙爷坐像，用供桌摆放在佛前。全村男女老少，身穿清朝
服装，头戴柳条圈，烧香磕头，祈祷三天，守着神像，日夜祭拜。村民还
向装满水的缸里投放石子，观看天相——生风便生云，有云便是喜。他们
将黑龙爷像抬回家，放在念佛的领法师佛桌前，由领法师天天诵经文，直
至降下雨来。随后，全村家家献上供品，谢完黑龙爷，再抬上黑龙爷像送
回小尖山祖师顶。而距横河镇十公里的推磨庄则是到青龙山祷雨。每当大

图4.17　上伏村正殿的东偏殿——白龙殿　张小丁摄

旱之年，推磨庄就选出十二个寡妇，赤着金莲足，走十二步磕个头，步行到青龙山顶向青龙爷祷雨。

　　崦山与析城山都是阳邑名胜，两山的山势与地理环境相似，山高绝壁且群山环抱，山顶平坦而土质肥沃，并且山顶有神泉，常年不涸，被当地民众认为是神泉，围绕着神泉形成了当地的取水换水仪式。成汤信仰和白龙信仰都是宋元以后才兴起的地方性信仰。析城山在宋朝时期由于祷雨有应被朝廷加封，析城山山神与山巅的成汤庙都被纳入官方祀典行列。崦山白龙庙据说创修于唐朝武则天天寿年间，宋朝不断加封，但是这些内容在史书中都无据可查，这应该属于民间对神灵的私封。金元时期成汤信仰与白龙信仰都得到快速发展，由于元文宗的提倡，成汤庙遍布太行山内外，析城山成为官方和民众的祷雨圣地，每逢天旱少雨，历任官员常常效仿成汤王罪己责身，步祷析城山。白龙信仰在金泰和年间已形成了取水换水的白龙祷雨仪式，这种仪式在元朝仍相沿不替。汤帝与白龙在金元时期都是灵验的雨神，但这个时期白龙信仰主要局限在崦山附近，其信仰范围明

图4.18　上伏村成汤庙白龙殿内的配祀神1　张小丁摄

图4.19　上伏村成汤庙白龙殿内的配祀神2　张小丁摄

显要小于汤帝信仰。明清时期，由于里社制度的发达，各里社需要公共空间处理乡社日常事务，而遍布全县的汤王庙在明清时期恰好满足了里社发展的空间需求，逐渐具有了社庙的功能，而汤王爷也逐渐具有了社神的功能，各里社形成了在汤王庙举行春祈秋报仪式的惯例。白龙神在后世的发展中仍然延续了其雨神的神格，并且逐渐有上升趋势，在明清时期开始出现了白龙的分祠，其信仰范围逐步扩大，在横河镇析城山附近区域也出现了向白龙祷雨的习俗。明朝初年，由于向白龙神祷雨获应，因此朝廷钦定每年四月初三举行祭祀龙神仪式，而成汤由于逐渐具有了社神的神格，朝廷并没有将其祭祀日期固定化，每个里社根据自己的情况祭祀成汤。清朝时期，成汤庙作为社庙的作用更加突出，成汤几乎成为理所当然的社神，一年分为两次祭祀：春祈、秋报，但每个里社的具体时间不一。随着社神神格的增强，其雨神的神格逐渐被隐退，而白龙神因祷雨灵验逐渐成为阳邑主要的雨神，在雨神这一神格上，白龙神的信仰强度要超过成汤。其祭祀时期围绕四月初三举行，一般从清明至四月底皆可举行祭祀仪式，但基本没有秋报的仪式。成汤出身高贵，乃古代帝王，是我国民间的传统人格神灵，而龙王虽也被世代信奉，但其毕竟是动物神，常常幻化示人，因此在民众的观念中，将白龙作为汤王的属下，每逢遇到天旱无雨的时候，白龙神向汤帝禀告，然后汤王再发布降雨的命令，白龙具体执行降雨的任务，"惟神有灵，真宰上诉"，"盖因民仰其兴云雷，苏农望，施霖雨，顾民生，民重其祠，永其祀而报其功"，又足以见应变无穷，神化周遍，济斯民功德值大故也"。这种认识最能体现中国人的行政认识。在这集体的祈雨仪式中，求雨的对象并不是汤王，而是明清以来最被广泛崇拜的雨神——龙王，阳城当地认为是白龙王，并亲切地称之为白龙爷。为此，村里一般设立各个专门小组，涉及上百人，负责不同事务，以备求雨。整整几天，全体村民参加祈雨仪式并会餐。

4. 财富滚滚，财源更比水源长

关公是成汤庙的另一位重要配祀神，其神殿多居正殿的东角殿，殿中正位为关公坐像，左右分塑关平和周仓。关公在阳邑被认为是武财神，与民众的财富增值有关。而有的成汤庙则将关公与财神严格区分，既有关公殿，亦有财神殿，这些庙宇注重宣扬关公忠孝正直的人格魅力。

关羽真人真事 关公是真实的历史人物，三国时期蜀汉名将。其生平主要事迹最早被西晋陈寿记载在《三国志》中，并且对其进行了客观评价："关羽、张飞皆称万人之敌，为世虎臣。羽报效曹公，飞义释严颜，并有国士之风。然羽刚而自矜，飞暴而无恩，以短取败，理数之常也。"陈寿笔下的关羽在西晋时期只是一位功过相参的真实历史人物，与神还相差千里。

《三国志》："关羽，字云长，本字长生，河东解人也。"河东是中国历史上曾经的经济、文化、政治中心，属于华夏文明的发源地。《三国志》中对关羽的诞辰没有详细交代，清卢湛在其著作《关圣帝君圣迹图志全集》中指出，关羽出生于东汉桓帝延熹三年（160）六月二十四，光绪年间编撰的《山西通志》也采用此说。清朝时期对于关羽诞辰还有其他多种说法，五月十三、六月二十二或戊午年戊午月戊午日戊午时。对于其生日，关羽的家乡——解州当地的民众认为关羽出生于六月二十四，这一说法至今沿袭，每年这一天当地民众都要举行盛大的祭祀活动。

《三国志》中对关羽的家世、出身没有涉及，对其父亲、祖父也没有交代。《新唐书》开始对关羽的先祖世系有了描述，"关氏出自夏大夫关龙逄之后，蜀前将军、汉寿亭侯，生侍中兴。其后世居信都。裔孙播，相德宗"，这种说法在清朝已遭人质疑。清康熙年间编写的《关圣帝君圣迹图志全集》里对关羽的父亲和祖父分别有了详细的记载，当然这些说法在当时也同样遭到了人们的质疑。

根据《三国志》中对关羽的相关记载，可以大致勾勒其生平主要事迹：汉光和六年（183），关羽杀当地恶霸吕熊而亡命逃走涿郡，同刘备、张飞结识并桃园结义。早期跟随刘备辗转各地，后与曹操、袁术、吕布逐鹿中原。建安五年（200），曹操与刘备对峙，关羽及刘备妻室被困下邳，遭曹操生擒。在白马坡斩杀袁绍大将颜良，被曹操封为汉寿亭侯，同年知道刘备下落后，放弃曹操给的高官厚禄，回到刘备身边。建安六年（201），曹操征伐刘备，刘备归附荆州刘表，关羽驻军新野七年。建安十三年（208），曹操讨伐刘表，刘表病亡，其子刘琮降曹，关羽率水军与刘备会合于沔江，奔走夏口，参加赤壁大战。赤壁之战后，刘备助东吴周瑜攻打南郡曹仁，别遣关羽绝北道，阻挡曹操援军。曹仁退走后，关羽被封为襄阳太守。刘备入益州，关羽留守荆州。建安十四年（209），关羽带兵屯江陵。建安二十年（215），关羽与东吴鲁肃对峙，东吴邀请关羽单刀赴会，后受命以湘水为界平分荆州。建安二十四年（219），关羽被封为五虎上将，率军攻打襄樊，曹操派于禁前来增援，关羽擒获于禁，斩杀庞德，威震华夏，曹操曾想迁都以避其锐。后曹操派徐晃前来增援。东吴吕蒙偷袭荆州，关羽腹背受敌，失去荆州。同年十一月，关羽从樊城撤军，企图夺取荆州，途中遭到东吴军队截击。关羽无奈败走麦城，在临沮章乡被孙权伏兵擒获，兵败被杀，时年仅五十八岁。

关羽被杀之后，孙权将关羽首级送给曹操，曹操按诸侯之礼将其安葬于洛阳，同时孙权将关羽身躯以诸侯礼安葬于当阳，蜀汉在成都为关羽建衣冠冢，以招魂祭祀。因此民间称关羽"头枕洛阳，身卧当阳，魂归故里"。公元260年（景耀三年）九月，蜀汉后主刘禅在追谥几位重要大臣时，追谥关羽为"壮缪侯"。

关羽信仰的流变　陈寿在其著作中对关羽生平事迹做了客观描写，其中还描写了关羽的一些缺点与不足，其对关羽的评价与认识可以代表时人对关羽的基本态度。关羽在此时是人，还没有出现"神圣化"的迹象。魏晋南北朝时期关羽被人津津乐道的是其"勇武"，并且这种勇武一直被世人所推崇。

南北朝时期的陈国皇帝陈伯宗编造了"关羽显灵成神"的故事——故事中关羽以厉鬼示人，并且在关羽被杀的湖北当阳县东三十里玉泉寺西北为其立庙祭祀。

唐朝上元元年，肃宗下令敕建武成王庙，关羽作为姜尚的从祀神进入国家正祀序列，这种行为标志着关羽在世人心目中发生了质的转变，他从一位真实的历史人物一跃成为受人供奉、享受人间烟火的神灵。虽然进入武成王庙中的关羽排在六十四将之末，很难与孔子、武成王相比，但此时他已由人晋升为神。

同时期佛教禅宗北派创始人神秀把关羽看作佛教护法伽蓝神——关羽进入佛教系统，并且随着佛教领袖人物神秀与上层统治者的互动往来，关羽作为佛教护法神灵开始进入国家上层统治者的信仰生活中。

北宋时期关公逐渐引起上层统治者的青睐，徽宗崇宁元年（1102）关公被追封为"忠惠公"，关公由"侯"进阶为"公"。两年之后，关公被尊为"崇宁真君"，这是关公被纳入道教神灵的开端。四年之后，关公再被封为"昭烈武安王"，宣和五年（1123）又被进阶为"义勇武安王"。皇帝短时间内的屡次加封，使关公信仰在全社会引起关注。

短短二十一年间，关公就经历了从公到王的晋升，这种急速提升与12世纪初北宋整个国家生存状态相关。宋廷在北方受异族的压力，面对强敌入侵，朝廷希望社会上能多多出现像关羽这种忠勇济世的人才，朝内又受赋税支出的困扰，国家无力对地方形成有效控制。面对这种内忧外患的局面，朝廷借助于神灵，通过颁布越来越多的综合性敕令、承认地方性神祇神异力量的途径达到控制地方的目的。而从皇帝个人来说，北宋晚期的几位皇帝都崇尚道教，他们迷信那些仙风道骨的神仙，希望这些有神奇技艺的神仙能多多显灵，救国救民于外患内忧之中。他们求助神祇，将各种爵号赐封给那些灵验性的神祇，以奖励他们的灵迹，并促使他们显示更多的灵迹。

1127年，金朝控制了中国北方地区。偏居东南浙江一带的南宋皇帝将恢复中原的重任寄希望于像关羽这样的武勇人士身上，统治者宣扬关羽的勇、义品质，希望借此能激发民众对忠义的追求，挽救汉族正统统治地位，因此对关羽的加封一点也不弱于北宋皇帝。宋高宗建炎二年（1128）加封关公为"壮缪义勇武安王"，宋孝宗加封关公"壮缪义勇武安英济王"，并评价其"生立大节与天地以并传，殁为神明亘古今而不朽"。

金元统治者占据中原地区之后，为了缓和阶级矛盾，巩固其统治地位，也推崇关羽，希望民众能像关羽一样效忠朝廷。元朝统治者更是将关公信仰推向了一个新高度，1328年元文宗在南宋追封的英济王前面又加上了"显灵义勇武安"的字样。统治者的提倡使得关公的社会地位不断提高，社会各阶层对关公的祭祀活动也更加频繁与隆重。

朱元璋建立明朝之后，肃清以往对不同神灵的信仰，褫夺各种神灵的封号，关公也不例外。1368年朱元璋撤掉前朝给关公的各种封号，仅保留其汉寿亭侯的封号。1394年朱元璋下令在帝都南京鸡笼山阳修建关公庙。永乐帝迁都北京后，也奉祀关公。成化年间，不仅把地安门西的关帝庙作为太常寺官祭场所，每年除定期祭拜外，还"国有大灾则祭告"。正德年间，武宗下令将全国的关庙一律改称为"忠武庙"。万历十年，神宗皇帝封关公为"协天大帝"，十八年，再封关公为"协天护国忠义大帝"。万历二十四年，关公又被封为"三界伏魔大帝神威远震天尊关圣帝君"。关公在明朝步入"帝王"行列，宋朝时期关公最多被封为"王"，此时却升为"帝"，说明明朝时期关公的地位更加尊贵，关公俨然成为一位与封建帝王地位相等的高级神灵。

清朝入主中原之后要完成全国的统一，使关内汉人服从其统治，于是特别推崇关公的忠义品质。顺治九年（1652），加封关羽为"忠义神武关圣大帝"。康熙时期要求朝中官员要效法关羽，对朝廷忠贞不贰。雍正三年（1725），朝廷追封关公父祖三代为公爵，除每年五月十三祭祀之外，还增加了春、秋二祭。乾隆三十三年（1768），以"关帝历代尊崇，迨经国朝尤昭灵贶"，故又加封"忠义神武灵佑关圣大帝"，同时规定祭文由翰林院撰拟，祭品由太常寺备办，官建祠宇牌位座数由工部制造。从雍正到乾隆年间，关公及武庙逐渐获得与孔子及文庙相当的地位。咸丰五年，追封关羽的曾祖为"光昭王"，祖父为"裕昌王"，父亲为"成忠王"。至光绪五年（1879），官方给予关羽的封号已达二十二字之多。清朝帝王还亲自到关帝庙拈香行礼，官方对关公的崇祀膜拜已达到最高水平。关公信仰在清朝不仅没有被中断，反倒因为清朝各位皇帝的推崇加封得到进一步的传播，信仰范围更加扩大。关公不仅保有帝号，而且被朝廷再三追加封号，其祭祀规格也不断升级，从群祀跻身于中祀，最终与孔子平起平坐，成为中国古代历史上影响最大的千古正神。

明王朝从中期开始，将关公由从祀升级为专祀，从而取代姜子牙的武神地位，祀典日趋规范并仪式化。明朝对关公的祭祀规定："每岁四季及岁暮，遣应天府官祭。"五月十三，关羽诞辰，"又遣南京太常寺官祭"。清张镇《关帝志·祀典》载："明嘉靖年间，定京师祀典，每岁五月十三日遇关公生辰，用牛一、羊一、猪一、果品五、帛一，遣太常官行礼。四孟及岁暮，遣官祭，国有大事则告。凡祭，先期题请，遣官行礼。"由此可以看出，在明朝时期，每年官方对于关羽的祭祀多达六次之多，并且每次都有严格的祭祀规定。清朝，世祖规定对关公的祭祀沿袭明朝祭祀制度。雍正七年（1729），清政府命令"天下府州县卫等文武守土官，春秋二祭如文庙仪制，牲用太牢"。规定每年三祭，即五月十三和春秋二仲月庚日，祭品用太牢。这是自宋朝以来首次有政府规定地方按时祭祀关公，说明关公信仰进一步扩大，自此关公信仰纳入常规化、规范化。关公信仰在宋元时期得到发展，但是真正把关公信仰推向高潮的却是在明清两代，其中尤以清朝为甚。有清一代，官方崇祀关公达到无以复加的地步。随着官方的不断推崇，民间也进入崇祀关公的高潮期。

与官方出于政治目的尊崇关羽不同，民间对关公的尊重更多是对其人格魅力的推崇，不过历代对关羽人格魅力的解读侧重点不同。从魏晋至隋唐时期，民众对关羽的勇武与忠节推崇有加。东晋葛洪评价关羽："咸谓勇力绝伦者，则上将之器；洽闻治乱者，则三九之才也。"说明魏晋时期时人主要推崇的是关羽的勇、武，关羽的这些品格能够引起道者葛洪的敬仰，为日后关羽被纳入道教系统奠定了基础。

宋元时期由于社会动荡，统治者深陷内忧外患的困境之中，下层民众也处于颠沛流离的生活状态，此时对关羽的崇拜除了勇武之外，辗转逃难的民众更推崇其身上的"尚义"品德。陈元靓评价关羽："剑气凌云，实曰虎臣。勇如一国，敌万人。蜀展其翼，吴折其鳞。惜乎中勇，前后绝伦。"郝经则评为："羽、飞昭烈啑血起义，夙定君臣之分，期复汉室，百折兴王。阚如两虎啸风从龙，夹之以飞，雄猛震一世，号称万人敌。羽报效于操，致书而去，飞瞋目横矛，而与操决。矫矫义烈，上通于天，汉于是乎不亡。"

随着通俗文化《三国演义》的广泛传播，关羽完美的人格魅力更是深入民众骨髓。他集忠、勇、孝、悌、仁、义、礼、智、信等传统美德于一身，与他同时代的人，如曹操、孙权等皆为嫉妒关羽才能和德行的小人。关羽虽死犹荣，其忠义被后世钦慕，"王，解人也。以忠勇辅昭烈，志欲歼灭群雄，扶持汉室。当时奸诡之徒，皆鸱窥汉之神器。天下群英，明目示之而莫能救。惟王以昭烈为汉之正裔，挺身结纳，欲伸大义于天下。会昭烈振号令于徐、兖，曹操忌之，挟王室之威权，以重兵压境，昭烈兵溃，眷属见掠于操兵。王屈身事操，非昧于所事也，卫昭烈眷属而然也。而后主亦在掠中，虽曰事操，而忠义愈彰。王即约□立效以归汉，遂以单骑取颜良于万众中，效则立矣。王不食言，以书白操欲归。操以金币厚赂之，王终不受，一旦卫昭烈眷属以归。于斯之际，操之兵非不多也，谋非不给也，终不敢以袭王，王非以神异慑之也，非以智术笼之也，特以忠义震之耳。镇荆时，有襄樊之胜，威声大振。曹操褫魄，遣人以书和解，王以忠义谕之；孙权胆落，命使以礼求婚，王以怒詈谴之。操、权皆忌王功高，恐其逼己，共欲谋王以雪耻忿。操以兵逗王于前，权以计蹑王于后。又命吕蒙、陆逊辈以图王，二人不敢以兵力相拒，但以书柔媚之。王以直处之而不疑，遂陷王于不禄。非王之不幸，乃汉室之不幸也。此忠臣义士怀千古不平之忿。王虽逝，忠义充塞于环宇，此天下后世慕王忠义，咸立庙以祀之。王已逝矣，人皆祀之，非勤之以威，逼之以势也，人以忠义慕王也。今释氏以王为伽蓝，道流以王为四将，皆妄也，不过欲假王威灵以惑其众耳。阳城为邑，在太行之麓，城东西关俱立庙以祀王，冀其御灾捍患以保障斯民，亦王忠义中事也。民之祀王，本以忠义，御灾捍患，乃其余事也。"[1]关公在民间社会更是成了无所不能的神灵，以至于抗御水旱、消弭战乱、科举举士、求取功名、官司诉讼、打卦算命、习武练功等都求助于关公；惩恶扬善、扶危济困、打抱不平、伸张正义等，借关公庇佑也可如愿以偿。

官方通过一系列的封号和庙记，述说着他们借关羽维护纲常伦理、追求社会稳定的需求；普通的百姓则通过在各地修建关公庙，在庙宇内的香烟缭绕中，倾诉着他们对于所生存的周围环境最起码的渴望和满足。

关公庙 杜赞奇曾说，关帝可能是华北乡村中供奉最多的神灵。在中国古代文盲占大多数、交通不便、信息闭塞的社会中，关帝庙作为一种特殊的文化载体，在关公信仰的传播过程中发挥了积极作用。它承载了上自帝王将相，下至普通百姓的价值理念、心理期许与利益需求。

按照汉族人传统信仰，横死之人容易变成厉鬼，应立庙祭拜，尤其是因战而死的将军更应立庙祭拜，并且这庙应建在其死难之地。关羽战败而

---

[1] 田铎：《重修义勇武安王庙记》，晋城市地方志丛书编委会编《晋城金石志》，海潮出版社1995年版，第495—496页。

死于临沮章乡，死后其身躯被孙权以诸侯礼安葬于当阳。因此最早的关公庙建在荆州当阳县玉泉山下，名"显烈祠"，俗称"小关庙"。此庙祠距离玉泉寺不远，"玉泉寺……东去当阳三十里……寺西北三百步，有蜀将军都督荆州事关公遗庙存焉"。创修关公庙的年代无考，但民间流传的原因却与佛教相关：

却说关公一魂不散，荡荡悠悠，直至一处，乃荆门州当阳县一座山，名为玉泉山。山上有一老僧，法名普净，原是汜水关镇国寺中长老，后因云游天下，来到此处，见山明水秀，就此结草为庵，每日坐禅参道，身边只有一小行者，化饭度日。是夜月白风清，三更已后，普净正在庵中默坐，忽闻空中有人大呼曰："还我头来！"普净仰面谛视，只见空中一人，骑赤兔马，提青龙刀，左有一白面将军、右有一黑脸虬髯之人相随，一齐按落云头，至玉泉山顶。普净认得是关公，遂以手中麈尾击其户曰："云长安在？"关公英魂顿悟，即下马乘风落于庵前，叉手问曰："吾师何人？愿求法号。"普净曰："老僧普净，昔日汜水关前镇国寺中，曾与君侯相会，今日岂遂忘之耶？"公曰："向蒙相救，铭感不忘。今某已遇祸而死，愿求清海，指点迷途。"普净曰："昔非今是，一切休论；后果前因，彼此不爽。今将军为吕蒙所害，大呼'还我头来'，然则颜良、文丑，五关六将等众人之头，又将向谁索耶？"于是关公恍然大悟，稽首皈依而去。后往往于玉泉山显圣护民，乡人感其德，就于山顶上建庙，四时致祭。后人题一联于其庙云："赤面秉赤心、骑赤兔追风，驰驱时、无忘赤帝。青灯观青史、仗青龙偃月，隐微处、不愧青天。"

实际上，唐德宗贞元十八年（802）此处即有关庙，并且这座关庙从其修建初起就与玉泉寺这座佛教寺庙纠缠在一起。这为其日后被纳入佛教系统奠定了基础。玉泉寺在唐朝时期是国家重点佛教寺院，尤其是历任主持（如神秀），均与唐朝皇室保持密切来往。此时民间已有传说关公及其子关平与玉泉寺关系密切，二者护卫该寺并且受了五戒，成为佛教徒。当时，玉泉山除了玉泉寺、关公祠外，还有祭祀关平的关三郎祠，另外玉泉寺内也设立了关公祠，供奉关公父子。在玉泉山僧侣的推动下，关公与佛教寺院的关系也日益固定，他被称为佛寺伽蓝护法神，为其建立的神祠，大都建在寺院旁。

　　唐至宋初，关公一方面作为姜太公的配祀神而存在于武王庙内，另一方面则是作为佛教寺院的伽蓝护法神灵而存在于佛教寺院内，或者在寺庙旁为其建立神祠。不论是武王庙内的关公还是佛教护法的关公，都与战争有关，因此宋朝时期，入庙拜谒关羽的人大都是行伍之人，他们认为关公可以决定战争的胜败。仁宗皇祐年间，广源州蛮侬高叛乱，起兵造反之初，曾到邕州（今广西南宁）关王庙祈祷，而关王不应，于是怒焚其庙。朝廷派大臣狄青到邕州平叛，获胜之后，狄青重建关王庙，并请仁宗亲赐庙额。这说明宋朝时期关羽主要还是一位与战争有关的神灵，与民众的世俗生活还稍有距离。山西沁县关帝庙修建原因也与关公保佑战争胜利有关。熙宗八年（1075）交趾攻陷广西部分地区，朝廷从山西召集人员组织军队抗击交趾入侵。沁县人任真与同乡237人一起应征参军，编入左第一军前锋中。行军至广西南宁时路过关王庙，大家入庙祈祷许愿：如若保佑得胜而归，则在原籍为其建祠庙。于是"请□木绘马，执为前驱"，与敌军在丛林激战时，又得到关羽率阴军相助，因而取胜。受爵归乡的战士不

图4.20　白龙庙外的关帝庙　张小丁摄

忘当初自己的誓言，回乡之后创修了关王庙。

宋朝关公庙的建立与分布体现出以下几个特点：关王庙大都建立在佛寺或佛寺旁；不少关王庙与玉泉寺关王祠有关，属于本庙与分庙的关系；关公显圣更多体现在战争方面，其信众大多与行伍相关；有的寺庙已经与道教有关系。关公与道教产生关联可以追溯到北宋徽宗宣和年间。《新编连相搜神广记》记载了关公被徽宗敕封为"崇道真君"的始末：

义勇武安王，姓关名羽，字云长，蒲州解良人……葬于玉泉山，土人感其德，岁时奉祀焉……至祥符七年解州刺史表奏云：盐池自古生盐，收办宣课，自去岁以来，盐池减水，有亏课程，此系灾变，敢不奏闻。帝遣使持诏至解州城隍庙祈祷焉。使夜梦一神告曰：吾城隍也，盐池之患乃蚩尤也。往昔蚩尤与轩辕帝争战，帝杀之于此地盐池之侧，至今尚有遗迹。近闻朝廷创立圣祖殿，蚩尤大忿，攻竭盐池之水，飒然而觉。得此报应，回奏于帝。帝与群臣议之，王钦若奏曰：地神见报当设祭以祷之。帝遣吕夷简持诏就盐池祷之。祭毕，是夜梦一神人戎服金甲，持剑怒而言曰：吾乃蚩尤神也，奉上帝命来此盐池，于民有功，以国有益。今朝廷崇以轩辕，立庙于天下。吾乃一世之仇也，此上不平，故竭盐池水。朝廷若能除毁轩辕之殿，吾令盐池如故。若不从，竭绝盐池，五谷不收，又使西戎为边境之患。言讫而去。夷简飒然而觉，其梦中之事，回奏于帝。帝亦梦之。王钦若奏曰：蚩尤乃邪神也，陛下可遣使就信州龙虎山，诏张天师，可收伏此怪。帝从之，乃遣使诏张天师至阙下。帝曰：昨因立圣祖轩辕殿致蚩尤怒，涸绝盐池之水即今为患，召卿断之。天师奏曰：臣举一将最英勇者，蜀关将军也。臣当召之，可讨蚩尤，必成其功。言讫，师召关将军至矣，现形于帝前。帝云：蚩尤竭绝盐池之水。将军奏曰：陛下圣命，敢不从之。臣乞会五岳四渎名山大川所有阴兵，尽往解州讨此妖鬼。若臣与蚩尤对战，必待七日方剿除得伏，愿陛下先令解州管内居民三百里内尽闭户不出，三百里外尽示告行人，勿得往来。待七日之期必成其功，然后开门如往，恐触犯神鬼多至死亡。帝从之。关将军乃授命而退。遂下诏解州居民悉知。忽一日，大风阴暗，白昼如夜，阴风四起，雷奔电走，似有铁马金戈之声，闻空中叫噪。如此五日，方且云收雾散，天晴日朗，盐池水如故，皆关将军力也。其护国祚民如此，帝加其功，遣王钦若赍诏往玉泉山祠下致享，以谢其功。复新其庙，赐庙额曰：义勇，追封五字王号曰：昭烈武安王。宋徽宗加封尊号曰：崇宁至道真君。

从上面所引的传说来看，这主要是对关公庙额"义勇"以及其被加封为"武安王"的解释。这则传说在元代中晚期同样非常流行，元末鲁贞《桐山老农集》也记载了这则传说，只不过传说内容较前要简略得多。与关公传说遍行天下相一致，关公庙在元朝时也出现了修建高峰。此时已经有"义勇武安王祠遍天下"的说法。这与元朝统治者推崇关公有关。"王讳羽，字云长，姓关氏……其英灵义烈遍天下，故所在庙祀，福善祸福，神威赫然，人咸畏而敬之。而燕赵荆楚为尤笃，郡国州县乡邑间并皆有庙。夏五月十有三日，秋九月十有三日，则大为祈赛，整仗盛仪，旌甲旗鼓，长刀赤骥，俨如王生千载之下……顺天当燕赵之冲，而府中之庙二，皆库俯垫偪……岁丁酉权帅府事苑德于鸡水南湖之右，创为新庙。"[1]

宋元以来出现了修建关公庙宇的浪潮，在一些佛、道寺院也供奉关公，并且关帝也作为配祀神进入大型庙宇。元初庚戌年（1250）沁水土沃乡下格碑村在护国显应王（崔府君）庙的庙址上重新修建二圣（舜帝、成汤）庙，义勇武安王关羽作为配祀神被供奉在西配殿，从祀于成汤。创修于元末至正年间的翼城县曹公村四圣宫，主祀尧、舜、禹、汤，以关、包、杨、苏四贤相配祀。"今□厥神尧、舜、禹、汤，天下之大圣君也；关、包、杨、苏，天下之大贤相也。""关辅汉帝，杨辅唐宗，包、苏辅宋室，莫非前代忠义□芳之人，歆其芳，敬其行。"阳城町店崦山白龙庙外有关帝庙专祠，为独座小院，寺院正殿三间，殿阁中的关羽神像为卧蚕眉、丹凤眼、赤面长须、手提青龙偃月刀的典型形象。民间以关王显圣日作为祭祀庆典之期，其间举行盛大的庙会活动。关公显圣日一般认为是五

---

[1] 郝经：《陵川集》卷33《汉义勇武安王庙碑》，《文渊阁四库全书》第1192册，第371页。

月十三，荆楚地区则认为五月十三是关平生日，六月二十二才是关公诞辰。有的地方则认为是五月二十三，华北地区还有在五月十三、九月十三两次祭祀关公者。

泽州域内最早的关王庙大约是阳城东关的"关侯庙"，"前代敕建，元元统间重修"，清康熙年间翰林院侍读纂修王维珍父子重修此庙。庙记指出当时阳邑人亦是出于敬重关羽"忠义"而重修庙宇，而关公在民众的生活中也是"水旱疾疫凡有求必祷，祷必应"，在普通民众那里关公不再是威灵显赫的战将，而成了一位关心普通百姓日常生活需要的世俗神灵。

关公庙普及全国还是在明清时期。《明太祖实录》记载："洪武二十七年正月……是月，建汉寿亭侯关羽庙于鸡鸣山之阳。旧庙在玄津桥西，至是改作焉，与历代帝王及功臣、城隍庙并列，通称十庙云。"关公在明朝建国初期就被官方钦定为全国大神。但是这一时期的关公还是因"忠烈"而被祭祀，并由此在明代隆庆、万历年间发展成为将领崇拜的军神。在关公成为军神之后，明朝政府又将关公抬升为护国神明。《大明会典》提到凡国有大灾则祭告之事。[1]明嘉靖四十年（1561）《太平县重修义勇武安王庙记》也提到："王，三晋人杰也。生为虎臣，辅汉昭烈，克绍正统，辞曹爵赏，藐视富贵。其忠义大节，凛然著于当时矣。及其没为神明，捍灾御患，永护皇图，恒佑黎庶，隐然为万世长城。王之有功于天下后世者大矣哉！故历代尊崇其功，褒封其爵，上自王都，下及郡邑，以暨乡镇之中，咸立庙塑像，致血食之祭，而报功、报德之无尽者，固其宜也。"

明万历年间，皇帝加封关公为三界伏魔大帝，始有关帝之称。《帝京景物略》卷三《关帝庙》载："汉前将军关某……万历四十二年十月十一日，司礼监太监李恩赍捧九旒冠、玉带、龙袍、金牌、书敕封三界伏魔大帝神威远震天尊关圣帝君，于正阳门祠，建醮三日，颁知天下。"此后，各地关公庙逐渐改变称号，如天启三年杭州关庙改称"关帝庙"，并且

---

[1] 《大明会典》卷四三。

图4.21　关爷殿

关公在此时也逐渐成为官民信众的护国神灵。面对如此强大的信仰，清朝政府沿袭其信仰传统。雍正五年（1727），朝廷追封关公祖父三代公爵，敕令各地方州县官员每年春秋祭祀关帝。"关帝系夏臣关龙逄后裔。……追封关帝三代，俱为公爵……并各省府州县，择庙宇之大者，置主供奉后殿，春秋二次致祭，从之。"[1]如此一来，除了以前各地修建的关帝庙外，各府州县甚至乡邑里社都建有大大小小、规模不等的关帝庙，雍正皇帝此举将关帝信仰纳入国家祭祀的礼制范围，祭祀关帝成为地方官的责任。

雍正年间，宣化总兵李如柏上书，建议将关帝神像正坐。"臣见武庙中正位则武成王而关帝圣像侍立于旁者，亦有偏坐侧室者，非仅一处。似此位置关帝，不但考之往代封王封帝之意，甚为不合。揆之我朝与至圣先

[1]　《大清世宗宪皇帝实录》卷三十一。

师孔子并尊之隆礼，实大相悬殊……"[1]不久，皇帝下令武庙及各地关庙神像要正坐。透过这条信息可以看出雍正极力将关帝的地位孔子化，希望将关帝塑造为朝廷的另一位儒家典范。此时的关帝又常常被称为"山西夫子"、"河东夫子"。清乾隆二十一年（1756）泽州府城关帝庙所立的《重修关圣帝君庙碑记》就体现了当时这种关帝儒家化潮流：

自有天地以来，即有继天立极之圣人为之维系于其间，财成辅相，参赞化育，以奠三才之位，如晨星历落，十余人而已。此十余人者，伏羲、神农、黄帝、尧、舜、禹、汤、文、武、周公、孔子、孟子其人是也。而于其间，又有特钟扶舆之正气，世间一出，永作乾坤之砥柱，而为此十数圣人之疏附，先后奔奏御侮焉，异世同心，异流同源，是亦圣人也，此惟吾河东夫子足以当之，而他人不得与。盖吾夫子在天则为天之日，在人则为人之心，天未尝须臾而无日，人未尝须臾而无心。则继十余圣人之后者，又何可一日而无夫子哉！非谓必不可无夫子其人也，谓必不可无夫子之正气，以永作乾坤之砥柱也。孔子之所谓刚者，曾子所谓大勇，孟子之所谓浩然之气，皆于吾夫子一身具之。觉自有天地以来，三才之位至夫子仍备，然则天日人心之称，又岂空言也乎？乃迂腐者流，眼光漆暗僻谬之子，心窍模糊，仅厕夫子于虎臣宣力之列，以举世推崇为太过；而又或毛举一二细事以为奇，如秉烛达旦，如辞曹归刘，甚则诧其刮骨疗毒以为勇，而与夫子之刚大浩然、亘古亘今未有伦比者，或反訾焉。呜呼！何其蔽也！夫人心之不言而同然者，未尝一日泯于天地之间，如太阳之照临是也。今上自帝王，下逮舆侩，内而中土，外而四夷，有一隅之不瓣香于夫子者乎？有一人之不丝绣于夫子者乎？此自心同理同，莫知其然之真赤，孰则能强之使然！……人人有一忠义之圣人在方寸中，则此一点忠义之气，虽海枯石烂、地老天荒，固常留于宇宙间也。……庶知圣人百世之

[1]　雍正五年四月二十六日《直隶宣化总兵李如柏奏陈武庙关帝神牌塑像应与武成王并坐折》，中国第一历史档案馆编《雍正朝汉文朱批奏折汇编》第9册，江苏古籍出版社1991年版，第731页。

图4.22　关帝像

师，尤能兴起人者，三代而下，未有若夫子之绝伦秩群者也。

在这股关帝儒家化的风潮下，民间组织逐渐出现关公为五文昌之一的传说。根据相关文献可知，至迟在乾隆三年（1738），地方志书中已将关公庙称作"武庙"。咸丰三年（1853）这种称呼被固定化，官方将关帝晋升为中祀，与文庙并列。民间也逐渐出现了"县县有文庙，村村有武庙"的局面。

阳城县汤帝庙内的关公殿与关公信仰　杜赞奇指出，理解不同时期国家和各社会集团对关帝给予的不同希望和象征必须考察关帝神化的语义链发展过程，就像同一个汉字在不同的诗词中有不同的含义一样，在不同的历史背景和社会环境下，对关帝的任何特定修正都要从这含义丰富的深厚背景中吸取力量。所以在不同的地区，关帝的教化作用也不同。阳城县的关帝信仰应该在宋元之后。元代郝经在《重建庙记》中写道："王讳羽，字云长，姓关氏，解梁人。起义涿郡，战争于徐兖，奔走于冀豫，立功于江淮，而投于荆楚，其英灵义烈遍天下，故所在有庙祀，福善祸恶，神灵赫然，人咸畏而敬之，而燕赵荆楚为尤笃，郡国州县乡邑间并皆有庙。"说明在元朝时期，山西还不是全国关羽信仰的中心。

元朝时期，少数民族入主中原，全国各地尤其是南方地区连年混战，各地神灵庙宇也多遭兵燹。而山西地区遭受破坏不是太大，对深藏山间各处的关帝庙并无造成多大影响，并且随着社会局势的好转，关帝庙的恢复修建工作也很快地展开。明清时期，山西超过湖北当阳地区成为全国关公信仰的中心，并且经过清代历任皇帝的推崇，关公逐渐成为华北地区享受香火最多的神灵。据相关学者研究统计，清代关帝庙遍布泽州五县，域内存在的关帝庙达到了268座，位于所有庙宇之冠。阳城县因为地近关帝家乡河东，地缘关系促使关帝信仰在阳城境内较早存在。阳城县的关帝信仰与阳城独特的自然地理、社会环境有着密不可分的关系。阳城干旱少雨的自然环境以及民众外出经商的社会生活习俗都影响了关帝信仰的地方化处理。

解州以产盐为生，宋元时期，河南、河北，曹、濮以西，秦、凤以东地区皆仰赖河东盐。把盐从产盐之地运到陕西、甘肃、内蒙古、河南这些食盐之地，这需要大量的行商。阳城与运城仅隔中条山，地理位置接近。河东盐在外运河南、河北各地时，阳城是必经之路，于是以贩运为生的阳城商人应运而生，这些被后世称呼为阳城帮的商人将河东的食盐、阳城当地产的生铁产品沿着沁河或者太行山运往河南、河北等地。他们在与河东盐商交往的过程中，接触到了关公信仰，并且被关公忠勇尚义的品德折服。商人祈求关公庇佑自己，他们将河东盐外运他乡的同时，也将河东人关羽护佑民众的传说故事带到全国各地，把对关公的信仰也散播到各处，很自然地关公信仰也被带到了阳城当地。

有研究成果表明，在各神庙修建关公殿也与明清泽潞商人的兴起有关。泽潞商人以经营盐铁、丝绸等闻名天下，同时在地区性贸易活动中扮演了重要角色地位。而阳城县在明清，尤其是清朝中后期，煤铁、冶铸等手工业发达，并且沿沁河流域还形成了发达的河运产业，围绕这些地区形成了集镇，如润城、郭峪等巨镇，这些发达的商贸中心都将关公作为财神祭拜。

"前代敕建，元元统间重修"的阳城东关关侯庙是阳城乃至泽州域内最早的关王庙。清康熙年间翰林院侍读纂修王维珍父子重修此庙，在庙记中指出当时阳邑人出于敬重关羽的"忠义"品德而重修庙宇，关公在民众的生活中"水旱疾疫凡有求必祷，祷必应"。说明关公在民众这里还是一位关心普通百姓日常生活所需的世俗神灵。"阳城县郛郭之东，居民庐室之间，其地负崛而高爽宏敞。古有义勇武安王庙，巍然面其南。峰峦拱揖，川陆环抱；云烟之状，草木之华，望之不穷。西南诸山，远浮天宇，若《禹贡》所载析城，又山之奇绝者也。庙之庭除，有泉水出焉，味甘且冽，汲饮者迨百家，用之莫竭，乡人于近北建龙祠以祭之。元统改元五月，本县主簿秃必歹将仕，赞治是邦，政教毕举，民皆和会。一旦，因休暇敬谒祠下，瞻拜礼竟，遐观俯视，睹溪山之佳丽，泉水之澄澈，怡然而乐。乃属其耆德卫珪等，告之曰：古人立祠于此，诚宜妥灵，又得名湫，其亦罕矣！予欲构亭以庇之，汝等若何？……于上肖设关侯之像，以彰神化。"[1]阳城缺水少雨的自然环境也对关帝信仰产生影响，原本就存在的山泉被认为与关侯有关，于是在修建龙祠之余，还不忘为关侯重修庙宇，酬答神灵庇佑之恩。阳城乃至泽州当地也的确有天旱向关公祷雨的习俗。

清朝雍正、乾隆年间各地掀起创修关帝庙的高潮。"薄海之内，自通都大邑，以至三家之聚，无不庙祀。"[2]"里中旧有帝祠，附在佛堂之左，其制狭小，且非专祀。乡人张鸿基等，倡义建于成汤庙之西，规制宏

---

[1] 卫元凯：《阳城县清风亭记》，晋城市地方志丛书编委会编《晋城金石志》，海潮出版社1995年版，第450~451页。

[2] 张五典：《西曲里建关帝祠记》，晋城市地方志丛书编委会编《晋城金石志》，海潮出版社1995年版，第578页。

图4.23　郭峪成汤庙西侧的关圣殿　张小丁摄

敌，体貌森严，里中岁时享祀而瞻仰尊奉之，诚得有所寄于无穷也。"[1]
阳城南石泉村于乾隆十五年在村中创修关帝庙，整个修建过程历时三年，
村民解明宝与妻子赵氏解囊捐资，四处募化，还捐地十四亩，创修关帝
庙。但是在这一时期，阳城县与全国其他地方修建关帝专祠不同，阳城县
的关帝庙大多是作为汤王庙的配祀殿而出现，关帝是民众祭祀汤王或者其
他神灵时的配祀神。润城镇上伏村现留存各种神庙24处，奉祀关公的专祠
或者配祀共有十处，关公为享受香火最多的神灵。但除了武庙是专祀关公
的庙宇外，其他皆为庙宇的配祀殿，关公为汤王、二郎庙、观音菩萨庙等
庙宇的配祀神。

　　在阳城，民众对关帝的信仰还表现在以下几个方面：

　　关帝不仅生前护国佑民，死后还振阴断阳。阳城县芹池镇刘西村因为

---

　　[1]　张五典：《西曲里建关帝祠记》，晋城市地方志丛书编委会编《晋城金石
志》，海潮出版社1995年版，第578页。

图4.24　崦山白龙庙关帝殿内作为财神的关帝（西偏殿）

村落对面有山，被称为虎山，村民感觉此山对村民生活不利，于是在村中修建关帝庙，自此以后村民生活稳定，并且在后世发展中，关帝庙逐渐成为本村的社庙，是村民举行春祈秋报之所。清朝道光年间，当地民众有感其他地方的社庙内皆祀成汤，于是创修成汤殿。此处关帝与汤帝的关系和其他地方不同，他处成汤是正祀神，关帝是配祀神，此处恰好相反。"关圣教尤类神灵，护国灵显王，生而为英声施赫，濯没而为灵神威丕，振阴断阳。断之政善恶，彰明伏虎降龙之治，山谷肃静。惟兹刘村镇曰虎峰，因村面虎山，自创寺后居民不宁，特建斯庙爰镇□形，惶恐遂息。……历宋金元明数百年来，春秋报赛于此，隆祀典焉。……革故鼎新，首移建正大殿五楹，次移建左右二殿六楹，创建两耳房上下二间，又移建东郊祺殿三楹，创建西汤王殿三楹，又移建拜殿三楹。"[1]

---

[1]　《重修关圣庙碑记》。

　　咸丰后期，关羽的财神功能逐渐凸显，有时庙宇修建直接呼殿宇为"财神庙"或者"财神殿"。康熙年间阳城三窑乡因为连年发生猛虎伤人事件，因此村中大庙主祀山神，并形成每年六月六日祭山神的仪式活动。道光年间，社首睹庙宇损毁，于是倡议重修。在重修过程中，社众将原有的主祀神山神迁出正殿，将祷雨的白龙、黄龙，主管农业生产的五谷神、主管财运的财神移入正殿。

五、若不修庙　村无其主

阳城成汤庙中的一通通碑刻，仿佛一位位沧桑老人，讲述着当地成汤庙几百年乃至上千年的重修、扩修、增修的历史。庙宇的修建，并不是一人之力可以独立完成，它需要众多人士的参与和有序的组织。每一次成汤庙的重修都是集全村老少之心血，费心费力，有时需要全村民众集几年之功力方可修缮一次庙宇，过程艰辛异常。在清中叶之前，成汤庙的修缮与管理很大程度上依赖于"社"这种自治组织。庙与社同呼吸，共命运，社因修庙而兴起，庙因社衰而终结。

1. 国家推行，村社制度

宋朝时期的碑刻中，已经留存有某某社的记载，这些社既是聚落名，又是某种民间组织的名称，这些社一般是集合群体力量办大事，如修建庙宇、祈祷神灵，组织内部包括一系列拥有职衔的首领和普通的民众。但是这些社在北宋的国家制度中并不是代表国家的地方组织单位。到了金元时期，村社作为地缘空间或者地缘组织被纳入国家体制，成为国家基层管理制度中的基本单位。

金代，坊里制的规定如下："五家为邻，五邻为保，以相检察。京府州县郭下则置坊正。村社则随户众寡为乡，置里正以按比户口，催督赋役，劝课农桑。村社三百户已上则设主首四人，二百以上三人，五十户以上二人，以下一人，以佐里正，禁察非违。置壮丁以佐主首巡警盗贼。"[1]

元世祖至元六年（1269）正式颁布立社法令，正式将社这种组织纳入国家的制度层级之中。《元典章》卷二三《劝农立社事碑》规定："诸县所属村疃，凡五十家立为一社，不以是何诸色人等并行立社。令社众推举年高通晓农事，有兼丁者立为社长。如一村五十家以上，只为一社，增至

---

[1] 《金史》卷四六《食货志一》，中华书局1975年版，第1031页。

百家者，另设社长一员。如不及五十家者，与附近村分相并为一社。若地远人稀不能相并者，斟酌各处地面，各村各为一社者听，或三四村五村并为一社，仍于酌中村内选立社长。"自此村社制在华北地区全面推行。

在村社制度施行之后的一段时间之内，坊里制与村社制度并行。以元代至元十七年（1280）《汤帝行宫碑记》为例，其中共记载了当时山西、河南两省二十二个县八十九道汤王行宫。阳城的近邻翼城县所有的六座行宫，除一座不在"村"内，其余五座皆在"村"内，吴棣村、中卫村、上卫村、南张村、北张村，聚落名称非常统一规范。而同碑中记载的阳城县十一座行宫分布却在不同的聚落空间：阳城县南右里一道、东社行宫一道、西社行宫一道、南五社众社人等行宫一道、白涧固隆行宫一道、下交村石臼冶坊众社等行宫一道、泽城府底行宫一道、芹捕栅村等孟津行宫一道、李安众等行宫一道、四侯村众社等行宫一道、光壁管行宫一道。这些汤王行宫有的修建于里，有的修建于社，有的修建于镇、坊、村、管等名字各异的乡村聚落中，聚落名称相对混乱。元朝时期，这些成汤庙所在的聚落名称不一，规模不等，我们很难严格区分它们之间到底是什么关系，哪种名称代表的聚落规模更大，其隶属关系如何，等等问题，我们此处不赘讨论。但是可以看出元朝时期乡村地方自治组织还没有规范化，村社制度在各地社会并不是均质化推行。据碑文反映的情况可以表明，元朝至元年间阳城乡村社会还同时存在着坊里制和村社制，两种制度相互作用，共同在乡村民众的生活中发挥着作用。

村社制中每个人分工明确，里正和主首负责催督差税，而社长主要负责劝课农桑。元朝后期，社的地位越来越重要，社长不仅要参与乡村救济、社会教化、民事纠纷的解决，甚至发验户等、丈量田亩、催科赋税等责任也落到社长的头上。《通制条格》规定社长对村社的管理包括劝农、水利、垦荒、社仓、社学、灭蝗、平讼，等等，几乎包括了乡村生活的各个方面。

图5.1　成汤庙石碑　张小丁摄

2. 捐资舍产，共修庙宇

元代至元年间汤王行宫的碑刻中记载有"下交村石臼冶坊众社等行宫一道"。该行宫，在后世得到很好的修缮与管理，目前它被称呼为"河北镇下交村成汤庙"。碑文记载，这座成汤庙创修于金大安二年（1210），历元、明、清、民国直到现在，是阳城县内保存较好的成汤庙，现为全国重点文物保护单位。俗语说"没有千年的国，却有千年的庙"，在这里可以得到很好的印证。

图5.2 成汤庙石碑背面 张小丁摄

图5.3 河北镇下交村成汤庙山门 张小丁摄

政权更迭与变换，人世沧海与桑田，村庄聚落大小有变化，而这庙宇却屹立于村庄千年不倒，这是为何？庙宇的经营与管理是如何实行的？为何其他地方的成汤庙倾圮倒塌，而此处的成汤庙却可以岿然矗立？现在的成汤庙又发生了怎样的变化？是否一如既往地香火兴盛？这些问题通过了解下交村成汤庙从元至清各朝的修缮史就可以得到解答。

下交村在阳城县西南二十公里，"人烟稠密，为邑南巨镇"[1]。杨继宗在《重修下交神祠记》中指出下交村得名的由来，"析城之东有下交之地，山水奇秀，居民稠密。南北两河，中夹大阜，自东徂西，合为一水，因名下交"。

村北高地上的成汤庙自修建以来就是下交村的宗教中心，被当地民众认为是汤王行宫，与神圣的析城山成汤庙有亲缘关系："是以县治西南，

---

[1] 田从典：《重修大殿碑记》（勒石于清康熙五十二年，现存于阳城县河北镇下交村）。

去城七十余里，有山曰析城。草木分析，山峰如城，即《禹贡》所载之名山也。世传王尝祷雨于斯，故立其庙像。民岁取水以禳旱，其来远矣。其山之东北有下交之地，居民正北有阜巍然，南山群峰屏绕，襟带两河，极为奇秀佳丽之地。原其所自，亦析城之余支远脉伏而显者也。王之行宫在焉。每遇水旱疾疫，有祷即应。亦王祈祝祷之遗意也。"[1]金元以降，成汤庙不仅是本村天旱祷雨的场所，还是下交里社举行社祭的场所。"大阜之上，中创神祠，为一乡祈报之所。春祈百谷之生，秋报百谷之成。"[2]

如此显赫尊贵的祠庙得到下交村世代民众的珍爱，修缮与维护不辍。此庙有据可寻的重修事宜是明宣德六年（1431）重修太尉殿。宣德六年正月十五日，下交村社首孙克诚见本村成汤庙太尉殿倾圮，于是倡议重修太尉殿。孙克诚率先捐资，施太尉殿前、佛像殿前、舞楼东石条三檐，施擎子三顶。主要工程包括：补塑像一殿，补雕普太尉一尊、三太尉一尊、关帝像一尊。这次重修太尉殿有社首二十一人，按照国家规定的五十户为一社，每社设社长一名的规定，那么就此推算，下交村应至少有一百零五户，这种人口规模与数量显然不符合当时阳城县的聚落规模。另外，此次重修出现了两位女性社首——刘氏与□□侯氏，按照传统中国社会男主外、女主内的家庭模式，很显然这两位女性社首不可能是地方行政组织里社的社首，她们根本没有机会参与地方社会自治组织的里社之社，她们只能是为修建庙宇而临时所建之社的成员。这些社首大多数来自于孙氏家族，与后世原氏家族控制下交成汤庙的管理与修缮一样，这一时期的下交成汤庙主要掌握在孙氏家族手中。与其说里社组织控制成汤庙，倒不如说家族掌控庙宇更合适些。最大的可能就是当时的里社之社首与修建庙宇之社首有部分相互重叠的情况，例如社首孙克诚既是下交里社的社首，亦是此次成汤庙太尉殿重修的社首，但这二者有多大的重合度我们不得而知。

---

[1] 《重修乐楼之记》（勒石于明嘉靖十五年，现存于阳城县河北镇下交村）。

[2] 《重修下交神祠记》（勒石于明嘉靖十五年，现存于阳城县河北镇下交村）。

明成化年间之后，孙氏家族逐渐退出了掌控成汤庙乃至下交村的历史舞台，历次修缮庙宇的总理社首中几乎没有再出现过孙氏，甚至分理社首也几乎不见孙氏踪影，成汤庙的修缮与管理与孙氏几乎没有关系。[1]宣德至成化年间，下交孙氏家族到底发生了怎样的变故，为何会退出下交村的历史舞台，我们不得而知，但是很明显的是，代孙氏家族而兴起于下交的原氏、鱼氏，其家族势力日益强大，尤其是原氏家族，从明成化年间之后就牢牢地掌握着下交成汤庙的修缮与管理权力。

明代正统至成化年间，下交村成汤庙多次损坏，亦多有重修。"祠庙总若干间，有年久倾颓者，有空缺未造者。正统申子春，里生鱼鲸植桂二株。越明年，里人原大器、孙郁、许真、卢岩，重修舞楼。成化纪元，原大用辈重修广禅侯祠。十有二年，原宗禄辈创建佛殿三间，兼塑佛像五尊。十有三年，原大亮、原宗仁、原宗禄、原礼、原英、孙敖、席步、席扩、孙志学、孙志端、原昙、原景、原内、原乾一十四人，皆乡党之拔萃者，睹成汤、黄龙、关王殿三间倾圮，神像剥落，同心协力，重修补塑。落成，问曰：'祠神左右隙地，未曾起造，可建夫乎？'金诺曰：'善。'遂东建白龙并太尉殿共八间，西建行廊及门楼十有三间。昔之倾颓者，咸重修之；剥落者，悉补塑之；空缺者，整创建之。"[2]

明朝成化年间的重修事宜更多的是同一家族之间的内部合作。碑文中常常出现"原大用辈"、"原宗禄辈"、"里人原大器辈"这样的庙宇重修合作团队，并且财力资助也常常以同一家族成员集体捐赠为主。汤帝庙拜殿有石柱八根，分别刻有龙、凤、花卉、神话故事、化生童子、人物等，这八根石柱分别是由下交原氏族人捐赠，其中四根石柱来自于两个家庭的捐赠，正殿廊庑东一柱和正殿西石柱来自里人原宗礼家，正殿廊庑东二柱和正殿廊庑第三根石柱来自于原瑢家。其具体的捐施情况如下："正

---

[1] 孙氏家族退出下交历史舞台也是一个渐变的过程。

[2] 杨继宗：《重修下交神祠记》（勒石于明成化十八年，现存于阳城县河北镇下交村）。

图5.4　成汤庙庙门

殿廊庑东一柱刻字：里人原宗礼，举人，任汝阳县知县。次男应宿，任松江府通判。孙朝仪、廷仪、瑞仪。曾孙一鹏、一定、一缨。施石柱一条。正殿西石柱刻字：里人原宗礼，举人，任汝阳县知县。长男应瑞。孙辐，科举增广生，曾孙原一正，施柱一条。正殿廊庑东二柱刻字：里人原瑢，举人，任大名县知县。长男宗善，举人，任秦府左长史。孙应奎，监生，任成安县主簿。曾孙轩，进士，任浙江按察使，妻梁氏，封孺人。施石柱一条。正殿廊庑第三根石柱刻字：里人原瑢，举人，任大名县知县。次男宗儒。孙应，任庐州府经历。曾孙轵。玄孙一江。施石柱一条。"[1]

　　明成化年间，为修建庙宇而临时建社还没有形成风气。成化十八年，在重修成汤庙碑的最后，杨继宗列举了此次重修的主要领导人员。对这些人员，杨继宗用"维那头"称之。丁福保在《佛教大辞典》中指出，"维

────────────

　　[1]　《下交汤帝庙拜殿石柱题刻》（勒石于明嘉靖六年，现存于阳城县河北镇下交村）。

图5.5　河北镇下交成汤庙献殿石柱上的雕刻　王家胜提供

那"原本是佛寺中的一种职位。"维"是纲维之意，而"那"是梵语的"羯磨陀那"，在佛教中称管理寺院僧众杂事的人为"维那"，又称"知事"、"悦众"等。北魏以维那为僧官的称呼之一，都城则设都维那，民间借用官府的僧官之名，将参加或管理"邑义"或出资造像的人也称为维那。杜正贞指出这个佛教用语在宋代以后晋东南各种神庙和"社"的文献中频繁出现，在一定程度上说明佛教在这一地区的影响。明朝成化年间，下交村重修成汤庙时，将主要负责庙宇修缮的头目称为"维那头"，说明下交村此时为了修建庙宇而立社的习惯还没有规范化。这些维那头都是乡党拔萃者，碑文中列举的这十四人主要来自于下交原氏、孙氏和席氏家族。孙氏在宣德年间曾经是下交村里社的主要领导者，成汤庙的修缮与管理主要仰仗孙氏家族。此次重修，孙氏家族的势力明显弱于原氏，原氏在此次的重修中有十人，而孙氏仅有三人。这两大家族势力虽有涨落变化，但是在下交村这个地域空间里，孙氏、原氏以及鱼氏都是下交村的名门右族。杨继宗曾将这三大家族比作盛唐之崔、卢，东晋之王、谢。由此可见这些家族在当地社会的影响力。"原氏世居其地。三百年来，多以儒术致身，彰为治绩。大司马襄敏公立功阴阳，尤炳耀汗青者。阳城虽多名卿材大夫，然以公为之冠。其先后又多人物，阖郡旁县衣冠之家，未有如其久远者。"[1]据民国间《阳城乡土志》统计，明代下交原氏共有十二人出仕为官，其中进士二人，举人五人。原氏家族最为辉煌的岁月在明中叶，这一时期也是成汤庙赖原氏倡议重修、扩修最为集中期，正是在原氏家族世代不辍的努力经营下，下交成汤庙才得以规模不断扩大，成为诸多成汤庙中的佼佼者。

经过明中期的不断扩展修建，下交成汤庙在明正德年间有五十余间。"观其旧记，殿宇行廊门楼，大小五十余间。"[2]正德五年庚午在原氏族人的主持下，村民们重新修建乐楼。此次重修，虽是由原宗志、原应瑞作为总理社首，但却是在另一位总理社首原应轸的要求下展开工作的。原应轸在嘉靖十五年倡议重修成汤庙正殿廊庑，并且通过此次重修，他建立了下交村修建庙宇的制度，将庙宇的修缮与管理制度化。李瀚，一位与下交原氏有姻亲关系的成化十七年进士，对此次重修进行了详细记叙：

越九载致其政而还。抵家未旬月，前日念即萌乡之故事。月朔望，相率而祀于庙，神山因祀乃举爵，长跪而谋诸众，众喧然许诺。已而自具酒肴，约会首一十六人，且告之曰："欲兴兹役，厥工匪细，财力之费，我固先之。如难独济，何责分尔辈，尔克胜乎？"众慨然任之，遂定约，分乡人为十二甲，作二木牌，书众名其上，一挨督馈饷，一挨督供役。……首及正殿，即汤庙旧直堂三间，今易为四。转角出□斗拱，四面通额梁、石柱。旧门窗，皆木板为之者，今易以棂花亮格十二扇。留后门，为将来建寝室。端其材木瓦石，各壮大精丽，愈于昔数倍。虽云重修，实则创

---

[1] 田嘉榖：《下交村重修庙记》（清雍正七年）。

[2] 王玹：《重修乐楼之记》（明嘉靖十五年）。

建，时嘉靖丁亥春也。……乃及东北黄龙祠三间、佛祠三间、西北关王祠三间、神库二间，正东白龙祠三间、太尉祠三间、神厨二间，正西牛王祠三间、子孙祠三间、土地祠二间。其东西诸祠之下旧行廊，皆平矮室，今为重楼各五间。正南左右斗拱门楼二所，皆次第而成。四旁联壁，绳直矩方。虽各因旧基，然旧皆土壁板瓦，今通缭绕以砖，易之以桶瓦。四面总二百步，用砖十万有奇，瓦亦称是。并其中各神像，亦皆补饰完美。其余栋宇之类，易旧以新，易小以大，易粗朴而精致者不胜记。又造石狮二于正殿之阶，极其工巧，植桧十有二本于院，植松柏八十本于四外。

原应轸依靠自己的个人权威创立了一套将整个村分为十二甲的制度，分甲捐钱、派工，这种修建制度带有明显的强制性，在后代的多次重修中，这套制度都得到了沿用，每次庙宇的修建都是在三名总理社首和十二位分理社首的协力合作下完成的。这种为修建庙宇而临时组建的社组织与明清官方政府的基层乡村里社之社各不相同，原氏创立的这种立社制度仅为修建庙宇而用，属于一种临时性组织，建庙立社，庙成社散，正是这种制度化的修庙组织确保了成汤庙得到很好的修缮与维护。至于在后世发展中，这种组织与里社之社有多大程度上的重叠，则要具体情况具体分析。

康熙五十二年完工的重修大殿与拜殿的时间几乎重叠。两次工程起工时间稍有差距，完工时间在同一年，大殿完工于康熙五十二年孟春，拜殿完工于同年的孟秋。碑文记载这两次重修之事财力不足，整个工期都比较漫长，有四五年之久。这两次重修的组织经营者完全是两套班子，互不相同，重修大殿的总理社首是原文彬、茹之轩、卢纯；重修拜殿的总理社首是原士林、许尔厚、原稳。两次重修的分理社首分别是从十二甲中推选产生的，这些人物也多不相同。重修大殿的分理社首分别是：原修隆、原士浩、许伯寅、原相周、原硕蒙、原公擢、原景周、赵秀廷、原□星、卢群凤、原纯、吴应章；重修拜殿的分理社首则是：赵贵廷、吴广生、原泽洽、原文魁、原景思、原洪珠、原纯佑、原玫。比对这两次的总理社首与分理社首完全没有重合人员，对同一社区内的同一座庙宇几乎同时的修缮，却完全是由两套人马来完成，并且互不干扰，说明在修建庙宇之初首

图5.6 成汤庙献殿 张小丁摄

先要成立一个专门的修缮组织，这个组织被称呼为"社"，这个社与被纳入到国家行政行列的村社有区别，这种社只是一种为了修建庙宇等宗教场所的临时性组织。这种专为修建庙宇而组成的社主要包括总理社首、分理社首、阴阳、主持、梓匠、丹青、油匠、铁匠、玉工、琉璃匠、木工等人员，除了总理社首与分理社首是本村人员之外，其他的工匠有可能来自外地。

康熙五十五年，成汤庙内的黄龙殿、佛殿、白龙殿、风雷殿有倾圮危险，里人卢太荣、原有绪、原景闵目击心恻，倡议重修。此次重修还是沿用惯例，秋获之后按收成抽收费用，"又举分理厥事者凡十二人，便己不独劳而功皆就理"。这次重修历经五年，主要对黄龙殿、佛殿、白龙殿、风雷殿以及文昌阁重加装饰，使之金碧辉煌，并且还设立了土谷祠。这次重修与康熙五十二年完工的重修大殿、拜殿时间相隔不长，但对比这三次重修的总理社事与分理社事诸人，完全没有重合者。由于缺乏更深入的资料，我们无法判断这些社之间的关系如何，合作抑或竞争，但是这更加肯定了我们的推断，成汤庙的每一次修缮都是在一个临时组建的民间组

图5.7 成汤庙正殿内的成汤画像

织下完成的，庙宇的修缮与里社这种国家地方制度没有多大关系。成汤庙在修缮之前首先需要成立一个专门机构。在下交村，这些为建庙而立的社之社首主要来自原氏、卢氏和许氏家族，孙氏家族已悄然退出历史舞台。但是这些社与明朝时期重修庙宇之社不同。明朝时期的修缮庙宇事情，其总理社事者有时为三人，有时仅有一人，但一般来自于原氏家族，分理社事者来自于里内多个家族；在清朝时期，总理社事者不再是原氏家族一枝独秀；清朝以后，原氏家族在科举上有所退步，"国朝以来，列庠序者不乏，登科第者寥寥，然族繁人众，各安本业，亦前人之遗泽孔长也"。清朝时期原氏家族虽还是村社中的大家族，但势力远不如前朝时期，反映在修缮成汤庙事情上，就是原氏与卢氏、茹氏、许氏等其他家族共同联手，大家平分秋色。

"原氏世居其乡，为大姓，科第缙绅辈出。"[1]康熙朝以前，下交村

---

[1] 李瀚：《重修正殿廊庑之记》（明嘉靖十五年）。

成汤庙的修缮与管理与原氏家族有极大的关系，修缮庙宇的费用也多是村中有钱人家自愿捐赠，需要全村所有民众出钱出力的情况几乎没有。康熙年间，阳城县包括下交村在内几乎所有的村社修建庙宇时的经费来源发生了变化，寺庙修缮不再仰赖一家一族之力，而必须仰赖全村民众合力方可完成。凤城镇南底村则是于村中殷实之家捐资外照社摊收。有的是按照每年夏秋收获季节每户的收获情况按比例抽收。有的是变卖寺庙周围的树木，嵩峪村在雍正年间主要是卖社庙周围的大树，"卖东坡三门内柏树两株，售银六十两，复照地亩均派每分社收银三□□"。有的是依靠社金利息，嵩峪村道光二十一年重修本村汤庙的主要资金来源除了售卖大树外，还有社金的利息，"伐柏林售板得若干金，又连年积储稞租得若干金"。诸多方法中，按当年的收获抽收谷豆用作修建庙宇费用的方法逐渐成为一种惯例和制度，是后世主要的建庙经费来源。康熙四十七年，下交村重修成汤大殿，此次重修由乡人茹之轩、原文彬、卢纯等人提出，他们有感汤庙倾圮破坏，于是相约村中众人相商重修事宜，但是财力有限，于是大家议定"于秋获之后，按其所获，每谷豆壹石出不瞒天数升。于是众心悦服，喜施乐舍，集谷豆数百石。遂于十二甲中，每甲各举一人，以董其事。"[1]此次工程起始于康熙四十八年，五十二年工程结束。同年完工的还有邑人许尔厚、原士林、原稳等倡议的重修拜殿工程，重修拜殿虽工期不长，起于康熙壬辰（1712）春，完工于次年秋，但是整个筹资过程却经历了三年之久。"念费繁而难以猝备，遂每岁于秋夏收获之期，按获抽收。始于康熙之己丑岁，阅三载而积粟麦数百石，施者不苦其艰而财用足备。"[2]

有时即使是这样，修缮庙宇的费用也不充足，在这种情况下，就先修缮那些已经毁坏的。正殿与配殿同时需要维修时就只能采取"避轻就重"的原则，先集中财力修缮正殿，剩余资金维修偏殿，如宣统三年南底村在

---

[1]　田从典：《重修大殿碑记》（清康熙五十二年）。

[2]　原景苏：《重修拜殿碑记》（清康熙五十二年孟秋）。

维修村中大庙时就是重点维护大殿成汤殿，剩余资金维修配殿，"将成汤庙宇之神像、墙壁栋以及舞楼怠无不金妆之，补塑之，涂之，油画之。至于佛庙、关帝庙，仅将院内之檩梁、椽柱、门窗一概粉饰丹"。

康熙五十九年至雍正元年，阳城县发生干旱洪涝灾害，农业减产，民众生活困顿。雍正三年，下交成汤庙内西庑高禖、广禅、土地三祠倾颓尤甚，里中屡议重新，但刚刚遭受灾荒的民众既无钱又无力修缮庙宇，连出面总理修缮事宜的人都找不到。几经波折之后，里人原士诘、许伯聪、崔明才三人出面，愿意总理此次重修事宜。此次重修遵循过去的修庙立社制度，除已有的三位总理社首之外，另在社十二甲中，每甲举急公勤民者一人，以分任其职。此次重修碑刻中没有详列总理社事者与分理社事者的名字，只在行文中列举了原士诘、许伯聪、崔明才三人的姓名。按照惯例，这三人应该是总理社首，而其他十二人是分理社首，但这些分理社事的人员来自于哪个家族，由于材料不足我们不得而知。雍正年间的这次重修特别强调了成汤庙的社庙地位，"自古建国立社，首重其典者，所以报土功而酬帝德也。故自王国而下，以交乡曲，皆得择地为坛，以立里社而为社报之所。本邑之南二十里许，曰下交。群峰缭绕，众水萦回，居民稠密，人烟凑集。其村之北，土阜隆起。立庙其巅，历年久远。"[1]此次重修之前，面对倾圮的殿宇，里社众人多有商议，但由于财力、物力、人力不足，致使重修事宜迟迟不得进行，延至雍正三年方有里人出面愿意负责修缮事宜，工程方才开始。这一点说明，下交成汤庙虽然是下交的社庙，但是作为代表国家对地方社会治理的乡社却对庙宇的修缮不负有责任，即使是里社社首也不愿意承担组织修缮庙宇的事情。"惜无仔肩而克胜其任者。"雍正四年至七年，下交村阅三年重修成汤庙。这次重修主要是对庙宇内外进行重修，"卑者高之，狭者广之"，并且将庙宇周围修建墙垣，舞楼、正门、东西二门皆饰以丹青，焕然更新。此次重修几乎是原氏家族

---

[1] 王敬修：《重修卤庑之记》（雍正四年）。

一族独立经营，总理社事者由原大吉、原景祥、原进杰三人担任，分理社事者沿用惯例还是从十二甲中选取，这十二人中原氏占有十人，卢氏、孙氏各有一人。这些都说明至少在雍正年间，庙宇的修缮还需要重新成立一个修庙的临时性组织，这种组织与里社之社基本上属于两个完全独立的组织团体。

乾隆三年，下交村村民卢鸣凤、原荣诏、原文应三人捐资重修成汤庙内的关帝祠。同年，社内有卢兴泽、茹万郡、原瀛洲三人目睹庙东南库楼倾圮殆尽，倡议重修，于本社十二甲中又举公正勤敏者各一人，共襄其事。此次重修库楼与重修关帝祠虽在同年，但总理社事与分理社事的人员还是没有重合者，并且这次分理社事的人中有来自新的家族——毕氏、郭氏，在以前的多次重修过程中并没有这两个家族的人员参与。乾隆十三年，李济远与下交村民原景尹、原泽近、卢应玺共商重修成汤庙舞楼、西亭角房，此次重修事虽由知县后学李济远首倡，但是在最后所列的总理社事名单中却并无此名，只列举了原景尹、原泽近、卢应玺三人的姓名。

嘉庆十二年，下交得到梁城里马满江、马隋荣、马随和、马隋才等人的捐赠，原□锜等七人认为成汤庙东西门狭隘，于是用这笔捐资扩修东西二门。这次重修没有沿用惯例出现总理社事者与分理社事者，而是以首事人称呼，并且在人员数量上也出现了变化，首事人相当于总理社首，人员由以往的三人增加至七人，新出现了"修理首事"一职，修理首事与以往的"分理社事"不同，分理社事与总理社事一样也来自于本村人员，一般是从社十二甲中选取，他们与总理社事者一样出钱出力，却没有获取工钱的可能。"所余资财，又具筵席酒醴于八甲中，敬请修理首事拾人，俾其修外院两庑焉。""请修理首事使钱贰仟伍佰文"说明修理首事是需要支付费用的，据此推断，可能是从村外雇请的专业修庙人员，类似于我们现在的"包工头"或者"工程队队长"，他们属于庙宇修缮的施工者。嘉庆年间的这次重修较过去的历次重修事宜出现了诸多变化。这些变化告诉我们，此时期修建庙宇不再需要成立一个专门性的临时组织，即不需要建庙立社。修建庙宇可能已经发展成为里社组织的一种责任，而具体的修缮事宜也完全可以依靠外来力量，聘请专门人员负责具体的修缮事情。

嘉庆十五年（1810），社宰原声钲、原懋修感成汤庙拜殿与西庑瓦木倾圮，于是倡议重修。但是是年发生春旱，年谷不登，于是重修汤庙事宜暂时搁置。在这期间，社宰原声钲寿终，其子原道统继承父志，费心管理重修事宜，七年之后，拜殿重修工程才得以开展，工程于嘉庆二十二年（1817）五月动工，六月二十九日完工。此次重修沿袭了嘉庆初年的重修组织，设总理社首与修理头目，总理社首四人，修理头目多达三十二人，这些人员来路复杂，除了原氏、许氏、孙氏之外，还增加了李氏、赵氏、高氏、崔氏、王氏。这次的重修事宜是在下交社两任社宰的不懈努力下才完成的，原声钲与其子原道统既是下交社的社首，又是此次重修拜殿的总理社首，这种现象表明此时期修缮庙宇这类事情可能已被纳入地方自治组织里社的管辖之内。嘉庆二十五年（1820），下交成汤庙补修门道，这次工程是在本年社首原清海、原得起、原玉仁的带领下进行的。碑文中提到同村人原声才见门道缺陷，倡议并捐资补修门道，但在记录具体负责维修人员的碑文中却没有提到他，说明他并没有参与此次修缮工作。乾隆后期为了修缮庙宇而临时组社的情况已经越来越少。尤其在嘉庆年间，修建庙宇这些事情已经完全被纳入里社的行政事务当中。道光年间，修建庙宇已经完全成为里社之事，庙宇修建时不仅里社需要按户出人，而且连维修资金也需要按户收取。"照社摊费，每分社七十文之数"、"社共收二十一千三百□十文"。负责修缮庙宇的管理人员也打破明朝嘉靖时期形成的"十二甲制度"，"总理社事"与"分理社事"的人员构成也被"总理头目"和"修理头目"所替代，管理人员数量也由原来固定的十三至十五人转变为人数不定，嘉庆时期庙宇的修缮与管理较明嘉靖年间原应轸制定的修缮庙宇的人员组成已经有了很大变化。并且从"头目"这种称呼也可以看出修缮庙宇已经完全被控制在里社的管辖范围之内，成汤庙的修缮以及日常管理与乡村里社这种地方自治组织已经完全交融在一起。

同治十年（1871），下交村补修成汤庙各殿檐头并庙外大路。此次工程是在里社社首原太成、原守宣的带领下完成。可能整个工程都是由里社各位社首督工完成，没有专门设立分理社首或者修理社首等职。但是在这一时期已经明显感觉到庙宇修缮之艰难，参与庙宇修缮者人数之少，就连碑文亦是寥寥数语。这种艰难在清光绪年间倍之。丁戊奇荒之后，阳城整个县城元气大伤，下交村也不例外。成汤庙也因无人照应而墙壁颓危，瓦缝罅漏，丙戌年西神祠一连五间一时倾圮。下交村民原嵩年邀集绅耆商议，推举茹景义为修理头目，负责修缮成汤庙事宜，茹景义寿终之后，其子茹永命继承先志，此次重修历经十年方才结束。原嵩年对这漫长的维修有感而发，在羡慕前辈修庙同心合力之余，倍感当下修缮庙宇之艰，"宰天下与宰社，其分悬，其理一也。究之，社之难宰，较天下更倍。何也？不得以刑驱，不可以势迫也。然则任事者，非公以处之，勤以率之，柔以御之，曷由使人乐赴事物议不生哉"！在原嵩年看来，庙宇修缮之难主要是因为里社制度在乡村社会运营不善。光绪十二年之后历年宰社者对成汤庙都多少进行了修缮。很显然光绪年间，修缮与管理成汤庙已经成为历任社首的分内之事，也正是仰仗了历任社首的维持调护，成汤庙才能不断得到修缮与经营。

下交成汤庙的修缮与管理在清中期日益被纳入里社的管辖范围之内，这种营运延续至民国时期。在清中晚期以及民国期间，到成汤庙举行祈雨仪式以及每年春秋两季例行的春祈秋报活动也都是由社首率领社众在成汤庙内举行，成汤庙成为村社的公共空间。下交村每逢天旱时就会在社首的组织带领下在成汤庙内举行祈雨仪式，据说下交村成汤庙在以前祈雨非常灵验，祈雨后三天之内必有降雨。祈雨时首先是社首安排各里甲出人出资，参加人员统一着装，身穿蓝大袍、黑领褂、头戴柳条帽。人们在成汤庙内集合，焚香叩拜汤王之后，抬着汤王神像从东大门外出，神像起驾之前要鞭、炮、铳开道，然后是奉香炉、顶桌者引路，后面跟着挑宫灯者数人，再后面是举黄白黑三色龙旗手百余人，接着是八抬大轿抬着的汤王神像，黄罗伞罩紧跟其后。祈雨队伍沿着吴神岭、史家岭、天岭、白土坪，蜿蜒至南坡山神庙，然后再返回村内成汤庙。

社首除了在天旱时期安排社众举行祈雨仪式之外，每年的春秋二季还要举行春祈秋报仪式。从明朝时期，下交村成汤庙就是下交里社举行报赛的场所。"其上有成汤庙……凡遇春祈秋报之期，邑中父老子弟相率而饮蜡于其下。"[1]与阳城其他地方一样，下交村春祈秋报的仪式也是"取水"仪式。下交村最后举行换水仪式是在1936年。此村的换水仪式参加人数众多，有时可达几百人，这些参与者身着长袍马褂，在社首的组织安排下在换水仪式中扮演不同的角色。

三月初，社首召集各里社，安排各里社的出钱出人情况。准备好之后，各里社人员在社首的统一安排下，到成汤庙集会，然后是抬着汤王神像，组成浩浩荡荡的取水队伍到圣王坪圪雷洞取水。取水队伍由三部分组成：汤王的仪仗队、汤王神像以及取水者。队伍的最前面是汤王的仪仗队，此列队伍的人数最多，行头最丰富，放鞭炮者、奉香炉者、顶桌者、挑宫灯者、擎黄罗伞者、举黄白黑三色龙旗者，队伍的中间是由三十余人抬着的供有汤王神像的钟鼓楼，队伍的最后是八个身背盛水木箱的背箱者，木箱内装有盛水的小口径瓷瓶。队伍的前、中、后有三支乐队。取水队伍到了圣王坪圪雷洞后，拜神取水，然后用龙须草塞住瓶口，鞭炮齐鸣，大铳震天，队伍再返回村内成汤庙。社首理事以及头面人物去神圪堆神坛请神回庙，祭拜神灵。人们把新取回的水放在东禅房，旧水送到村南阁前"井龙王庙"内的古井中。酬谢完毕之后，由社开办十二桌酒席酬谢村民，同时要唱三天大戏酬谢诸位神灵庇佑。

20世纪30年代之后，下交成汤庙由于战争等原因遭到破坏。尤其是随着乡村里社制度的瓦解，村社之中再没有管理与修缮庙宇的机构与组织，遭到毁坏的庙宇再也没有能力得以恢复，并且祈雨以及春祈秋报的仪式也没有组织者，仪式被人为地压抑。围绕春秋报赛活动行程的庙会活动被取缔。成汤庙随着村社制度的废除而进入历史衰退期，庙宇不再被修葺，围绕庙宇举行的各种仪式也被取消。地方社会生活的改变，带来了整个神灵

---

[1] 原景苏：《重修拜殿碑记》（清康熙五十二年）。

信仰以及神庙建筑的瓦解坍塌。"文革"之后的很长一段时期内，下交汤庙曾被作为当地的学校。即使是下交村本村民众也不能自由出入成汤庙。现在每逢初一、十五，也有上香的民众，但是这些行为多属个人行为，没有村社组织盛大的庙会与祈雨、报赛仪式，成汤信仰在下交村呈现衰落趋势。在这些不论是作为乡村基层行政单位的组织，还是作为宗教组织的团体中，我们都必须充分认识地方乡绅的重要作用。社庙的功用、经营与修缮以及举行的各种宗教仪式都需要这些地方乡绅牵头协调组织。

作为社庙的成汤庙的维护与修缮对于每一个里社或者乡村民众来说都非易事。各个里社的情况不一，对于成汤庙的修缮与管理也各不相同。有些村社地理位置偏僻，经济穷困，为了安置社神，但又无力重新修建社庙，于是就将村中原有的神庙改造为社庙，这种借用原有庙宇建筑为社庙的情况，在阳城比比皆是。驾岭乡西冘村成汤庙就属此例。西冘村原有庙宇，佛祖与成汤共置一院，年久日远，殿宇倾颓，神像剥落，春祈秋报时节，众人观此情景，莫不伤心。乾隆二年（1737）社首召集大家商量重修

图5.8　成汤庙正殿内的谢神旗

庙宇事情，但是各社意见不一，众口难调，"合社村庄不一，难以修理，为工劳浩大，独力难成"。次年，社首重新召集各社相商，各社同意秋收之后按照收成募集钱粮修建庙宇，但是所筹资金远远不够重新修建一座社庙，于是"重修大殿，将佛像移于乾地，方□妆画神像，鸠工庀材，不□有金碧辉煌，而神殿遂然一新矣"。凤城镇荆底村因为社里无钱，没有能力构建社庙，于是将崇祯年间全社勉力合建一座神庙——三教庙作为全村的社庙，"夫庙何繇而修也？盖谓春祈秋报自古有之。无其庙，则今年在此为坛趾，过岁在彼为祀场。偶有风雨则东者东□乎，将为慢神乎？修此庙为虔诚祭神一也。中等人见相而作福庙在斯，神即在斯。逢朔遇望，忝香运火，以报□□，此处仅三十余家，且室如悬磬，势贫力弱，庙不能遽修矣。社首茹大兴、茹成家、茹成栋、茹国礼□□理创修□□三教庙一座，因得见神面，得洁于祀神，虽不能尽报其恩，亦可以少舒其意耳"。此庙从崇祯年间修建完毕之后，一直是村里的社庙，延至清朝康熙年间，社众有感其他地方的大庙主神皆为成汤，但是又苦于构庙缺少资金，于是将旧有的三教庙改造为成汤庙，成汤庙在当地民众的生活中更是理所当然地作为社庙在经营着。"独兹庄者介于两山之中，涧下清流涓涓，其地瘠狭，居民鲜少，止有释迦堂一所，如他庙者未之有焉。春祈秋报无有定处，遇夫风雨寒常苦祭祀之艰。……建造正殿三楹，而以成汤主焉。左右角殿焕然一新，关帝以及广禅神俱有所凭依。两庑虽未修饰，而已巍乎，其可观也。又移修佛室于庙侧，以便女众之出入。"

社庙的修建对于依靠农业收入为主的中国农村并不是一件易事，一座庙宇从筹划到修建往往需要耗费几代人的心力，时间跨度往往也会经历几年甚至几十年。阳城县演礼乡上清池村的社庙修建跨越了康熙到乾隆朝约四十年的时间。社庙的修建一般都经历了从小到大不断创修增修的过程。康熙五十四年，上清池村缺少社庙，因此全村民众合力集资筹建社庙，但是资金难凑，于是只能先修建一座小堂殿笃设神位，略伸献享，只是每当遇到天有雨雪就无法祭祀。雍正六年，村民在郝全章等众位社首的带领下加修西山棚；雍正十年，社首张铎等人又率领村民修理东山棚、门楼、南戏台；乾隆十年，村民嫌原来的正殿狭小，于是又扩修了正殿，增修东耳殿，社首张印强等人妆塑成汤和关帝神像，并油画了两殿；乾隆二十年，社首郭環等人率众改造西北二殿并妆塑神像，油画各殿及戏台。至此，上清池村的社庙修建才初告完整，就此全村在乾隆二十年勒石撰写了《满庙成功碑》以纪念这一村中盛事。

3. 修庙立社，庙成社立

修庙难，庙宇的日常管理则更难。修庙费用是一时之需，民众集资或者分摊即可完成。日常照看却是时时开支，维持一个庙宇的日常开支与运营不是一个小数目。阳城县成汤庙的日常经营主要依赖于庙田，有了庙田才可以延请道士等专业宗教人士驻庙管理庙宇。没有庙田的成汤庙简直难以为继。郭峪村成汤庙因为没有庙产，无力延请驻庙的道士，因此遭受火灾，"庙宇之设，原以供奉神圣，必主持有人，方焚修有托。考本镇大庙创修以元季，从未曾设立主持以为焚修，又无地亩以为赡养。因是教读者假为学馆，一时失检，庙被火焚"。庙田主要来自于社人的施舍，例如南底村民毕日宴与自己的三位妻子原氏、郭氏、侯氏志愿将自己的家产舍给本村大庙，为免日后争端，专门勒石记录下这份舍业契约。"立舍地人毕君讳日宴，自出情愿，今将庙前道东、道西中地壹亩五分，记地贰□，各有古迹，四至明白，上下土木相连，前后道路出入通行，情愿舍到本村大社，永远为业。恐后无凭，勒石为记。又带东沟核桃树壹株，原系六分系伙，日宴今将壹分舍入庙内。"郭峪村成汤庙的近二十亩庙产也多由本村富商王重新施舍。"大庙内中地壹处，坐落石圪节，计地四亩二分。东至水沟，西至道，南至沁河，北至大道。施主王重新。又中地一处，坐落大墓凹，计地六亩。东至水沟，西至道，南至道，北至张元声。施主王重新。又中地一亩二段，坐落赵家坟边。又钟楼下厕坑贰所。观音堂中地一处，坐落庄岭北坡，计地四亩三分五厘。东至水沟，西至水沟，南至水沟，北至张元采。又中地一处，坐落白土脚，计地四亩贰分九厘。东至水沟，西至水沟，南至堰下，北至大道。又西城大楼后空地贰块。又照壁墙后厕坑一所。"[1]这些土地由入驻道士耕种，每年部分收成归为大社，作为春秋祭祀的开销，其余供道士日常开支。有些庙田则仰赖于村民集资购买，凤城镇卫家窊村为了维持成汤庙的正常运行而购置田地。"六年阖社着卫库等六人用价十二千五百文同元得挽堂兄弟五人死买元郭氏庙南及西下地一亩久为社业。其地七段，东西殄东至岩根，西至道边尖尺，南至道前，北至白姓地界，至内柿树土木相连，道路通行，任社栽种修理益于社事。"

对于乡村百姓而言，作为村内公共空间的庙宇，更像是一个随人可用的场地，无论何物都可以随意置放在这里，这种化公共为私有的行为减损了庙宇的神圣性，更不利于村社秩序性、规范性的建立。顺治九年郭峪村成汤庙修葺一新，为了改变过去里社之民的种种恶习，里社特制定了公

图5.9　成汤庙正殿

---

[1] 《汤帝庙公约墙碑》（勒石于顺治十年，现存于阳城县北留镇郭峪村）。

约，刻石镶嵌在成汤庙东门洞的墙壁上。"庙中寄放棺材者，罚银三两；晒烧酒醉者，罚银壹两；堆放柿叶、桑叶者，罚银壹两；寄放木头板片者，罚银二两；赌博宿娼者，罚银五两，仍送官法处；在内开学作践者，罚银三两；庙中桌凳并袍伞旗鼓一应物件，每遇社里公事，方许取用；如私借私与者，各罚银三两；违反条约强梁不服者，阖社鸣鼓而攻，罚必加倍。祈神圣监察，降以灭门灾祸。"[1]据新编《郭峪村志》载，"里社有社首，由推举产生，里社设在大庙，主管春秋祭祀，庙宇创建及维修、祈雨、庙会、看庄稼、巡更、查夜等事项，具有很大权力"。

宗教活动与公务活动范围的重合为乡绅们提供了施展其领导才能的舞台。在儒家思想占统治地位的中国，参与宗教活动，如敬神、修庙和补庙，是乡绅们义不容辞的责任。扩大庙产、购置庙田、维持社庙的正常运行等活动是其分内事情。在这些舍家产为庙产的民众中，有些不仅施舍钱财地基，还积极主动参与维修庙宇的建造过程，他们在整个修建庙宇的过程中出钱出力，堪当表率。道光年间南峪村村民李福兴就是这样一位乡村领袖式人物。道光七年，李福兴与自己的弟弟李元兴首先将地基一块舍给社里，此地基用于扩建成汤庙正殿，"慨然以兴修为己任"，南峪村各位社首在李氏兄弟的感召下也积极参与成汤庙重修，大家"蠲吉兴工"，"将正殿撤去，移后丈余，栋宇之宏，阶室之广，三倍厥初。复建两旁翼室六间，东祀马王神，西祀高禖神"。地方乡绅大都是家族内部父子相传。咸丰元年，李福兴的儿子李希祥、李元兴的儿子李毓祥施舍若干地基，扩修南峪村至成汤庙的道路，李希祥同时还施舍一千文重修了南峪村至驾岭乡的道路。

陈宝良指出，"社"的含义虽然复杂，但其含义大抵包括土地之神、古代乡村基层行政地理单位、民间在社日举行的各种迎神赛会、信仰相同或者志趣相投者结合的团体、行业性团体五类。[2]由于信奉同样的神

---

[1]　《汤帝庙公约墙碑》（勒石于顺治十年，现存于阳城县北留镇郭峪村）。

[2]　陈宝良：《中国的社与会》，中国人民大学出版社2011年版，第1—5页。

灵而相聚在一起举行祭祀仪式，久而久之，这些经常聚会的群体被称为"社"，例如为了朝奉泰山而组成的"泰山香社"。阳城县域内为了修建庙宇而临时建社的"社"更具有社会组织的含义。这些社因修庙而兴起，庙因社衰而终结。最初这些社更多的是家族内部的协作，有些还是家庭内部的传承，这些地方大族一旦掌控本乡社的领导权，这种权利就会通过血缘家族的关系在家族内部代代传承，其他家族很难再进入领导层。由于各种原因，宗族组织在阳城当地没有获得充分发展，里社内部往往是几个家族联合与合作，他们共同掌控当地社会的发展趋向。清中晚期之后，为修建庙宇而临时立社与作为官方认可的地方自治组织的社在功能等方面重叠，二者渐渐合一，庙宇的修缮与日常管理都成为社这种地方自治组织的分内事情。

六、成汤祈年　龙王祈雨

山西于古为晋，东枕太行，西带黄河，南通孟津，而析城、王屋皆隘阻，北控沙漠，而雁门、三关皆藩篱。[1]偏居晋东南的阳城深藏在析城、王屋的绝壁千仞之间，从太行山进入中原腹地只有一条重要的陆路穿过隘阻，就是从阳城经润城或北留镇，到晋城再直驱中原。陆路途经的润城与北留皆为阳城东部重镇，都有着发达的手工业以及商业。郭峪就处于润城、北留两地的中心点，它距二镇的距离相等，皆为五公里。郭峪在群山环抱之中，前有樊溪河缓缓从村前流过，后有低缓的丘陵作为屏障。在明末清初时期这里发展为大规模的聚落空间，不仅人口众多，经济富庶，而且人文荟萃，良才辈出。

郭峪村成汤庙是现存乡村成汤庙规模最大者，创修于元，重修于清顺治年间，它的重修得力于清初当地乡绅与富商的募捐施舍。清朝时期此庙也是郭峪村的社庙，被当地民众尊称为大庙。在民众的日常生活中，此庙也有祈雨与春秋祈年的功能，但较其他村落围绕成汤庙形成发达的成汤信仰而言，郭峪村似乎没有形成虔诚的成汤信仰，祠庙与信仰存在着北辕适楚的微妙关系。

1. 郭社之陌，金谷之垠

郭峪村位于阳城县东，距县治二十一公里，隶属于北留镇，郭峪处于北留、润城两地的中心点，润城与北留皆为阳城东部重镇，有着发达的手工业以及商业。郭峪距二镇的距离相等，皆为五公里。冶铸、商贸在这里交汇，明末清初郭峪就成为阳城东部的富庶之地。郭峪地处南北走向的狭长山谷里，樊溪从中穿过，郭峪位于樊溪的中游，面临樊川溪水，背靠低矮的丘陵。在清初之前，郭峪仿佛一处世外桃源，河谷两岸大树参天，青松翠柏，村庄掩映其间。

---

[1]　陈宝良：《中国的社与会》，中国人民大学出版社2011年版，第1—5页。

郭峪早在唐朝时期就已形成村社聚落，唐代徐纶撰写《龙泉寺禅院记》中记载："是院之东十数里，孤峰之上有黄砂古祠。时有一僧，莫详所自，于彼祠内讽读《金刚般若》之经。一日，有白兔驯扰而来，衔所转经文，厥然而前去。因从而追之，至于是院之东数十步。先有泉，时谓之龙泉。于彼泉后而止，僧疑之而感悟焉。因结茆宴坐，誓于其地始建刹焉。亦莫究其年代矣。人烟岂复，基址常存。同灵鹫以通幽，类给孤而建号。东邻郭社之陌，前据金谷之垠，既名额以未标，称郭谷而斯久。"历史上郭峪又被称作"郭谷"，意为郭氏家族聚族而居的平谷之地，因姓命村，唤作郭谷（峪）。但是在后世的发展中，郭氏一族并没有在这里发展壮大，即使是村落中现有的几户郭姓族人也多是清中叶才从高平迁居此处的。后世受战争、人口迁移等因素影响，这里逐渐成为一个多姓杂居的村落，现在村内共有姓氏46个之多。目前郭峪村中有据可考的姓氏，大都称自己的祖先是在明初或者清初才开始定居此地的，甚至有一些在清中期才进入郭峪。这些家族迁入时间的先后决定了他们在村落中的社会地位的不同。村中最好的地段与生存环境都被陈、张、王三大家族占据，其他众多

图6.1　郭峪古城　张小丁拍摄

的杂姓则插住在村落边缘或者三姓居住区之间。郭峪在明代的行政建置是里，清嘉庆元年（1796），阳城设十一都，郭峪里属于章训都。至清朝康熙年间，郭峪已经发展成为樊溪河谷的商业中心，因此郭峪里又被称为郭峪镇。山西省于民国六年（1917）实行编村制，郭峪里改为郭峪村。明清时期的郭峪里或者郭峪镇的范围都要远远大于现在的郭峪村。现在郭峪村附近的大桥村、东峪村、皇城村、大端村、沟底村、于山村都曾属于郭峪里。

本村临河靠山，耕作条件恶劣，民虽勤于稼穑之事，但仅赖农业生产还是不能养活自身，民众生活所用皆仰赖外来输入，这种情况在明清之后更加恶化。陈廷敬在诗作中写道："我家溪谷间，隘狭砠田多。细岭驱赢牛，如蚁缘嵯峨。" 陈氏在其著作中多次描写故乡生产条件的恶劣以及相邻生活的困顿。"吾所居镇曰郭谷者，连四五村，居人三千家，皆在回峰断岭长溪荒谷之间。地最硗狭，耕牧无所，其土方数亩者少。其狭者不可以画遂沟，而广者不可以经洫浍，或土戴石，或泥淖沙。田既少而悉归于有力者，其子孙或世守其先人之产，而重转鬻诸人，其人好力，作负贩，俗尚俭啬。四方来居者，人日益众，而田日益不足。生既不能以田为事，死则无所归。即一日不幸，叩强有力有田者之门，丐尺寸之土而瘗焉。"[1]郭峪"环邑数百里，山多地少，沙多土少"，石多水少的土地条件使得农民无法仰赖农业养活自己，不得不另寻生计。同治《阳城县志》载："县居深山，民贫土瘠，稼穑尤难，非肩挑负贩，不足佐其耕获。"经商成为众多郭峪人不得不做出的生存选择。樊溪河谷内丰富的铁矿以及煤炭资源弥补了农业生产的不足。郭峪村民以制铁、贩卖铁制品为生者众多，他们行走于河南、直隶以及京津一带，形成晋商中的阳城帮。

郭峪村及周边地区蕴藏着丰富的铁矿。村西北的翱凤岭，离村最近的苍龙岭，众多山岭之间都有铁矿。丰富的铁矿经冶炼可产出生铁，这些生

---

[1] 陈廷敬：《义冢碑记》，晋城市地方志丛书编委会编《晋城金石志》，海潮出版社1995年版，第725页。

图6.2　郭峪村内的古民居　张小丁拍摄

铁质量优良，不仅可以制作农具，还可以用来加工兵器，甚至火器。此地成为当时重要的产铁基地。朱绍侯主编的《中国古代史》记载："明中叶后，全国产铁地区共有一百余处，广东佛山、山西阳城、福建龙溪出现了规模较大的冶铁、铸造业。"《山西通志》也有明成化年间"铁，唯阳城尤广"的明确记载。清朝康熙年间官至吏部尚书的郭峪人陈廷敬的先祖就是在此靠制铁、贩铁而发家的。《陈氏家谱》记载："陈修为人刚毅慎（缜）密，有志用世，竟不受，退而冶铸，大富。"

郭峪当地还有丰富的煤炭资源。樊溪河东侧、黑沙坡以东的后沟，村南两公里的大窑沟，紧靠郭峪村西南角上的上西沟等地都是煤矿相聚之地，每个地方都有多个煤窑。郭峪窦满锁家院内现存的一块乾隆年间的碑刻记载："郭谷镇堡城西门外胡家堆有卫姓未行井窑一座，离堡城十步。往西北有卫姓旧窑口一座，离堡城二十步。卫姓新窑口在旧窑西北，离堡城三十步。张姓紫微岭南窑一座，与卫姓新窑口南北两山相离十余步，中隔山水小河一道，离城堡三十步。"[1]这只是列举卫、张两姓在村落周围所开的煤窑，实际上郭峪村周围开发的煤窑数量要远远超过此数。

加工后的煤炭和生铁产品都需要外销，产品外销衍生了大量的商贾阶层，尤其是明代实行的开中制与这里的发展需求相得益彰，促进了郭峪商人的兴起乃至壮大。郭峪煤铁资源丰富，又地处河东解州池盐外运和去向边关的交通要道，郭峪商人将生铁运送到晋南地区，换取另外一种必需品——盐。有的商人将生铁产品外销，最远至现在的东南亚一带。采煤炼铁，贩铁运煤，商贩往来，经商成为包括郭峪在内的沁水流域诸村赖以发家致富的主要渠道。明末清初，郭峪民众很多靠此发家致富，成为富甲一方的富商大户。王重新（1593—1657）是阳城清初商人的典型代表。他被清初刑部尚书白胤谦称为"吾乡布衣之望"，被康熙时吏部尚书陈廷敬称为"吾乡布衣之鼎富"、"素封之家"，同治版《阳城县志》称他"赀雄

---

[1] 《郭峪古碑文集》，中华书局2005年版，第178页。

邑中"，并记载了他的多项义举。王重新的父亲就是一位成功的商人，曾在河南、河北地区经商，王氏本人在十四岁时弃书就贾，到天津、渤海湾一带经商，他一生来往于河洛、京津之间，后成立了自己的商队，逐渐成为阳城首富。在郭峪村类似王重新这样的人不少，据民国年间的统计，全村近200户几乎每户都有在外经商者。

明朝中叶，尤其是嘉靖、万历年间，郭峪镇与阳城其他地方一样进入了快速发展期。明崇祯十一年本镇人张鹏云撰《郭谷镇重修碑记》记述："吾乡郭谷，夙称巨镇。聚庐而处者千余家。"可见到明末，郭峪作为村镇的聚落规模已经很大，成为阳邑东部重镇。清嘉庆元年（1796），阳城设十一都，郭峪里属章训都。其时，郭峪包括周边许多村落，其中较大的有沟底、大端、黄城、大桥、东峪、于山等，而大村中往往又包括一些小居民点，如侍郎寨、黑沙坡等。目前，郭峪村仅包括樊溪西岸的郭峪城和河东岸的侍郎寨、黑沙坡，郭峪城是郭峪村的主体空间。

经过明末的经济快速发展之后，郭峪村不仅扩大了地理空间范围，还

图6.3　郭峪城内碹门　张小丁拍摄

使那些富商家庭改变治家策略,从原先的注重财富增长转变为儒贾并重,当地兴起重视文化的风潮。清初,以郭峪村人为主,联络附近村社的年轻人创立"樊南吟社",每年均在郭峪村举行两三次的会文,在阳城产生了很大的影响,也大大促进了郭峪村的文化发达。文化教育发达的郭峪村在城西墙根、汤帝庙东北角处建有文庙,初为里馆故墟,规模较小。明崇祯时,"焕宇王君议诸绅士而居馆墟建庙焉",按照规制,只有县以上建置方可设文庙,村里是不能建文庙及塑孔子像的,但郭峪在明清两代出过十五名进士,十八位举人,五十余名贡生,所以破例在村内修建了文庙,由大社组织举行春秋二祭。这座乡间文庙还发展成樊溪河谷规模最大、等级最高的文庙。

以科考闻名的郭峪村张、陈、王三大家族都是靠经商发家,然后购买土地,成为当地地主,而后送家中孩子去读书,在科举仕途上寻找新的出路。这些家族把头脑聪明者送进学堂,科考入仕;把头脑灵活者送进商铺,行商天下。明清两代这里人才辈出。居住在黑沙坡的张氏家族来自沁水,他们以务农发家,然后投资于制铁和经商,最后送自己的子孙进学堂,走仕途。张氏成为郭峪最早在科举仕途上取得成功的家族。黑沙坡张好爵,正德九年进士,官至户部郎中;嘉靖二年,其弟张好古中进士,官至四川参政。万历四十四年,寨上张氏张鹏云中进士,官至都察院右佥都御使,顺治三年其后人张尔素亦进士及第,官至刑部右侍郎。后人中还有张以渐、张于廷、张之麒、张多学等,都是郭峪村历史上显赫而有影响的人物。

康熙四十八年(1709)蔡沾雨撰《郭峪镇仕宦题石记》载:"吾乡自宋元以来,达显无闻,起明成化以迄于今,人文累累,甲第连连。其间乔梓踵荣,花萼辉映,或建牙开府,或畿甸定安;或卿二秋曹,而洗怨泽物;或出入承明,而勋留丹史;或台垣司谏,而山岳震摇;或折冲外台,而宪邦著绩。至说岩公,登庸三事,典载化机,开冀南四百余年未有之会,而文德嘉谟,直绍伊吕。"

经济的富庶招引各地的民众纷纷涌入这里寻找生计,致使郭峪发展成为富甲一方的重镇,这种富庶引起明末农民起义军的注意。"及至本年七

图6.4　郭峪村内的街道　张小丁摄

月十五日，贼分两路而来，午刻，哨马数匹至史山岭塔堆地哨探。乡民赶杀而去。夜宿于家山、长河、苇町、湘峪、樊山、郭庄等处。十六日卯时，贼仍由两路而合为一处，先至吾村东坡。东坡初间拒敌甚勇，渐渐贼来众多。东坡事败，杀人放火，西按犹无退却之志，以吾村坚锐拒敌而人心似为可恃也。不意午后云雾迷漫，大雨淋漓，神枪火炮，置之无用。人在房上站立不定，虽有智勇无所施矣。贼乘雨一拥前来，四面围绕，一村人民欲逃无门，以十分计之，逃出者仅仅一二分。"[1]明末战乱使郭峪遭受到重大打击，经济萧条。但是战后重建也导致更多的外来人口迁入郭峪，尤其是樊溪河谷众多散居的小户迁至大村附近，以加强集体防御力量。外来人口的涌入在加速郭峪经济恢复的同时，也使清初郭峪村的社会财富以及社会阶层陷入严重的对峙状态。

---

[1]　《焕宇变中自记》（郭峪城豫楼内墙碑）。

"太行西来几万里，至阳城迤南百里，崭然而尽，如化城蜃楼。列嶂北向，郭峪在其中，谓之镇。郭峪方三四里，各倚山岩麓为篱落相保聚，或间百步，或数十步，林木交枝，炊烟相接。自前明至今，官侍郎、巡抚、翰林、台省、监司、守令者，尝相续不绝于时，盖近二百年所矣。顾郭氏今无闻，而张氏其先独岿然以科目显。"[1]这段文字是对明末清初郭峪村最形象的概括，也是郭峪成汤庙不断修建的时代背景。

2. 脉尽真穴，成汤大庙

郭峪村成汤庙在城墙西门处，超出路面数米，是全村的最高点，为"脉尽处为真穴"的风水宝地。清朝时期也是郭峪社的社庙所处之地，是里社每年例行春祈秋报仪式的场所。庙最早创修于元末至正年间（1341—1368），规制狭小，仅为一个小三合院，明正德年间曾经重修过。成汤庙地势较高，风脉甚劲，嘉靖二十一年（1542）遭火灾，庙宇廊庑，一时燎延殆尽，延至万历六年才维修，重修之后的成汤庙较原来有所扩大，庙貌壮观。但此庙从创修起就命运多舛，连遭火灾，时人在分析遭灾原因时指出原因在于缺少固定庙产，无力延请驻庙道士固定看护所致。"庙宇之设，原以供奉神圣，必主持有人，方焚修有托。考本镇大庙创修以元季，从未曾设立主持以为焚修，又无地亩以为赡养。因是教读者假为学馆，一时失检，庙被火焚。"

明末崇祯年间陕西农民军的侵扰使得郭峪当地社会深受重创，成汤庙也难逃其劫。经过清初经济的恢复，成汤庙于顺治八年开始重修。此次工程持续了九个月，名为重修，实为创修，"今日乃尽撤其旧而重建焉"。首先是扩大庙宇面积，将原有的三合院扩展成为上下院的四合院落，将原来的正殿、偏殿的地基都抬高了五尺，纵深拓展五尺，其次增建了看楼、

---

[1] 陈廷敬：《故永从令张君行谷墓志铭》，晋城市地方志丛书编委会编《晋城金石志》，海潮出版社1995年版，第718页。

图6.5　汤帝庙的山门　张小丁拍摄

三门和戏楼等建筑，将正殿石台增以石栏，"正殿九间，东西殿各三间，东西角殿各三间，视旧率高五尺，深五尺。殿前石台增以石栏，改其路之旁行者而中之。台下东楼上下十间，西如之。上以便观会者，下以待宾客及居汛扫之人……旧无正门，无戏楼，肇为三门，而戏楼在其上，其旁两楼以藏社物。门外厦五间，其旁两楼，以藏社物"。此次重修奠定了今日郭峪成汤庙的格局。宏大而神圣的正殿高9米多，进深6米，当地俗称"九开间"，九为古代帝王专用，民间建筑造九开间大殿为"逾制"。聪明的郭峪人将九开间三三相隔，隔成三座三开间的小殿。正中三间正位祀汤帝、娘娘和太子；东正殿为昭惠殿，祀二郎神；西正殿为关帝殿，祀关公。正殿左右还各有三间耳房，东耳房内祀痘神，西耳房祀山神、土地神，二神并尊，当地人称为"双土地"。上院东西相对各有三间配殿，西为高禖殿，殿内塑高禖爷和高禖奶奶，当地俗称为"四爷爷、四奶奶"，是当地民众祈求子嗣的地方；东配殿为广禅殿，正位祀广禅侯常顺，塑像为官员装扮，与庙内其他神殿不同，殿内四面墙上还塑有广禅侯医治宋军战马获封的壁画。当地称广禅殿为牛王殿，是村内饲养牛马家庭以及兽医的祈祷场所。阳城县内与兽医相关的从业人员一般视广禅侯为祖师爷。拾级而下，转至下院，下院开阔，没有神殿，左右楼房为过去堆放社中杂物的地方，现在空置不用。顺治年重修主要是由富商王重新捐资，碑文载重建成汤庙花费1800两，"此一千八百两之金，君独出七百两有奇，又辍其家务，昧爽而兴，从事于此"。此次重修之后，成汤庙成为村社举行活动的主要场所，村内重大事情都在这里商定和办理。民国年间，村公所设于此庙。新中国成立后，曾在此设立村公所、乡公所、大队部、保健站等。如今，所有的政府机构均搬离成汤庙，出入成汤庙者烧香磕头的少了，花钱看景的多了，它已然成为郭峪旅游开发的一张重要名片。

顺治年间重修成汤庙后，时人有感缺少庙产导致庙宇管理的诸多不便，于是村内富商大户纷纷捐资舍地充作庙田。村中共捐集土地近20亩，由驻庙道士耕种，除道士日常开支之外其余均归为大社，作为里社春秋祭

图6.6　成汤庙上院　张小丁拍摄

祀的开销。祭祀由村社统一组织，大社规定凡年满十六岁以上的男子均要
到大庙参加祭祀活动。举行仪式之日，要杀猪敬神，鸣炮焚香，仪式十分
隆重。礼毕之后，组织壮年男子背上取水水罐，步行至崦山白龙庙换取新
水，再将带回来的新水供奉在汤王殿。秋收之后，为了酬答各位神灵，全
村要举行盛大的秋祭，杀猪、献五谷，还要请戏班子唱戏酬神。大戏一般
演唱三天，这三天之内，男女都可出入庙宇观看演出。由于汤帝庙中供奉
着关公、土地、牛马王和高禖神，平时庙中也有来许愿还愿的，所以香火
总是不断。

　　清朝之前郭峪成汤庙的祭祀、修缮与庙宇管理等情况，由于缺乏材料
我们不得而知。清顺治年间重修可以看成是郭峪村多个家族合作的结果，
仅碑刻列举的社首就达32人，王、张、陈三大家族悉数上榜，并且范、
卢、卫、裴、马、杨、霍、赵、刘等家族也参与其中。

　　可以看出，此时的庙宇修建已经是在一种有序组织的管理下进行的，
这种组织机构就是社。社是由十几个人组成的一个乡村自治组织，本班内
人员称社首，领头的称老社。社首由全体成年男性村民推举产生，清中叶
前，一年选一次，以后改为三年一选。社首要有威望、人品好、有文化及
有一定的经济实力的人担当。之后，成汤庙都处于郭峪大社管理与维护
中，这里顺理成章地成为乡社举行聚会、处理社内日常事务以及纠纷的场
所。民国至上世纪末，成汤庙内因塑有各种神像，被视为宗教场所，受国
家宗教政策影响，驻庙道士被遣走，民众也避之不及，成汤庙在很长一段
时间内处于无人问津的地步，庙宇、神像不断遭受破坏，这种状况持续至
今。如今成汤庙在郭峪村委会和县宗教局的双重管理下，名为双重管理，
但两者之间主要责任并不明确。在调查中，笔者得知从河南而来的驻庙道
士是由县宗教机构派来的，他初来乍到之时虽也到郭峪村委知会一下，但
郭峪村委会与民众对其不冷不热，访谈中能明显感觉到驻庙道士的不适感
与尴尬。

图6.7　成汤庙前的戏台　张小丁拍摄

3. 最大汤爷，最灵碛爷

这里的祈雨习俗非常丰富，随着旱情的增加，祈雨的形式和级别不断升级，从祈雨者的性别、年纪到对雨神的选择都会发生变化。

古代社会男主外，女主内，如果遇到天旱无雨的情况，对民众来说最直接的影响就是断粮。巧妇难为无米之炊，因此每逢天旱的时候，最先祈雨的是妇女。郭峪村遇到天旱，首先祈雨的是妇女们，而且是妇女中的弱势群体——寡妇。寡妇们暗中串联，组织12个人，洁手净面，头戴柳条帽，携带刷圪朵（当地民众刷碗的用具），手捧黄表香烛，在正中午的时候到村西凤丘岭上的天池祷告。焚香祭拜之后，这些寡妇开始动手用刷圪朵洗刷天池。寡妇们头顶烈日，虔诚地洗净天池，以表示对龙王爷的尊敬。一旦天降甘霖，即往还愿，或说鼓书，或献供品，放鞭炮，表示感激之情。

如果寡妇们的行为得不到龙王的怜悯，没有降下雨来，那么就需要天

图6.8　正殿东侧的东配殿——广禅殿　张小丁拍摄

真无邪的儿童出面祈雨了。村中的老人会在村内儿童中间选择一个属龙的男孩扮龙王，组织一群十三岁以下的儿童去浇龙王。具体的做法是：这些儿童先到古井中打上一桶水，再把折叠好的黄表纸搭成十字形放到水面上，然后在黄表纸上放上三炷香。如果纸和香很快就沉入水底，表明龙王很快就会降雨。于是，大家就把水抬到"龙王"身边，这些儿童围绕在"龙王"周围，用自己带来的勺子舀水，从"龙王"头上浇下，孩子们一边浇水，一边问："龙王，龙王，下不下雨？"假扮"龙王"的男童回答："下。"孩子们再问："下什么雨？""龙王"回答："清风细雨。""下多少？""下个透。"到了最后，浇水的孩子还要问："雨下了没有？"扮"龙王"的孩子即刻非常爽朗地回答："下了，下了，下了个透。"水浇完，对话也结束，就表示浇龙王的祈雨仪式结束。

还有一种祈雨仪式是女孩子参加的。这种仪式被当地人叫作"偷抹布"。天旱无雨的时候，大人们先商定由一位不满十三岁的毛头闺女去偷

图6.9　郭峪高禖殿　王家胜提供

抹布。这个女孩子要有心计，会办事，既能偷来抹布，又不让失主发觉。至于被偷对象则选择嗓门大、能骂人、好吵架的寡妇。因为寡妇生活大都艰难，就是一块洗锅碗的抹布也很在乎。当这个寡妇发现自己丢失了抹布之后就会大吵大骂，在当地人看来，寡妇这样大吵大骂会引起龙王的注意与怜悯，能达到降雨的目的。偷来的抹布要放在碗里，盛满水，塞进水道眼里。当天降大雨时，要把抹布拿出来归还失主。送回时要彬彬有礼，还要送上一些食物以示补偿。求雨是大家共同的心愿，丢失抹布的寡妇也能理解，这时甘霖已降，抹布也失而复得，还另有补偿，双方心领神会，皆大欢喜。

如果以上的举措都没有产生效果，民众就会认为是自己的行为没有引起龙王的注意，因此就要酝酿更大的行动——偷龙王。村里组织几个敢作敢为、年轻力壮的男子汉，头戴柳条编制的帽子，并要在帽子周围插上些椿树叶作为饰物，黑夜赤脚到龙王庙把龙王塑像装进事先做好的一条大裆裤里

图6.10　广禅殿　张小丁拍摄

背回村中。[1]另外在村里安排几个人设好神坛供桌，待把偷回来的龙王安放在神台上，上供祭祀，礼遇有加。每天焚香叩拜，祈求祷告，直至下雨。下雨后，要给龙王说三天书，然后敲锣打鼓，恭恭敬敬抬上龙王送回原处。

有时候干旱持续时间较长，偷龙王的祈雨仪式举行之后也没有降下大雨，那么郭峪的民众就会亲自到虞山的滴谷寺，与寺院主持商量请佛爷的事。村民到寺后首先祭拜，再把佛爷请下神台，如在三天内下雨，再带供品到寺院还愿。如在三天内没有下雨，就要请佛爷回郭峪。村里派人把佛爷抬回村里的汤帝庙中，每天焚香祭拜。如此，坚持三至五天时间。如果仍不下雨，就要抬着佛像游五庙。一路吹吹打打，彩旗飘飘，游行队伍从汤庙出发，先到石山庙，再到西庵庙、西坡庙、山神庙，最后再回到汤帝庙。接着再祭拜三五天时间，如果还不见降雨，则要举行当地最高的祈雨仪式——请碨爷。

碨爷是阳城东部地区威信最高的雨神。关于其来历，在当地流传着这样的传说：

说不清在何朝何代，皇城西山庙前有一方几家合用的麦场，麦场上有两三个碾场打麦用的石碨。俗话说，蚕一时，麦一晌，五黄六月是龙口夺食的季节，眼看黄澄澄成熟的麦子，会因为突然吹来的一阵风、骤然降落的一场雨而荡然无存。每到这个季节，村民们都会抢收抢打，哪块地熟，就到哪块地里去收割，哪家担到场上，哪家就赶时间先打，至于用哪个石碨，倒也不细分彼此。可是，当用到其中一个石碨时，常常会遭遇风雨。时间长了，大家也就摸清了规律，五黄六月打麦时，谁家也不用那个碨。一天麦场上有几家同时晒上了麦子，午后三家都来打麦，但因一时没有别的石碨可用，这家就只好勉强一用。用前，这家主人还抱着一种侥幸心理，这次不能招来风雨吧？谁知还是躲不过，架上牲口，碾麦不到一袋烟的工夫，原本赤日炎炎、万里无云的晴天，一时间乌云四起，狂风大作。

---

[1] 华北地区最普遍的祈雨仪式就是偷龙王，各地大同小异。

大家赶紧卸场收拾，大雨已倾盆而至。自己内心的懊恼，加上其他两家的埋怨让这家主人气愤至极，一脚就把这个石碌蹬出了麦场。这个麦场本就建在半山坡上，碌一出麦场就只能顺坡下滚，结果滚落沟底撞在一块大石头上。石碌的主人下沟底拾箩筐时，惊讶地发现撞成两半的石碌剖面上各有一尊神像，一尊是风伯，一尊是雨师。当这个消息传开时，村民们都赶来看稀奇，七嘴八舌，议论纷纷，有人说："咱们年年求神祈雨，原来神仙就在这里。"于是大家动手把两半个石碌上的两尊神像抬回了西坡庙，恭恭敬敬地供奉起来。后来有一年，凤台西乡遭遇大旱，与皇城邻近的马坪头村就派人把西坡庙中的雨师石碌给偷走了，此后，郭峪一带遇到大旱就要派人去马坪头把碌爷抬回来。郭峪下雨了，马坪头的人就来讨石碌。这样来来回回，时间长了，人们就把皇城称作碌爷的娘家，马坪头称作碌爷的婆家。每逢天旱，接来送往，规模宏大，仪式隆重的接碌爷祈雨仪式就形成了。

接碌爷的活动区域主要在阳城的北留镇、润城镇和泽州县川底乡、巴公镇一带。接碌爷是一种跨越县域的乡社活动，每次活动位于皇城和马家坪之间的村落都要参与，参加人数以及花费都是各种祈雨活动中最大的。这个活动可以分为三个阶段：

第一阶段，是各村社的社长相约到郭峪共同协商举行接碌爷仪式的各种准备工作，约定好活动时间、各自承办事项，然后各自回村准备。

第二阶段，接碌爷，这是活动的最高潮。首先是社首集体祭拜，所以参加活动的村社社首，都要担上供品，结队去马坪头祭拜碌爷，替村民祷告，向碌爷许愿，并与马坪头村社首共同确定下来接碌爷的时间。回去后，如果碌爷显灵，雨湿农田，接碌爷的活动就到此结束。社首们再约定时间酬谢碌爷。如果三五天之内还没有下雨，各村就准备按照约定时间接碌爷。接时的仪式比较简单，对锣对鼓，丝弦唢呐，八抬大轿，迎神的队伍可以绵延几里长。去到马坪头，村民热情接待。之后，皇城村的人将碌爷接回，其间马坪头的人必须隔三差五地到皇城查看，是否降雨，这种查看一直持续到碌爷被送回。碌爷接来后，一般情况下三五天之内会降雨，如果还不降雨的话，村民就要到九女仙台黑龙潭那里打汪。

第三阶段，是送磢爷。送磢爷一般都是在天降透雨之后，雨下足了，民众看到收获的可能之后，怀着喜悦的心情去送磢爷，自然是欢乐喜庆的气氛。人们虔诚地准备供品，精心地置办送神服装，尽力地准备八音会的音乐，各村都会精心组织自己的八音会，在送神的沿路中，各村的八音会争相表演，相互比斗。

接磢爷是阳城东部最大的祈雨活动，并且跨越县域。各村落都怕磢爷不给自己降雨，因此都积极参与这项县际之间的活动，有时参加送神活动的村社多达25个。不论多少村社参加，郭峪村作为其中的大村社，并且又是磢爷的娘家，每次活动都走在队伍的最前面。每次活动，郭峪村出钱出力也最多，主要负责接送磢爷时的仪仗：一对大锣鼓，一对"回避"、"肃静"头向牌，一对队旗，十对围扇，另有青龙旗、飞虎旗、蓝旗、云撬、神杠、黑油鞭、红油棍等，后面跟着托香盘、托茶盘、八音会。在两列仪仗队伍的中间是抬着磢爷的驾轿，轿后有人托着鞭炮，牵着羊。仪仗队伍后面跟着长长的送神队伍。磢爷作为雨神，在带给当地雨泽的同时，也沟通了郭峪与周边村落的村际交往。

4. 生养万物，利益兆人

明末清初的郭峪依靠便利的交通以及丰富的煤铁资源，逐渐发展为阳城东部的富庶区域，名闻整个晋东南地区。以清初顺治年间阳城全县的商税为例，郭峪一村就占六分之一强。"按阳城阖县额设商税银贰佰三拾两。顺治十二年四镇分认：在城分税银陆拾两，润城分税银百壹拾两，白巷分税银贰拾两，章训都郭谷镇分税银肆拾两。"[1]自此可知郭峪商业经济的繁荣。经济的繁荣带来的是人口大量的迁入与迁出，郭峪的人口流动

---

[1] 《阳城额设商税银碑》。

性极强。士绅、商人和镇民三类人群构成了郭峪的地方社会，他们之间既相互协作又矛盾重重，在这样一个严重分化且缺乏整合机制的乡土社会，以成汤信仰为中心的社组织的作用有多大呢？成汤信仰在民众的生活中到底有何作用呢？

士绅是郭峪明末清初崛起的一支重要社会力量。在明代初年就进入郭峪的民众，占据了当地稀缺的土地资源，并通过明前期在工商业上的积累，发家致富。从明中期开始，他们已经将发展重点转移至读书科举一途，并且在明末清初获得了巨大成功。明清两代郭峪共有来自于卢、王、张、陈四家族的进士十五人、举人十八人。科举的成功造就了这里浓郁的仕宦氛围。二百年间的郭峪村人才辈出，至今，阳城乡间还流传着"郭峪三庄上下佛，进士举人两千五，如若不够数，侍郎寨上尽管补"的民谚。陈廷敬这样描述郭峪在明清之际的地方风气："樊川在阳城万山溪谷之间，余家焉。其南半里许，墟烟相接，林木交映，邑之所谓郭谷镇者也。其人多忠信魁梧，饬修自好之士。自明以来出而仕者，未尝乏人。又皆磊落欲自表见，思可传于后。然其仕以进士起者多，故士之荐乡书者，率数数就春官试，即不第，不肯轻出以仕。"郭峪这种不以功名仕途为高，且惟以进士为高的风气，是郭峪读书人追求士绅化的极端表现。他们在乡村逾制修建文庙，并且每年春秋二次祭祀孔子，生员以上的文化人才有资格参加。凡参加祭祀的人员必须衣冠整齐，长袍马褂，形象端庄。参祭人要按品级年龄排列在门外，然后徐徐进入文庙，在宽大的月台上举行隆重的典礼。乐台上摆放祭品，人们焚香跪拜，燃放鞭炮，先祭孔子，再祭各位贤人。与进入成汤庙参加祭祀相比，想要进入文庙的门槛更高，必须是社会地位更尊贵的读书人。对于像郭峪这样一个尊崇儒家文化、以进士为高的地方社会而言，孔子的地位要远远尊贵于成汤。文庙在当地的寺庙地位颇高，并且最大程度地得到当地民众的认可。清朝时期，为了便于乡社组织管理，人们将郭峪村分为五坊，分别是村内的魁阁坊、阳火坊、大成坊和城外的文章坊、世德坊。这些坊名都有一定的来历，靠近魁星阁的南沟地区被称为"魁阁坊"，而前街以西至汤帝庙的区域内，却因为其间有文

图6.11 正殿内的汤太子、娘娘 张小丁拍摄

庙，被称为"大成坊"。

靠近大成坊居住的是张、陈两大家族，这两家虽以贩卖铁器发家，但后来都成功转型，成为当地的书香望族。"自前明之今，官侍郎、巡抚、翰林、台省、监司、守令者，尝相续不绝于时，盖近二百年所矣。顾郭氏今无闻，而张氏其先独岿然以科目显。"[1]对于这些家族后人来说，科考入仕、伴君左右早已是先辈曾经做过的事情，他们也愿意继承先辈的光荣传统，纵身书海，期望再取功名，光耀门楣。在农耕与科考之间，后者对他们更重要，他们先是献身读书科考，考场失意之后才转身投入地方社会事务，最后的转身是退而求其次的行为。但事与愿违，这些士绅在很长一段时间内被排斥在郭峪社的组织之外。以陈氏在成汤庙的历次重修中的表现为例可以管窥其中的问题。清顺治九年，郭峪社重修成汤庙，此次重

[1] 陈廷敬：《故永从令张君行谷墓志铭》，晋城市地方志丛书编委会编《晋城金石志》，海潮出版社1995年版，第718页。

修参与者颇多，仅社首就达三十二人，但陈氏仅陈经正一人为社首。康熙十三年（1674）郭峪成汤庙重修高禖殿，乾隆四十二年（1777）郭峪社补修成汤庙三门以及城墙北门、水门城根，咸丰八年（1858）郭峪社补修西城墙垣，诸多工程中陈氏始终都不是主要的参与者，为社首者更是寥寥。陈氏虽然也参与郭峪社的一些活动，例如为顺治九年成汤庙重修事宜撰写碑文、为石山庙重修捐银三两，等等，但是在这些活动中，陈氏发挥的作用与其社会地位明显格格不入，严重失衡。这些具有乡绅身份的家族在郭峪社会中地位虽尊贵，但却被排斥在郭峪社的核心领导层之外。社或者说社组织是通过成汤庙得以彰显的，如此被排斥在社权力之外的乡绅阶层也就被排挤出成汤庙的管理层。

依靠工商发家致富的商人同样是明末清初郭峪不可小觑的一支社会力量。陈廷敬曾对郭峪村人缘何经商做出解释："吾所居镇曰郭谷者，连四五村，居人三千家，皆在回峰断岭长溪荒谷之间。地最硗，狭狭耕牧无所，其土方数亩者少。其狭者不可以画遂沟，而广者不可以经洫浍，或土戴石，或泥淖沙。田既少而悉归于有力者，其子孙或世守其先人之产，而重转鬻诸人，其人好力，作负贩，俗尚俭啬。四方来居者，人日益众，而田日益不足。"[1]农业耕作的自然条件先天不足严重限制了郭峪当地发展农业经济，民众不得不靠贩运弥补生计。当地民众在外出贩卖的过程中，发展出富甲一方的富商大户。清初的王重新就是典型代表。王氏的分店遍布山东、山西、直隶等省，雇员数百名，为阳城巨富。王氏扶持照顾年幼失怙的从侄王维新，使其也成为大富商。咸丰二年，为重修成汤庙，郭峪在外经商者有五十家左右捐款，他们大都分布在山西、山东各地。

郭峪紧邻白巷里、润城和北留二镇，特殊的地理位置使得郭峪成为商业中心。当地村镇内的店铺有杂货铺、银匠铺、荆草行、鸟帕行、花布行、酒行、斗行、菜果行、猪油行、屠行、木植行、钱行、丝茧行、铁

---

[1] 陈廷敬：《义冢碑记》，晋城市地方志丛书编委会编《晋城金石志》，海潮出版社1995年版，第725页。

图6.12　正殿东侧的昭惠殿（二郎神）　张小丁拍摄

匠行、曲麻行、油漆行等十六个行业。顺治十三年，阳城阖县设商税银二百三十两，其中郭峪镇为四十两，占六分之一强，超过白巷里二十两。这些富商大户是郭峪村重要的一支社会力量。明末清初商人王重新是郭峪社最活跃、最有影响力的人物。此时期郭峪村的各处修建都有王氏捐款出力的身影。修成汤庙，费银一千八百余两。修宝泉寺，费银两千一百两。修海会寺山门，费银六百两。修后沟白衣庵，费银若干。修孔子庙，费银四百七十九两三钱六分。崇祯八年修建郭峪城墙，费银六千余两。崇祯十三年，还在郭峪村中心修建一座七层高的豫楼，此楼修建是恰逢地方连年灾荒，因此采用以工代赈的方法，救济旱灾中的灾民，"以佣工养育饥民数百"。王重新虽然在郭峪地方社会中捐资颇多，但是他并未成为镇中的领袖。相反，他对自己乐善好施、捐资修庙的行为缺乏信心。王氏在《焕宇变中自记》中交代了明末郭峪社遭遇兵燹和修城缘起以及经过，文中他没有渲染自己的功劳，反倒归功于倡议修城的乡绅张鹏云。王氏的这种不自信不仅来自于自我缺乏认同，更来自于乡绅阶层。陈昌言在《郭峪镇重建大庙记》中对王氏捐资一事表述得相当得体且客气："记其主是役者，则重新王君，此一千八百两之金，君独出七百两有奇，又辍其家务，昧爽而兴，从事于此，庙之成实君之力。……自兹庙而外，所修建者不胜计。他善行亦然，义声载路而未尝以此自多益。慷慨好施出于天性，此余为君之意也。"[1]陈廷敬对王重新的态度则不如其伯父那么客气，话语中充满了揶揄与讽刺："先公创兹楼也，里富人窃笑之曰：我将谓陈氏为园囿观游之娱也。无故筑为楼，过矣。贼至，则缚富人拷掠金帛，挟楼下以警众。及贼去，而富人亦效为楼，楼亦至今在焉。"此富人无疑是指王重新。在陈廷敬眼中，王氏只不过是一个没有眼光的富人而已。

在以进士为高的郭峪社会，富商阶层虽富却不贵，他们依靠施舍财富可以获得短暂的权威，他们时刻可以感受到来自有文化的乡绅阶层的鄙视。他们在一个士绅居于强势地位的市镇中亦没有足够的权威，他们也没有足够的力量能够掌控成汤庙，他们可以为成汤庙的修缮捐钱捐物，但在成汤庙的日常管理中却不能只手遮天。他们与其在成汤庙的管理与维护上费力不讨好，倒不如推崇与财富相关的神灵。如，与商业有关的关公信仰在当地就特别兴盛。郭峪村内几乎所有的庙宇内都供有关公，侍郎寨上的关公庙、成汤庙内的关公殿、城东南角楼上的关公阁、北门城楼上的关帝龛，等等，关公的身影无处不在。侍郎寨内的尼姑庵，后就被改成关公庙。并且根据笔者的田野调查，即使是在汤帝庙内，关公的香火也要强于汤王，吸引的香客更多。

商人和士绅掌握着郭峪村的权力阶层，但是在中国传统社会中，农业还是有着不可比拟的社会地位。郭峪缺少土地，所以土地更加珍贵，读书人奉守着"末业致富，以本守之"的理念，不愿出卖土地，即使经商发家致富之后，也买不到土地。清康熙年间，郭峪整体经济发展步调放缓，"按县东乡镇名郭峪者，盖因里成镇，镇以里名也。镇成，而凡所托处者

---

[1]　陈昌言：《郭峪镇重建大庙记》。

图6.13　土地、山神神像　张小丁拍摄

率致富厚，里人实贫，四散他所。人见城垣完固，栋宇壮丽，辄谓富饶甲诸镇，以空名而受实害。不知镇非穷镇，里实穷里。今且镇虽不穷于皮而穷于腹里，里人更申。私计不赡，国赋难办，茕茕里甲，非死即徙，势且同归于尽也"。郭峪社会存在着严重的贫富差距，里甲在籍之民穷困，而不在籍的依靠冶炼经商为业的镇民却较为富有，富商与镇民、乡绅与镇民相互之间矛盾重重。陈廷敬在著作中曾提到少年时其家与乡之凶人之间的摩擦。"予居山谷间，与先庶常兄闭门阅古书，好自矜许，辄曰：吾志古之道耳，何屑屑世俗事为。由是见嫉乡里。是时，先侍御公初谢宾客，乡之凶人至有侮予家者。君至则谓余兄弟：读书以通今至用，家之不治，曷以书为。余兄弟始折节自克厉。于是乡之长者既爱护善类，其恶少有稍稍解去。"这些仰赖土地而生活的镇民既无钱财又无社会地位，相较乡绅和富商阶层，他们可能更在意农业生产的丰歉，在意与丰歉有关的雨水，与雨水有关的成汤信仰可能更多受到农民的信奉。但是在郭峪社会，成汤不再是雨神，它是与村社权威相关的社神，这些卑微穷困、仰赖农业而活的镇民不可能进入村社的领导层，他们的声音在郭峪的历史上是被忽略掉的。因此郭峪村每年举行的盛大的春祈秋报仪式和若逢天旱举行的各种各样的祈雨仪式的祷拜对象都不是成汤，而是另有他人，龙王、观音、玉皇、风伯、雨师都可以是他们祈雨的对象。在郭峪诸多的祈雨仪式中，成汤的功用与神威并不崇高。无论是最初级的女性刷天池、小儿浇龙王、少女偷抹布的祈雨风俗，还是青年偷龙王、请佛爷，乃至最高级别的接碾爷仪式，似乎都与成汤没有多大关联。龙王、碾爷才是当地最为灵验的雨神。并且很有意思的是，当地被认为最灵验的雨神碾爷其实就是雨师，他在神界的地位不高，但是它在郭峪当地却被抬至最高，那些在神祇世界地位崇高的神灵，如成汤、龙王、玉皇这些有着绝大本事的神的表现却令当地民众失望。民众心中无比灵验的碾爷其实就是地位低微的风伯雨师，神职越具体细微的神灵被民众认为越灵验。这可能就是人们为什么在创造了主宰世界的至上神之后，还要创造出那么多琐碎而卑微的神祇的原因吧。

明末郭峪遭遇起义军的突袭，说明当时的郭峪还是一个缺乏组织的社会、松散的社会。明末清初，郭峪社会产生了很多临时性的社组织，它们常常是因事而设，事完而散。这些事情多是为寺庙的修建，还不包括村镇的管理。明清以来，郭峪村工商业的发展，士绅家庭的出现，使得郭峪处于严重的社会分化状态，这种分化与对抗来自于城内与城外、农民与工商、土著与入迁者、富人与贫民。无论是社会地位较高的士绅，还是富甲一方的商人都无法靠一己力量来控制整个地方社会。清初各种社会力量借助修建成汤庙以及郭峪城墙这类公共事件来调解各方矛盾，也为郭峪社的出现带来了契机。修建好的成汤庙成为村内大庙，成为调解各方矛盾的平台。以成汤庙为中心的社的权力超越祭祀、修庙和庙产管理的范围，延伸到村社其他公共事务的处理上。社逐渐从一种临时性、宗教性的组织转向地方自治组织。清乾隆朝之后，郭峪地方乡绅和富商逐渐萎缩，这些力量的败落使各种社会矛盾非但消弭，反而因为失去了一方强势力量的制衡，而使社会冲突更加频繁和激烈。郭峪社会需要一种权威来平衡地方社会，恰逢此时，以成汤信仰为中心的村社作为一种组织，开始在地方公共事务的领域发挥着重要作用。成汤信仰在郭峪这个地方社会，不仅仅是一种宗教信仰，更是一种社会组织，对民众的生产、生活发挥着协调整合作用。

参考文献

叶涛：《泰山香社研究》，上海古籍出版社2009年版。

行龙：《走向田野与社会》，三联书店2007年版。

杨念群：《新史学——多学科对话的图景》，中国人民大学出版社2003年版。

［法］葛兰言：《古代中国的节庆与歌谣》，赵丙祥译，广西师范大学出版社2005年版。

杜正贞：《村社传统与明清士绅——山西泽州乡土社会的制度变迁》，上海辞书出版社2007年版。

姚春敏：《清代华北乡村庙宇与社会组织》，人民出版社2013年版。

宋镇豪：《夏商社会生活史》，中国社会科学出版社1994年版。

李泽厚：《说巫史传统》，上海译文出版社2012年版。

马昌仪：《中国神话学文论选萃》，中国广播电视出版社1994年版。

王见川、皮庆生：《中国近世民间信仰（宋元明清）》，上海人民出版社2010年版。

刘毓庆：《华夏文明之根探源——晋东南神话、历史、传说与民俗综合考察》，学苑出版社2008年版。

刘伯伦：《阳城县志》，海潮出版社1994年版。

杨国勇：《华夏文明研究——山西上古史新探》，中国社会科学出版社2002年版。

王文锦：《礼记译解》，中华书局2001版。

晋城市地方志丛书编委会：《晋城金石志》，海潮出版社1995年版。

文战胜：《高平市志》，中华书局2009年版。

续文琴：《沁水县志》（1986—2003），方志出版社2006年版。

张振山：《陵川县志》，人民出版社1999年版。

靳松虎：《晋城传说》，三晋出版社2010年版。

秦学清点校：《李俊民文集》，政协陵川县委员会2004年编印。

中国先秦史学会编：《商汤在阳城的传说》，文物出版社2012年版。

中国先秦史学会编：《阳城商汤文化》，文物出版社2012年版。

陈宝良：《中国的社与会》，中国人民大学出版社2011年版。

范丽珠、欧大年：《中国北方农村社会的民间信仰》，上海人民出版社2013年版。

后 记

　　正如绪论所言，本书的目标是梳理沁河流域晋城市域内（尤其是阳城县）成汤信仰的形成、发展及变迁。成汤信仰作为区域社会内民众的精神信仰渗透到民众的日常生活中，与民众生活息息相关。

　　成汤是儒家塑造的理想政治人物。与正史著述注重其政治功绩不同，底层民众更注重其完美的人格，桑林祷雨、为民牺牲的高尚品德被历代沁河民众津津乐道。阳城西南部的析城山被认为是成汤祷雨的圣地，在宋元时期就被作为官方举行雩祭的场所，受到官方的不断敕封与褒奖。笔者对成汤信仰以及成汤庙在沁河流域的变迁进行梳理，大致体现出这样两条线索：

　　1.古代帝王崇拜——雨神——山神、水神以及保护神——社神

　　2.晋南荣河汾阴的汤陵——以析城山为中心——遍布太行山内外的成汤庙（以祷雨为主）——里社之庙（社庙主神，春祈秋报）

　　线索之一，展现的是成汤信仰的发展变迁情况；线索之二，展现了成汤作为神灵，其容身的庙宇的发展变迁情况，神庙随着神灵神职的演变而功能不断转变叠加。两条线索先后展开，两个过程交叉并存。明清乃至后世之所以能留存数量众多的成汤庙宇都与成汤作为神灵在民众信仰中的变化有关。延至清代，乡绅为修建庙宇筹建里社组织，建庙立社，庙成社管，造成阳城地方社会里社制度的发达。成汤庙逐渐成为乡村里社的组织管理场所，被民众称为"大庙"，成汤也逐渐成为"社庙主神"，与庙中的白龙、关羽、高禖、广禅侯等神灵组成神灵集团，共同庇佑着民众的日常生产生活。每年例行举行的春祈秋报仪式不仅活跃了里社内部民众的生活，更沟通了各个不同里社之间的关系，使华北乡村在信仰仪式的轮转举

行之间得到交流，跨越了空间的距离，增进了各区域民众的亲切感与熟悉程度。

本书是行龙教授主持的沁河风韵项目的子项目，更是笔者的博士后研究课题，从设计到写作，一直得到合作导师行龙教授的大力支持与帮助。若无他指导我们深入田野，行走沁河；若无他每次推进会上的谆谆教导；若无他的充分理解、精心安排，要想在短期内完成此稿是绝无可能的。对此，笔者心存敬意，万分感谢。

感谢我的两位导师叶涛教授、万建中教授对我的指导与培育。从2005年投身叶门算起，自己在学术这条道路上已经摸爬了十余年，虽无成绩，但也积累了些许经验与认识。感谢叶师、万师、行师三位导师的教育与指导，蒙他们不弃，让我有机会接触"学术"这样高大上的领域。

感谢山西大学文学院民俗学研究所的硕士研究生张小丁、苗贤君两位同学，他们在繁重的学习之余陪我到阳城县进行田野调查。小丁的严谨细致，贤君的胆小可爱，至今还历历在目。

感谢阳城县史志办主任王家胜老师，为我查找资料、补充图片等工作提供了无私的帮助。

感谢我的公公徐公安民，为我的阳城之行，联络访谈对象，没有他的帮助，本书中的很多章节可能都无从下笔。

山西人民出版社的编辑就本书稿与我不断沟通，精益求精，不断与笔者交换修改意见，促使笔者调整思路，真是合作愉快。本书出版之日，特致深切谢意！

郭俊红

2015年10月11日